# 吉備太秦《きびのうずまさ》が語る「世界を動かす本当の金融のしくみ」

板垣英憲

ヒカルランド

# 吉備太秦かく語りき

「I・I・D・Oをつくったのは、英国のケンブリッジ派のドール・ロスチャイルドです。

彼は幕末、まず東インド会社からトーマス・グラバーを日本の長崎に送り込みました。日本という国がどういう国なのかを知ろうとしたのです。

欧州の王族・貴族の人たちは、働くということは奴隷がすることだと思っています。しかし、日本人はみんな勤勉でよく働く。彼らは一体何を調べに来たかというと、日本の皇室の歴史を調べに来た。

調べてみると、『すごいじゃないか』ということになった。ユダヤより歴史が古い。本当だったら、天皇をさらって植民地にする予定だった。

だが、この国は、逆に尊敬しなければいけない、奉らなければいけないと思ったのです。

ユダヤのヤーハウエは太陽神、日本の天照大神も太陽神で、大本は『日の本の国』であると気がついた。

それで、どんどん資金を投入してきたばかりでなく、ドール・ロスチャイルドが日本にやってきた。

しかも、帰化して日本人になってしまいました。

その後、日清・日露戦争で明治天皇を助けて、1950年まで生きていた」

「明治時代に明治天皇が何をつくったか。それは、秀英舎［現在のDNP］です。

これは大日本印刷の前身で、ジャパニーズ円の印刷工場。いまでも秀英体という字体がありますが、日本で最初にお札の字体に使ったのは、この秀英舎の字体でした。

なぜお札を発行したか。それは、不平等条約で小判を欧米に持っていかれて、多くの小判がなくなってしまったからです。

日清・日露戦争の武器は、戦艦三笠を旗艦とする連合艦隊にしても100％英国製でした。日本にはそんな武器を買うお金はありませんでした。そこでどうしたか。ロスチャイルドが保証したポンド債という国債を発行したのです。

要するに莫大なお金を借りた。その償還期間が、だいたい70年から90年でとにかく長期でした。なぜなら、日本が勝利して借金を返せるまでにはそれくらいかかるだろうと思ったからです。

そんな長期で貸してくれる人はいない。ドール・ロスチャイルドは、明治天皇を助けて、日清・日露を勝ち抜いて、朝鮮を併合して満州に出ていった。なぜなら、お金を返せないから出ていかなければならなかった。

中国やフィリピン、インドネシアにある日本の金を取り戻しに行った。占領して、満州国をつくった。

満州国で何をしたかというと、佐藤栄作が千円札を刷りまくった。そして世界中に配りまくったので、結局、最後は帳尻を合わせなければならない。昔はコンピューターもないので、とてもじゃないができない。

5・15事件で犬養毅、2・26事件で高橋是清たちがどうして殺されたかというと、本当の理由は、その処理ができなかったからです。

戦後の世界銀行は、その時どきの国際情勢とそれぞれの国々の状況よって、何処の財団、NPO法人などからシェアするかを振り分けてきました」

「ドール・ロスチャイルドと呉一族の末裔が個人的に提供してくれた資金［ポケットマネー］によって日本の復興を手がけた。

また、世界銀行からの復興資金は、連合国軍最高司令部［GHQ］を通して提供された。晴れて世界銀行から融資を受けられるようになったのは、１９５１年9月8日、サンフランシスコ講和条約調印、日米安保条約調印を経て、１９５６年12月18日、国連に加盟してからであった」

「戦後復興のとき、管理権委託譲渡資金を受けたのは、松下電器産業の松下幸之助とソニーの井深大、その後、トヨタの豊田章一郎、キヤノンの御手洗毅、京セラの稲盛和夫の各氏です。みんな大勢いるように思っているが、本償還というのは、そんなにたくさんはいない」

「世界連邦運動協会國際会議という国連の組織が大阪にありました。松下幸之助に１回目、２回目、３回目と管理権委託譲渡資金を出していました。この組織のメンバーは、ほとんどが松下電器産業の松下幸之助の関係の人でした。松下電器役員の奥さんが事務を手伝っていた。この資金でＰＨＰと松下政経塾もつくったのです。

奇しくも松下政経塾の第一期生である野田佳彦元首相が『空白の20年』という言葉を使ったが、それはまさにこのことです。厳密にいうと33年です。

財政法24条で日本国は赤字国債を発行することを禁じられています。それは、一般会計以外に特別会計という日本国にだけ与えられた特別な予算を有しているからです」

「日本は破産もしないし、増税も必要ありません。一般会計と特別会計を一本化して毎年500兆円程度の予算を組めば赤字国債も減らせるし、増税なんか必要ありません。日本の政治家も官僚も勉強が足りないのではないですか」

「戦後の償還制度には、まず本償還というのがありました。これは、資本金500億円以上の一部上場企業の代表者個人に資金を提供するものです。

もう1つ、2次償還といって、資本金500億円以下100億円以上の企業の代表者個人に対する資金がありました。そこに富士銀行がついていました」

「資金のうちの20%は自由裁量、残りの80%は日本の基幹産業のために使わなければなりません。基幹産業は、基本的には製造業です」

「資金者は、トーマス・ロスチャイルドであり、原資はオイルマネーでした。日本で物凄く儲けた資金をペンタゴンが管理しています。オランダ等にも資金者がいます。メインはトーマス・ロスチャイルドで口座管理人が24人いた。このため、口座管理人が資金者だと勘違いされてきた。

申請があると、口座管理人の中から選ばれた人の富士銀行口座に資金をいったん移す。額としては、40兆円とか50兆円。また口座管理人の代行というのが代々いました。代々いるのですが、資金についてのしくみが、世間的に知られていないことでもあり、なかなかわかりづらい。それをいいことに、勝手に資金者と称して印紙代などの資金を騙し取ろうとする詐欺師やブローカーが山ほどいたのです。

このため何億円ものお金を騙し取られた人がたくさんいます。しかも、それについて、国は裁判にしない。闇から闇に葬ってきました。なぜなら、管理権委譲渡資金についてに触れることになりかねなかったからです」

「確かに、30年前まではアーサー・ロスチャイルドがサイナーとして動かしていた。

そのことは本人に会ったとき、直接聞いている。

いわゆる本償還といわれる長期管理権委譲渡資金については、松下幸之助の3回目以降は、この30年間動いてない。それを真似して京セラの稲盛和夫氏に渡したり、キヤノンの御手洗毅氏に渡したりしていた。いわゆる2次償還と称するものは、みんな皇族を名乗るものがやっていた。これが元で詐欺事件が多発するようになったのです」

――政治家は、絡んでいたのか。

「2次償還については、何でもありでした。本来、政治家に渡してはいけないはずの資金であるにもかかわらず提供したのです。

2次償還を使って、カネをいっぱい手に入れたのが、竹下登元首相と金丸信副総理でした。三角大福中と言われていた三木武夫、田中角栄、大平正芳、福田赳夫、中曽根康弘の元首相の中で、三木武夫元首相以外はみんな関わっていたということです。

越山会の秘書3人のうちの1人だった木村某という人は、日中国交回復をしたときに唯一、受託者以外で免責、免税、免訴になった人です。台湾に16兆円を現金で持っていった。そのときのお金を木村さんはまだ7兆円持っていた。法務大臣がこの人ならということでなければ免責・免税・免訴を認めない、判を押さないのです」

「元の資金がトーマス・ロスチャイルドのオイルマネーだったので、トーマス・ロスチャイルドの下にエクソン・モービルのオーナーのデイビッド・ロックフェラーがついていた」

「世界的な規模の巨額資金の運用は、ゴールドマン・ファミリーズ・グループが、管理しており、IMF、世界銀行などの国際金融機関を通じて、すべてが、国際法に基づき『英語とIT技術［インターネット］』を駆使できるプロ中のプロによって行われているので、これらの技術が堪能でない『金融ブローカー』の手には負えない。従って、『M資金』まがいの話を持ち回っている怪人物は、『詐欺犯』以外の何者でもない」

「資金者であるトーマス・ロスチャイルドとジェイコブ・ロスチャイルドが、資金者の立場をデイビッド・ロックフェラーに譲ったのを境に、デイビッド・ロックフェラーが国際産業開発機構・日本産業開発事業団を私物化するようになってしまい、ついに本来の機能を失い、今日に至っているのです」


「この章の締めくくりとして、一言述べさせて頂きます。

世界は日本人の覚醒を待ち望んでいます。

世界に冠たる精神世界と技術を有する日本人は、天皇皇后両陛下が日頃、仰っておられるように、相手の立場になって物事を考え、奪い合うのではなく、分かち合う和の文化をもって、今こそ世界に貢献すべき時を迎えました。

各自がこの世に生を受けた使命を自覚し自分にできることをすれば良いのではないでしょうか？　日本が沈んだら、世界も宇宙も滅びます」

## プロローグ　吉備太秦が語る／巨額資金分配の構造とその目的

日本が危機に直面したとき、背後から天皇家を支えてきた縄文八《や》咫烏《たがらす》直系の吉備太秦が必ず登場して、世界のロイヤルファミリーを道案内し、教導する。

そして「地球連邦政府」を樹立する歴史的使命と役割を果たす。

その大事な任務を与えられている吉備太秦は、簡単なプロフィールを示して、以下のように自己紹介している。

「私は岡山県で生まれました。岡山県は秦ファミリーの本拠地で、ここには、阿部神社があり、天岩戸を含めた日本神話に登場するものが数多くあります。

幼稚園のときの知能指数が１８５で、見たモノ聞いたモノは瞬時に記憶してしまい、子供のころから、周囲を驚かせてきました。

東京都内にある旧財閥系の大学法学部で『メッテルニヒの勢力均衡論』とキッシンジャーの『核戦略抑止理論』を専攻し、国連憲章などの各種国際法と孫子の兵法、クラウゼヴィッツの戦争論、リデルハートの戦略論などの各種戦略理論、ミルトン・フリードマンの夜警国家理論に準拠した小さな政府を確立する経済理論、アルビン・トフラーの新しい産業国家から第三の波までの経済理論を勉強しました。

卒業後、ＩＴ関連企業に入社しました。そして１９４８年の国連決議である相互防衛援助協定に準拠した国際運用資金のフラッグシップとして各種契約、承認事項を任されるようになりました。

２０１１年12月8日の時点で、ある団体からその実務と承認事項について依頼を受けてほしいという連絡がありました。

理由はＰＣのスキルが高いこと、国際ビジネスの経験が豊富なこと、英語での契約業務に慣れていること、日本のロイヤルファミリーの血族であることを告げられました。

候補者7人の中の１人に選ばれたと言われました。

実際の契約事案はＩＭＦの国際運用の契約業務でした。

最初の１週間で他の６人はスピンアウトになり、契約が完了できたのは私１人だけでした。完了日は２０１１年12月28日です。

他の６人が誰かということについては、まったく知らされていません。全員日本人だったそうです。

この結果、私をフラッグシップとした運用が２０１２年１月１日付けで、スタートしました」

フラッグシップというのは、どういう意味なのか？

「ゴールドマン・ファミリーズ・グループ及び国連、世界銀行等の関連国際機関との契約が合法的に行われているかどうかチェックして、不正を行うものは処分し、この世から貧困をなくすために公平に富を分配し、産業の育成と雇用の創設、病院、学校、道路等のインフラの整備を行う。それにより世界の平和と秩序を守るのが使命です。

2001年9月11日、ハイジャックされた旅客機2機が米国ニューヨーク・マンハッタン島のワールドトレードセンター2棟に激突するなどの同時多発テロが起き、これがキッカケとなり国連が国際ルールを変えました。

関係者が直接会うと危ないので、資料は全部スキャンし、認証して全部契約をまとめてメールで送るというように変わった。いわゆる電子認証方式です。

簡単に言えば、重要書類をそれぞれがサインをしてパソコンで取り交わす。つまり、600dpi以上の品質でスキャンしたもので送って契約成立という流れになっている。

何か問題が起きたときには、Skypeを使ってテレビ会議をする。こうした電子認証方式でなければ情報が漏れてしまいます。電話の会話は、全員がiPhoneを持っており、バイバーというペンタゴンが開発したIP電話を使う。これは、すべての言語に対応して、さらにバーチャルプライベートネットワークといって会話が盗聴できないシステムになっている。

重要な連絡はFacebookを使う。これが標準になっているので、実際にそれぞれが直接会って会議をしているかというと、していません。

書類へのサインは、ブルーインクを使ってパスポートのサインをするのが国際的な正式ルールです。

この資金は世界銀行から各国の中央銀行を通じて配分されます。

G8（主要国首脳会議メンバーの日本、米国、英国、フランス、ドイツ、カナダ、イタリア、ロシア）です。G8で議論している中心議題は、この巨額資金の分配と分配割合です。

しかし、なかなか実行されないので、不満が高まっていました。そのうえ、実行するにしても、大きな障害が残っていました」


それは、どんな障害だったのか？


「一つは、米国最大財閥のデイビッド・ロックフェラーでした。

巨額資金を分配すると、悪の戦争経済によって巨利を得ようとしたり、『有色人種削減計画』を遂行する手段として、第3次世界大戦（イスラエル

VSイラン核戦争、パキスタンVSインド核戦争、インドVS中国核戦争、朝鮮半島核戦争）などを勃発させようと企てたりするなど悪事に使われる恐れがありました。

二つ目は、ロシアの問題でした。

ロシアには、資本主義国のような税制がなく、プーチン大統領も理解していなかった。そのうえ、マフィアが横行していたうえに、不正送金やマネーロンダリングを行っていたので、これらを退治しておく必要があったのです。

米国や欧州、中国、韓国などにもマフィアがおり、日本には暴力団がいます。これらも不正な資金を保有し、マネーロンダリングしており、撲滅しておかなくてはならない。

三つ目は、ローマ法王庁（バチカン）です。

不祥事が絶えず、マネーロンダリングまで行っていたので、これらを一掃しなくてはならなかった。こうした悪の存在の大掃除に手間取りました」

ということは、この運用資金は、戦争などの悪事には、使ってはならず、人類の平和と繁栄のために善用しなくてはならないということなのか？

「私利私欲のために使ってはならないのです。
しかし、巷には、20万人とも言われている詐欺師が、この運用資金のおこぼれにあずかろうとして蠢《うごめ》いています。みな、金融ブローカーです。
このなかには、日本銀行や大銀行、大企業に勤務していて、巨額資金の話を聞いたり、たまたま実務を垣間見たりした者が、まことしやかに詐欺話を持ち歩いています。被害者を出さないためにも、これらも絶滅しなければならない」

そのためには、この巨額資金についての正しい知識や認識を持たなければならない。つまり、国際金融のしくみをしっかり把握しておくことが必要になるということか？

「そうです。おカネ、貨幣というものの成り立ち、金《きん》という金属が持っている力や人間社会、特に経済社会で金が果たしている役割、そして、金を担保にして発行される紙幣の役割、金と紙幣との関係、貨幣流通のしくみ、国際経済の与える影響などを正しく知ることが大事です」

物々交換の時代から、貨幣経済、資本主義経済、共産主義経済など経済体制が生まれたけれど、共産主義経済が破綻した後、資本主義経済は、強欲資本主義経済に堕落し、いま世界は貧富の格差が広がり、経済は行き詰まっている。

これから平和と繁栄を築くために人類は、どうすればいいかが問われている。国際政治、国内政治の大きな課題でもある。それは何か？

「これからは、地球規模で考えていかなければならない時代に入っています。地球連邦政府を樹立して、地球連邦軍を創設して、４００年間は戦争のない平和な国際社会を築き、秩序維持を行っていく。そのために運用資金を分配していくのです」

本書は、国際経済に精通した吉備太秦に「世界を動かす本当の金融のしくみ」を語ってもらい、日本のロイヤルファミリーの富の源泉である「金銀財宝」を担保に地球経済が34桁（USドル）とも36桁（円）とも言われる天文学的数字で回っている実態をすべて明らかにするものである。

吉備太秦が語る「世界を動かす本当の金融のしくみ」　目次



## 第1章
## お江戸日本からの「超」大量の金《ゴールド》の流出がその始まりだった／悪の戦争経済と帝国の衰亡

## 第2章 これが知られざる金融の基礎知識だ／世界銀行の巨額資金、300人個人委員会、フラッグシップ、サイナー

## 第3章 資金配分の手順とその方法／各国の財団、NPO法人などを通して行われる

## 第4章
## 本償還（巨額提供資金）を受けた人々とM資金など偽償還について、そのすべてを明らかにする！

## 第5章
# 排除される組織はロックフェラー、バチカン、マフィアなど／世界にはびこる悪魔を退治し浄化する

# 第6章
# ゴールドマン・ファミリーズ・グループの決意／世界連邦政府は、国際金融システムに新機軸を築く

装丁　櫻井浩＋三瓶可南子（⑥Design）
校正　麦秋アートセンター
本文仮名書体　文麗仮名（キャップス）

ていて、何となく慕わしい気持ちにさえなっている。

その慕わしさが自分の感覚ではないようで気持ちが悪い。目の前の女性を母親だと認識していても素直に受け入れることなどすぐにはできない。

慕わしさと反発感がせめぎ合う中、女性はずっとわたしに「マイン」と呼びかけている。

「……母さん」

見知らぬ他人のはずの女性を、当たり前のようにそう呼んだ時、わたしは麗乃ではなく、マインになってしまった。


「大丈夫？　頭が痛そうね」

記憶の中には存在して、知っているけど知らない母さんに何となく触れられたくなくて、伸ばされた手を避けるように、わたしは臭い布団に寝転がる。そのまま目を閉じることで、接触を拒否した。

「……まだ、頭痛い。寝たい」

「そう、ゆっくり休みなさい」

二つのベッドがぎゅうぎゅうに並べられた寝室から母さんが出ていくのを待って、わたしは何とか現状を把握しようと考える。高熱で頭がくらくらしているが、こんなに混乱したままでは、おとなしく寝ていられない。どうしてこんな状況になっているのか、全くわからないのだ。

でも、こうなった原因を考えるより、これから先どうするかを考える方が大事だ。自分にわかる限りのマインの記憶から、周囲の状況を少しでも理解しないと、いきなり家族に不審がられてしまう。わたしはマインの記憶の数々をゆっくりと反芻《はんすう》し始めた。

何とか必死に思い返してみるけれど、マインの記憶はまだあまり言葉が発達していない幼女の記憶なので、父親や母親の言葉もはっきりと理解できない、意味のわからないものが多い。必然的に使える語彙《ごい》が少なくて、記憶の大半が意味不明だ。

「うわぁ、ちょっと、これ、どうするよ……」

幼いマインの視線で見た記憶のうち確信が持てたのは、四人家族で、母エーファの他に姉のトゥーリと父ギュンターがいること。父さんは兵士のような職業についていること。

何よりわたしにとって衝撃だったのは、ここがわたしの知っている世界ではないことだ。記憶の中に、三角巾を取った母さんの姿もあったのだが、髪の色がなんと翡翠のような緑だった。染めているような不自然な色ではなくて、本当に緑。髪を引っ張って、かつらじゃないか確認してしまいたくなる色だ。

ちなみに、トゥーリの髪は青緑で、父さんの髪は青。自分の髪が紺色だ。自分の髪が見慣れた黒に近くて良かったと思うべきか、黒じゃないことを嘆くべきか。

どうやら、この家の中には鏡がないようで、いくら記憶を探っても、髪の色以外の自分の詳しい容姿がわからない。両親の顔立ちとトゥーリの顔立ちから察する限りでは、元はそれほど悪くないと思う。実際、本さえ読めれば、生活する上で自分の顔立ちなんて、それほど問題ではない。麗乃だった時も大した顔ではなかったので、可愛くないと困るなんて思わない。

「ハァ、それにつけても本が読みたい。読んだら熱なんて、ぱぱーっと下がる気がする」

どんな環境でも、本さえあれば我慢できると思う。我慢する。だから、本を。わたしに本を。

わたしは軽く頭に指を当てて、記憶の中で本を探した。さて、一体家の中のどこに本棚があるのだろうか。

「マイン、起きてる？」

思考を邪魔するように、七歳くらいの幼女が足音も軽く入ってきた。姉のトゥーリだ。

無造作に三つ編みにした青緑の髪は大した手入れをされていないのがすぐにわかるぱさつき具合だ。母さんと同じで薄汚れた顔も洗って欲しい。可愛い顔立ちなのにもったいない。

わたしがついついそう思ってしまうのは、外国からは病的なほど清潔好きと言われる日本人の視点で見てしまうからだろうか。

だが、そんなことはどうでもいい。世の中にはもっと大事なものがある。今、この状況で一番大事で最優先にしなければならないのは一つだけだ。

「トゥーリ、『本』持ってきて？」

字が読めそうな年頃の姉もいるのだから、家の中にはきっと絵本の十冊くらいはあるはずだ。病気で寝ていても本くらいは読める。せっかく生まれ変わったのだもの。異世界の本を堪能することが何より大事に決まっている。

ところが、可愛い妹のおねだりに、トゥーリはきょとんとした顔で首を傾げた。

「え？『本』って何？」

「何って……えーと、『絵』や『字』が『書かれた』もので……」

「マイン、何言ってるかわからないよ？　ちゃんとしゃべって？」

「だから、『本』！『絵本』がほしいの」

「それ、何？　わからないよ？」

どうやらマインの記憶にない言葉は日本語の発音になってしまうようで、わたしがどんなに一生懸命に説明しても、トゥーリは不思議そうに首を傾げるだけだった。

「あぁ、もう！『翻訳機能、仕事しろぉっ』！」

「マイン、なんで怒るの？」

「怒ってないよ。頭が痛いだけ」

まずは、人の声に耳を澄まして、少しでも多くの言葉を覚えることに全力を尽くさなければならないようだ。幼い子供であるマインの柔軟な脳味噌に、大学卒業した二十二歳のわたしの理性と知性が加われば、言葉を覚えるのは簡単だろう。簡単だったらいいな。

麗乃だった時も、他国の本を読むためには辞書を片手に努力した。あの頃と同じようにこの世界の本を読むために言葉を覚えるのだと思えば、苦労だとは思わない。わたしの本にかける情熱と愛は、周囲の人が引くレベルだった。

「……まだ熱があるから怒るの？」

熱を計るつもりなのだろう、トゥーリの汚い手が自分に向かって伸びてくる。わたしは思わずその手をはしっとつかんだ。

「まだ熱いから、うつるよ？」

「そうだね。気を付ける」

セーフ。

相手を心配しているように見せかけて、自分にとっては嫌なことから逃げる。大人ならではのテクニックでわたしはトゥーリの汚い手で触られることを回避した。清潔にしてくれたら良いお姉ちゃんだが、今は触られたくない。そう思った直後、わたしは薄汚れている自分の腕を見下ろして溜息を吐いた。

「あぁ、『お風呂』に入りたい。頭がかゆいよ」

そう呟いた瞬間、マインの記憶が教えてくれる。ごくたまに盥《たらい》で軽く水洗いして、雑巾のようなぼろ布で拭うだけだ、と。

……のぉぉっ！　それ、お風呂って言わない。ついでに、トイレじゃなくて、おまる⁉　勘弁してよ。……わたし、生活に不自由しないところに生まれ変わりたかったよ、神様。

あまりの環境にわたしは本気で泣きたくなった。麗乃だった時は、ごく普通の一般家庭だったのだ。お風呂にもトイレにも服にも食べ物にも本にも不自由したことがないのに、これではずいぶんと生活環境に差がある。

……日本は良かった。当たり前に良いものが溢《あふ》れていた。肌触りの良い布とか、柔らかいベッドとか、本とか、本とか、本とか……。

いくら懐かしく思っても、わたしはここで生きていくしかない。だったら、嘆いていないで、何とかして家族には衛生観念を叩きこむしかない。

記憶にある限りでは、どうやらマインは体が弱い子で、よく熱を出して寝込んでいたらしい。ベッドでの記憶が多すぎるのだ。環境の改善をしなければ、自分が生きていけないと思う。病気になっても、この環境の生活レベルから想像する医療行為にはお世話になりたくない。

……部屋の掃除とお風呂は急いで何とかしなきゃ。

日本の家電を使うお手軽な家事でさえ面倒で、お母さんのお手伝いより読書に時間を使いたい駄目人間だったわたしが、ここの生活に馴染めるだろうか。

そんなことを考えてしまって、わたしはふるふると頭を振った。

……あ〜、ダメダメ。せっかく生まれ変わったんだから、もっとポジティブに考えなきゃ。麗乃時代にはなかった本が読めるかもね、ラッキー。……よし、テンション上がってきた。

心置きなく本を読むためには、まずは体調を整えなければならない。体を休めるために、わたしはゆっくりと目を閉じていく。意識が暗闇に落ちながら、考えることは一つだけ。

……何でもいいから、早く本が読みたい。　あぁ、神様。哀れなわたしに本をください！　ついでと言っては何ですが、本がたっぷり詰まった図書館も欲しいです。

## おうち探索

わたしがマインになってから三日がたった。この三日間は本当に大変だった。涙なしには語れない、わたしの壮絶な戦いがあったのだ。

まず、家の中の本を探したくて、こっそり母さんの目を盗んでベッドから降りようとしたら、怒られてベッドに強制送還された。何度か挑戦した結果、全敗。トイレ以外でベッドから降りたら、ベッドに強制送還されるようになってしまった。結局本は探せず仕舞いだ。

そして、唯一わたしが動くことを許されているトイレも、激しい戦いの場だった。

ここのトイレは寝室でおまるを使う。しかも、今までのマインは一人でトイレができなかったみたいで、家族の誰かに見守られながらすることになるのだ。わたしがいくら「一人でできるから見ないで！」と泣き叫んでもダメだった。「漏らしたらどうするの⁉」と怒られる。

人前で漏らすよりは、と泣きながらおまるですれば、トゥーリに「うわぁ、マイン。上手にできるようになったね。もうちょっとしたら一人でできるよ」と褒められた。妹ができるようになったことを喜んでいるのはわかるけれど、わたしのプライドとか尊厳とか沽券《こけん》とか、人として大事なものはボロボロだ。

ちなみに、家族も寝室でおまるを使う上に、その中身を窓から外に放り投げる。あり得ない。

着替えも戦いだった。わたしからすると、馴染みの薄い父さんに服を脱がされて着替えさせられるのだ。父さんに服を脱がされるのがすごく恥ずかしくて、「一人でする」と本気で泣きわめいて嫌がったけれど、我儘扱いされるだけだった。あんまりだ。

麗乃時代の父親が早くに亡くなっていたせいで、わたしは父さんとの距離の取り方が全くわからない。マインの記憶からは大好きな父さんでも、わたしにはかなり筋肉質なちょい悪親父にしか見えないのだ。兵士をしている父さんの腕力で押さえられたら、わたしの抵抗なんて、ぷちっと簡単に潰されてしまう。

家族全員に敗北し続けた結果、わたしは乙女心と恥じらいをこの三日間でポイした。わたしは幼女。家族に世話をされるのは仕方ない。

……そう思わなきゃ生きていけないいんだよっ！

諦めがつくまでは、もう耐えられない！　こんな生活！　と思っていたけれど、どうしようもない。今のわたしのような幼い病人がいきなり家を飛び出したところで、自分の望む生活なんてできるわけがない。トイレとお風呂を探して家出して、上から降ってくる汚物に悲鳴を上げながら、逃げ惑って野垂れ死にするのが関の山だ。

一見すると完全敗北のようだが、そうではない。わたしにも小さな勝利はある。

とりあえず、お風呂に入れないことに我慢できなくなったわたしは、トゥーリに頼んで、毎日体を温かい布で拭いてもらうようにしたのだ。着替えで服を脱がされるのだ。一歩進んで、拭いてもらうことに何の抵抗があろうか。

毎日トゥーリにはものすごく変な顔をされているけれど、わたしはかなりすっきりした。初日は盥《たらい》のお湯が濁っていたが、最近は濁らなくなってきた。でも、まだ頭がかゆい。ないのはわかっているけれど、シャンプーが欲しい。

それから、もう一つ手に入れたものがある。

わたしはなんと髪を結うための簪《かんざし》を手に入れた。バサバサと落ちてくる髪を留めるために木の棒が欲しいと言ったら、トゥーリが木を削って作ってくれたのだ。

まぁ、わたしが最初に目を付けた木の棒が、トゥーリの人形の足で、「折っていい?」と聞いて、泣かれかけたことについては、悪いことをしたと思っている。でも、父さんが木を削って、母さんが服を作ったというトゥーリの大事な人形は、よく見ると藁人形と似た感じだが、一見しただけでは何かわからなかったのだ。

そして、簪で髪をまとめようと思ったら、「髪を全部結い上げるのは大人だけだよ」とトゥーリに指摘された。仕方がないのでハーフアップにしたが、文化の違いって大きい。


恥ずかしい生活にも諦めがついたわけだし、さっさと回復して、生活環境を整えるしかない。そのためにも本だ。わたしの生活環境を整える第一歩に本がいる。本さえあれば、いつまでもベッドに転がっていられるし、色んな不愉快も我慢できると思う。というか、我慢する。

そんなわけで、今日こそは、家の中の探索することに決めた。あまりにも長いあいだ本を読んでいないので、禁断症状が出そうになっている。そろそろ「本だ。本を寄こせ、うがー!」と、吠えたり、唸ったり、泣いたりしそうだ。

「マイン、寝てる?」

ひょこっとトゥーリがドアを開けて、顔を出した。わたしがおとなしくベッドで寝ころんでいるのを見て、満足そうに一つ頷く。この三日間、目が覚める度に、ベッドから抜け出し、本を探して家の中をうろつこうとしてはぶっ倒れるので、母さんはもちろん、看病役を任されたトゥーリからも完全に警戒されている。

昼間は仕事に出かける母さんから子守りを頼まれているトゥーリはわたしをベッドから出さないように必死だ。いくら逃げようとしても小柄なわたしの体がトゥーリに勝てるはずがない。

「いつか絶対に『下剋上』してやる」

「マイン、何?」

「……ん? 大きくなりたいなって」

やんわりとオブラートに包んだわたしの言葉の真意に気付くはずもなく、トゥーリは困ったように笑った。

「マインが病気しなくなったら、大きくなれるよ。病気ばっかりだから、ご飯も食べられなくて、五歳なのに三歳に間違われることもあるんだから」

「トゥーリは大きいの?」

「わたしは六歳だけど、七歳や八歳に間違われることが多いから、大きい方じゃない?」

年子でこの体格差なのか。ちょっと下剋上は難しいかもしれない。でも、わたしは絶対に諦めない。食事と衛生環境に気を付けて、健康になるのだ。

「母さんがお仕事に行ったから、お皿洗ってくるね。絶対にベッドから出ちゃダメだよ。寝てないと病気は治らないし、治らなかったら大きくなれないからね」

ベッドを抜け出す前科持ちのため、わたしは昨夜からトゥーリの警戒心を解くためにおとなしい良い子を演じている。トゥーリが出かける時間を静かに待っているのだ。

「じゃあ、行ってくるね。いいこで待ってて」

「はぁい」

素直でいい返事をすると、トゥーリがバタンと寝室のドアを閉めた。

……ふっふっふ……。さぁ、早く行け。

そのまま、トゥーリが食器の入った籠を抱えて外に行くのをわたしは静かに待った。どこで洗っているのか知らないが、いつも三十分くらい外に出かけるのだ。どうやら各家庭に水道はないようで、多分共用の水場があるのだと思う。

ガチャンと鍵を閉める音がして、階段を下りていくトゥーリの足音が小さくなっていく。

……よぉし、探すぞ。

トゥーリという姉がいるので、家中探せばどこかに絵本の十冊くらいあるはずだ。あるに違いない。本がない家なんてあり得ない。本があっても、今のわたしでは字が読めないだろうけれど、絵を見ながら想像して、文字を推測するくらいはできるだろう。

トゥーリの足音が完全に聞こえなくなったのを確認してから、わたしはそっとベッドから足を下ろした。ざりざりと砂や土の感触がして、少しばかり顔をしかめる。家族が土足で歩く床の上を裸足で歩くのは汚くて嫌だが、わたしが歩き回らないようにサボのような木靴をトゥーリに取り上げられてしまった以上、仕方ない。

……足が汚れることより本を探すことが優先だもんね。

熱が下がりきっていないわたしが閉じ込められている寝室のベッドの横に置かれている籠の中に

は木や藁で作られた子供のおもちゃが入っているが、本はない。

「ここにあれば、話は早かったんだけど……」

一歩足を動かすたびに、足の裏が小さな砂でじゃりじゃりする。ここは家の中まで土足で上がる生活習慣のようだから、文句を言ってもどうしようもないとわかっている。わかっていても、言わずにはいられない。「誰か箒《ほうき》と雑巾を持って来て～」と。

もちろん、誰もいないので返事もないし、箒や雑巾も出てこない。

「むぅ、これはいきなり難関じゃない？」

わたしにとって、おうち探検の第一関門は寝室のドアだった。必死に背伸びすれば、手が届かないわけではないが、ギリギリ届くだけの高さにあるノブを回すのは予想以上に困難だった。

踏み台になるものを探して部屋を見回し、わたしは服が入っている木箱に目を付けた。

「ふんぬぅ……」

麗乃時代の体だったら簡単に動かせただろう木箱が、今の小さな手では押しても引いてもびくともしない。せっかくの小さな体格なので、おもちゃの入っている籠をひっくり返して乗ることも考えたが、体重によっては踏み抜きそうだ。

「早く大きくならなきゃ、この体じゃできないことが多すぎるよ」

寝室の中を見回して、自分に動かせるものを色々考えた結果、親の布団を丸めて踏み台にしてみた。自分の布団を土足で歩く床に下ろすのは絶対に嫌だが、この生活環境で普通に生活できる親の布団なら問題ない、きっと。

……ごめんね、父さん、母さん。

本を手に入れるためならば、親に怒られるくらいわたしにとっては大した障害ではないのだ。

「よいしょ」

丸めた布団に乗って背伸びして、全体重をかけて何とかドアノブを回す。ギッと音を立ててドアが開いた。内側に。

「へわっ⁉」

全体重がかかっていたため、勢いよく自分に向かってくるドアで頭を打ちそうになったわたしは、慌てて手を離したが、遅かった。そのままコロンと後ろ向きに倒れ、ゴロンゴロン……ゴン！と派手な音を立てて、丸めた布団からも転がり落ち、頭を打った。

「いったぁ……」

わたしが頭を押さえながら体を起こすと、一応ドアはちょっとだけ開いていた。頭の痛みは名誉の負傷だ。

わたしは勢いよく立ちあがって、ドアの隙間に手を突っ込むと力一杯開け放った。両親の布団が床の上をズザザとスライディングして、床の一部が綺麗になった気がしたが、見なかったことにする。ここまで汚すつもりはなかった。

……マジでごめんなさい。


「あ、台所だ」

寝室を出ると、そこは台所だった。キッチンなんておしゃれなところではない。お勝手とか炊事場と言う方がしっくりくる場所だ。

部屋の中央にはそれほど大きくはないテーブルと三本脚の椅子が二つ。椅子としても使っているのだろう木箱が一つ。右側には食器棚なのだろう、取っ手のついた木の戸棚がある。

寝室に近い方の壁際にはかまどがあり、金属製の鍋やおたま、フライパンらしきものが壁に打ち付けられた釘に引っ掛けられている。壁から壁に紐が張られ、そこには薄汚れた雑巾らしき布が引っかけられている。あれで拭いたら余計に汚れそうだ。

「うひぃ。この体が病弱なのも仕方ないような気がしてきた」

かまどと反対の隅には大きな水瓶と水が流せそうな流し台っぽいものがあった。やはり水道はないようだ。そして、大きな籠があり、芋や玉ねぎっぽい食材が積まれている。色や形が見慣れないものもたくさんあるので、仮にわたしが芋っぽいと思っても別物の可能性はある。

「うん？　これって……アボカドっぽい？　油、取れるかな？」

わたしは籠の中の食材を見て、一つの野菜に目を付けた。これから油が取れれば、かゆい頭を何とかできるかもしれない。

麗乃《うらの》時代のお母さんは、妙なものに次から次へとはまる癖があった。手あたり次第としか言えないカルチャースクール、テレビの節約番組、雑誌で特集されていた自然派生活。いつだって「麗乃が本以外に興味を持てるように」と言っていたが、自分が興味を持てないものには絶対に手を出さなかったことをわたしは知っている。毎回毎回付き合わされることに辟易していたが、おかげでシャ

ンプー問題をクリアできるかもしれない。

……お母さん、ありがとう。わたし、ここで生きていけそう。

戦利品の発見に気分を高揚させながら、部屋を見回せば、寝室以外に二つのドアがあった。

「うふふ～ん、どっちのドアが正解かな？」

この台所はどう見ても本棚がありそうな雰囲気ではない。わたしは台所からもう一つ別の部屋に繋がるドアが半開きになっているのを見つけたので、ぐいっと開けてみる。

「うーん、物置？　はずれだね」

何に使うものなのか、わたしには理解できないものがごちゃごちゃと詰め込まれた部屋だった。一応棚に置かれているが、雑然とした印象で、本棚のある部屋ではなさそうだ。

諦めて、わたしはもう一つのドアを開けようとした。ガチッと音がして鍵が閉まっているのがわかる。何度かガチャガチャ回してみたが、一向に開く気配はない。

「……あれ？　もしかして、トゥーリが出ていったドア？　え？　あたりはなし？」

これが外に繋がるドアならば、この家は風呂なし、トイレなし、水道なし、本棚なしのないない尽くしだ。どう見ても他に部屋はない。

……ちょっと、神様、わたしに何の恨みが？

麗乃時代、「生まれ変わっても本が読みたい」と神様にお願いしたはずだ。生まれ変わった先で日本人としての記憶と感覚、常識を持ちながら、風呂もトイレも水道も自分の家にないなんて予定ではなかった。本が周りにあって当然の環境に生まれ変わると信じていた。

「……もしかして、本って高い？」

わたしの知る歴史でも、印刷機で大量生産できるようになるまで、本は非常に高価なものだった。上流階級でなければ本を読む機会などほとんどなかったはずだ。麗乃だった時の、出産祝いに役所から絵本がプレゼントされるような環境はもうないのかもしれない。

「うぅ、仕方ない。本がないなら、まずは、文字を探すところから始めよう」

本がなくても、字の勉強が全くできないわけではない。折り込み広告、新聞紙、回覧板、説明書、カレンダーなど、字が書かれているものはいくらでもあった。少なくとも、日本では。

「……ない。全然ないっ！　一つもない！」

わたしは台所の食器棚や物置の棚の中を次々と探して歩いたが、この家の中には本はもちろん、文字のついているものが全く見当たらなかった。文字もなければ、紙も見当たらない。

「どういうことなの？」

一気に熱が上がったように、頭が痛みだした。心臓の鼓動がバクバクと音を立て、鼓膜がキーンと悲鳴を上げる。張りつめていた糸が切れたように、わたしはその場にうずくまった。

目の奥が熱い。

本に潰されて死んだのは、まぁ、仕方ない。本に埋もれて死にたいという願いがちょっとずれただけだ。そして、生まれ変わることを望んだのも、わたし。

……でもね、ここには本がないよ？　文字もないよ？　紙がないよ？　わたし、本当にここで生きていくの？　何して生きていくの？

ぽたりと涙が落ちた。

本が存在しない世界なんて、わたしの頭にはこれっぽっちも存在しなかった。ここでマインとして生きるための意味が見出せず、自分の中が空っぽになったように感じられた。

涙が止まらない。

「マイン！　なんで寝てないの？　靴もないのにベッドから降りちゃダメでしょ！」

いつの間にか帰ってきたトゥーリが、台所の床にへたりこんでいるわたしを見つけて、青い目を吊り上げて、声を張り上げた。

「……トゥーリ、『本』がない」

「どうしたの？　どこが痛いの？」

「トゥーリ、わたし、『本』が欲しい。『本』が読みたい。こんなに『本』が読みたいのに、『本』がないんだよ」

呆然としたままで、ぼろぼろぼろぼろと涙を零すわたしにトゥーリが心配そうな声をかけてくる。けれど、本がないことに何の疑問も抱いていないトゥーリにいくら自分の気持ちを訴えても、わかってもらえるはずがない。

……ねぇ、誰に言えば、わかってくれるの？　どこに行けば本があるの？　誰か教えてよ。

# 街中探索

昨日は泣いて泣いて泣きまくった。ご飯だと言われても、両親の布団を床に落としたことで怒られても、大した反応ができずに泣き続けた。

そして、今朝、泣きすぎたわたしの目は腫れて熱くなっているし、頭もガンガン痛んでいる。

けれど、熱は完全に下がったようで、体のだるさは全くない。ついでに、大泣きしたことで気分的にもかなりすっきりしていた。朝食の時の家族からは何となく腫れものに触るような扱いだったけれど。

「熱は下がったわね」

母さんが洗い物を終えたばかりの冷たい手でわたしのおでこに触れた。ついでに、腫れた目の辺りを押さえてくれる。冷たくて、非常に気持ちいい。

「マインが元気なら、今日は市が立つ日だから、一緒に買い物へ行かない？」

……あれ？　確か、「染物の仕事は今が一番忙しいから、マインが高熱出しても仕事に行かなきゃいけない」って、言ってなかったっけ？

首を傾げるわたしを見て、母さんは悲しそうに目を伏せた。

「トゥーリもマインの看病ばかりじゃなくて、少しくらい外に行かせてあげないと可哀想だし、昨日はマインが泣きやまなくて、トゥーリが困り果ててたし、マインが寂しがって泣いてるんじゃないかって言ってたから、周りの人達に無理言って休ませてもらったのよ」

その言葉を聞いたわたしは、うひぃっと息を飲んだ。人目もはばからず、一日中泣き続けるなんて、穴を掘って埋まりたい醜態だ。冷静になってしまうと、自分のやったことがあまりにも恥ずかしい。

「ご、ごめん、なさい」

「マインが謝ることじゃないでしょ。病気の時は心細いものだもの」

母さんは優しく頭を撫でながら慰めてくれたが、優しい分、罪悪感に押しつぶされそうだ。

……ごめんなさい。本がないことに絶望して泣いたけど、母さんがいなくて寂しいとか思ったことありませんでした。そんなに心配かけて世話かけてるのに、トゥーリがさっさと出かけてくれないと本が探せない、なんて考えてました。ホントごめんなさい。

「トゥーリは皆と一緒に近くの森へ行くけど、病み上がりのマインはまだ無理だからね。母さんと買い物に行こうか？」

「うん！」

「あら、急に元気になったじゃない」

やっぱり母さんといられるのが嬉しいのね、なんて母さんが嬉しそうに笑っているので、わたしも母さんに向けてにっこりと笑顔を送っておく。

「ふふっ、楽しみなんだもん」

母さんが嬉しそうなので、わざわざ誤解を解くつもりなんてないけれど、外に行けば本くらい見つかるだろうと考えたら、気分が一気に上昇してきただけだ。

今日は買い物について行って、本を買ってもらうのだ。分厚い本じゃなくていい。とりあえず、ちょっと字を覚えるための本が欲しい。この際、子供向けの問題集でもいい。本がなければ、あいうえお表とか、アルファベット表みたいなものでもいい。

きっと「本があれば寂しくない。ずっとおうちでお留守番してる」なんて可愛く言って、病弱な娘がおねだりすれば絵本の一冊くらい買ってくれるだろう。うふふん、楽しみ。

「じゃあ、母さん。行ってきます」

トゥーリが満面の笑みを浮かべて、ドアから寝室を覗きこんできた。今日は母さんが休みなので、トゥーリもわたしの子守りから解放されるのだ。

「皆と一緒に行くのよ。気を付けてね」

「はーい」

トゥーリは大きな籠を背負って、弾むような足取りで駆けていく。まるで遊びに行くように楽しそうな雰囲気だが、これもれっきとしたお手伝い。薪拾いだ。ついでに、木の実や茸も探してくるらしい。安くて美味しい食卓になるかどうかは、トゥーリにかかっている。

……頑張れ、トゥーリ！　わたしの食生活に彩りを！

ないない尽くしの世界にはどうやら学校もないようで、子供達は皆手伝いか仕事をしているらしい。少なくともわたしの見聞きした記憶の中には学校に相当するものがない。トゥーリより少し年かさの子供は、仕事の見習いを始めるそうだ。

できることなら、わたしは司書見習いか、本屋見習いになりたい。今日の外出はそのための情報集めの場でもある。本屋の位置を確認して、店の人と仲良くなって、見習いになるのだ。

「じゃあ、マイン。わたし達も買い物に行きましょうか」

わたしがマインになってから、初めてのおでかけである。初めてパジャマ以外の服を着た。トゥーリのお下がりでぼろぼろだが、生地は厚めの服を何枚か重ね着させられる。動きにくいほどもこもこにされたわたしは、母さんと手を繋いで初めて家の外へと一歩を踏み出した。

……寒ッ！　狭ッ！　臭ッ！

石造りの建物なせいか、建物自体から冷たい空気が放出されている感じで、何重にも着こんだ服にも冷たい空気が染み込んでくる。ヒートテックとか、フリースとか、ホッカイロが切実に欲しい。ついでに、臭いを遮り、風邪を防止するためのマスクも欲しい。

「マイン、落ちないように気を付けて」

家から出るとすぐにあったのは、階段だ。三歳児並みの体格しかないわたしには一段降りるのが怖いほど狭くて急な階段が続いている。母さんに手を引かれながら、「よいっしょ……。よいっしょ」とギシッギシッと軋《きし》む板の階段を何度も何度も曲がりながら下りていく。

何故か、二階から下だけは丈夫で綺麗な石造りの階段だった。

……同じ建物なのに、何、この格差？

むぅっと唇をとがらせていると、やっと外に出られた。一応数えてみたら、七階建ての五階が家だった。正直、病弱で小柄で体力がないわたしには、外に出ること自体がかなり重労働だ。記憶の中でも家にいることが多いのも当たり前だと思う。

今だって、建物を出た時点で既に息が切れている。体力のないわたしは目的地にたどり着く前にぶっ倒れそうだった。

「ぜぇ、ぜぇ……。母さん、息、苦しい。ちょっと待って」

「まだ家を出たところなのに、大丈夫？」

「ちょっと……休憩したら平気」

絶対に本屋に行くのだ、と深呼吸をして呼吸を整えながら、わたしは周囲を見回した。

集合住宅から外に出たところは小さな広場になっていて、そこには共同の井戸があった。井戸の周囲だけ石畳になっていて、何人かのおばさんが喋りながら、洗濯をしているのが見える。トゥーリが皿洗いに来たり、毎朝水瓶の水を汲んだりしているのは、この井戸に違いない。

「母さんが背負ってあげるわ」

いつまでたっても買い物に行けないと思ったのか、母さんがやや強引にわたしを背負うと、スタスタと歩き出した。わたしが知っている物ではないが、おんぶ紐のようなもので、くくりつけられたことから考えても、マインはいつも背負われていたようだ。

井戸のある広場は、集合住宅のような高い建物に四方を囲まれていて、一本だけ表通りに繋がっている道がある。決して広くはない、薄暗い路地を抜けると、大きな通りに出た。

……うわぁ！　まるで、写真集や映画で見たような古いヨーロッパの街みたい。

見慣れない街並みが目の前に広がり、荷馬車やロバのような動物がカッポカッポと石畳を行き交っていて、広い道路の両脇には店が並んでいる。わたしは完全に観光旅行の気分になって、きょろきょろしながら、本屋がないが物色していた。

「母さん、どのお店に行くの?」

「マイン。何を言っているの? 市場に行くのよ? お店にはほとんど用がないもの」

母さんの話によると、建物の一階にきちんと構えられている店は、基本的にそこそこお金を持っている人が入るためのもので、貧しい庶民には用がなく、日常の買い物は市場の立つ日にまとめてするらしい。

……うーん、つまり、本屋はこういう建物の一階に並んでいるってことかな?

本屋を探して辺りを見回しながら歩いていると、目印になりそうな一際大きい建物が目に入った。白っぽい石造りで、シンプルなのに威厳があるというか、目立って立派な建物だ。

「あ、お城?」

「あっちは神殿よ? マインも七歳になれば、洗礼式で行くことになるわ」

……あー、神殿ねぇ。宗教が強制なんて嫌だなぁ。なるべく近付かないようにしようっと。

麗乃時代の感覚で、何となく宗教には距離を置きたくなってしまう。それを口にすることが、この世界で受け入れられることかどうかもわからないので、わたしは口を引き結んだまま、神殿の奥にある壁に視線を向けた。

「母さん、あの壁は?」

「城壁よ。中には領主様のいらっしゃるお城やお貴族様のお屋敷なんかがあるわ。まぁ、わたし達にはあまり関係ないところね」

お城や貴族がいるところというよりは、高い石の壁しか見えなくて監獄っぽい。もしかして、守りを固めたらあんな感じになるのだろうか。

白一色で飾り気のない壁が続く様子は、見栄えを一番に考えた豪華で装飾的な感じでもないし、砦《とりで》のような武骨な感じとも少し違う。隔てる意図は感じられても、攻撃されることを想定していないような無防備さに見えるのだ。

……写真集や歴史関係で見た西洋のお城ともちょっと違うんだよね。

「じゃあ、母さん。あっちの壁は？」

「あれは外壁。街を守る壁よ。あっちにある南門の門番がギュンターでしょ？」

マインの記憶から父さんが兵士の仕事をしているのは知っていたが、門番だったのか。

……それにしても、領主様がいるお城があって、城壁や外壁で囲まれているということは、ここは一応都会だと思っていいんだよね？

外壁に囲まれた範囲を見ても、通りを行き交う人波を見ても、それほど大きな街とは思えないが、東京や横浜を基準に考えたらダメだろう。

麗乃時代に本で読んだ城塞都市を基準にすると、驚くほど大都市だということになってしまうが、ここは髪が緑や青の人間が普通にいる世界で、麗乃時代の知識が通用するとは限らない。大都市なのか、中小都市になるのかを今のわたしの知識で勝手に判断するのは危険だ。

……あぁぁ、街の規模によって本屋の規模も変わるはずなのに、肝心の基準がわからない！

この街って大きいの⁉　小さいの⁉　教えて、偉い人っ！

「マイン、早く市場に行くわよ。いいものがなくなってしまうわ」

市場へ向かいながら、本屋を探して一生懸命に辺りを見回してみるが、道の両側にある店の看板は基本的にイラストだ。看板は木の板に絵だったり、金属で絵が刻まれたものだったり、とにかく字らしき記号が見当たらない。文字を知らないわたしにもわかりやすくて、本屋を探すにも役立つけれど、嫌な予感に冷や汗が浮かんでくる。

……あれ？　家どころか、街の中にも字がないんだけど？　識字率が低い？　もしかすると、文字自体が存在しない？

ふっと頭をよぎった自分の予想に血の気がすぅっと引いていく。文字自体が存在しないという予想はこれまでになかった。文字がなければ、本なんて存在するはずがない。

自分の予想に愕然としているうちに、いつの間にか市場に到着していた。耳に飛び込んでくるざわめきに顔を上げると、活気のある露店がぎっちりと並んで、多くの人々が行き交っているのが見える。日本のお祭りの屋台を彷彿《ほうふつ》とさせる賑わいに、少しばかり懐かしい気分になった。思わず顔をほころばせて、近くにある果物屋を覗きこんだわたしは、思わぬ物を見つけて母さんの肩を叩いた。

「母さん、あれ！　あの板、何⁉」

商品の上に何やら記号が書かれた板が刺さっている。わたしには読めないけれど、数字か文字が、この世界にもちゃんと存在していた。たったそれだけのことで顔が紅潮してくるくらい、わたしは文字に飢えていたようだ。

「あぁ、値段が書いてあるの。いくらで買えるかわかるようになってるのよ」

「ねぇ、母さん。なんて書いてあるの？」

いきなり元気になったわたしに母さんが驚いているが、そんなことはどうでもいい。

目に入る数字を手当たり次第、母さんに読んでもらえば、頭の中で自分が知っている数字と目の前の記号が繋がっていくのがわかる。

……よしよし、頑張れ！　わたしのシナプス回路！

「じゃあ、これは三十リオン？」

いくつも数字を読んでもらった後、自分で数字を読んで、母さんの反応を窺う。ちゃんと正解だったようで、何度も瞬きしながら母さんが振り返るようにしてわたしを見た。

「こんなにすぐに覚えてしまうなんてすごいわ、マイン」

「んふ～」

数字らしき記号が十種類だから、計算方法も十進法で間違いないと思う。二進法とか六十進法とかじゃなくてよかった。数字に当たる記号だけ覚えたら計算も問題なくできそうだ。

……あ、もしかして、天才フラグが立ったんじゃない？　十で神童、十五で才子、二十過ぎればただの人って感じになりそうだけど。

## 本、入手不可能

「じゃあ、後はお肉ね。そろそろたくさん買って、塩漬けや燻製《くんせい》にしておかなくちゃ」

野菜や果物を買い終えた母さんが市場の奥の方へと入っていく。肉を売っているのは外壁に近い辺りに並んでいるらしい。

「なんでたくさん買うの？」

「冬支度しなくちゃいけないでしょ？　この時期は、どの農家でも冬が越せるだけの家畜を残して、他を潰すから、一年で一番肉がたくさん売られる時期なのよ。動物達も冬籠りに向けて栄養を付けるから、脂がのった美味しい肉が手に入るわ」

「……えーと、冬って、市場もなくなるものなの？」

「当たり前でしょ？　冬に採れる野菜なんてほとんどないじゃない。雪もひどいし、市場が開かれる回数はぐっと減るわよ」

考えてみれば当たり前だけれど、全く思いつかなかった。日本だって、ハウス栽培が盛んになるまでは、野菜は季節のものだったし、流通が発達するまでは地産地消が当たり前だった。冷蔵庫や冷凍庫ができる前の新鮮な状態での保存ができなかった時代には、保存食は自分の家で準備する物だったはずだ。つまり、ここでは保存食を作るのは当然ということだ。

正直なところ、自分が役立てるとは思えない。お手伝いがろくにできない足手まといでも、それほど叱られることはない幼女で、ホントによかったと思う。

「……く、臭い」

肉屋が近付くにつれて、異臭が強くなってくる。鼻を押さえているわたしと違って、母さんは当たり前のような顔で歩いていく。信じられない。鼻を押さえて口で息をしていても、口から入りこんでくる空気が臭くて涙目になるのに、何もせずに歩けるなんて。

……肉ってこんなに臭かったっけ？　うぅ、なんか嫌な予感がする。

肉屋が立ち並ぶところにたどり着いた。肉屋にはベーコンやハムの他に、皮を剥かれたばかりと一目でわかる、爪先の部分がまだ動物さんの形を残しているモモ肉も並べられていた。店の奥には血抜きしている動物がぶら下がっていて、白目を剥いて舌がだらーんと出ているうさぎや鳥が並んでいる。

「ひぎゃあああぁぁぁ！」

絵本や写真ならばともかく、自分の肉眼では、完全に解体されて、下手したら一口サイズに切れているパック入りの肉しか見たことがなかったわたしには、この世界の肉屋は刺激が強すぎた。全身に鳥肌が立って、ぶわっと涙がこみあげてくる。目を閉じて見ないようにしたいのに、一度見開いた眼はそのまま固定されて、閉じ方を忘れてしまったように動かない。

「マイン⁉　マイン⁉」

母さんがゆさゆさと体を揺さぶって、わたしのお尻を軽く叩く。

その時、豚が悲鳴を上げながら解体されるところが目に飛び込んできた。周囲には、楽しそうな笑顔の人々が集まっていて、豚が殺されるのを今か今かと待っている。

「ひぅっ！」

小さく悲鳴を上げて、わたしは豚に最後の一撃が加えられるより先に、母さんの背中で気絶した。

何かが口の中に流れ込んできた。結構刺激的でえぐいほどアルコール臭のする液体だ。自分で意識して飲みこんだものと違って、予期しなかったアルコールが気管に入った。咳き込んで、目を白黒させながら、わたしは飛び起きる。

「ぅえほっ！　げほっ！　ごほっ！」

……酒ですか⁉　いたいけな幼児に、どぎつい酒飲ませた馬鹿はどこのどいつでございましょうか⁉　急性アルコール中毒になったらどうしてくれる⁉

くわっと目を開けると酒瓶を抱えた母さんの姿があった。

「マイン、気が付いた？　よかった。気付けが利いたのね」

「こほっ！……母さん？」

ホッとしたような顔で抱きしめてくれるから、ちょっと口に出しにくいけれど、心の中では言っていいだろうか。

……気付けだろうが、何だろうが、幼児にこんな強い酒飲ませないでよ！　それも、ただでさえ病弱な上に、高熱で死にかけてやっと熱が下がったばっかりの病み上がり幼児だよ⁉

「さぁ、マイン。気が付いたなら、お肉を買いに行くわよ」

「ぅえっ⁉」

わたしは思わず首をぶるぶると振った。さっきの光景が完全に脳裏に焼き付いている。しばらくは夢に見そうな光景で、思いだすだけで鳥肌が立つのに、そんなところに行きたくない。

「……えぇっと、まだ気持ち悪くて……ここで座ってる。母さん、行ってきて」

「え？　でも……」

渋る母さんを横目に、わたしはくるりと振り向いて、すぐ後ろの店のおばさんに頼みこむ。力づくで連行される前に、居場所の確保だ。

「あの、おばさん、ここで待たせてください。迷惑かけないように、じっと座ってます」

「小さいのにしっかりしたお嬢ちゃんだねぇ。酒も買ってもらってるし、いいよ。早く買い物を終わらせておいで。気持ち悪いと言ってる子供を連れ回して、また倒れたら大変だろ？」

おそらく母さんが気付け用の酒を買ったのだろう、お酒の屋台のおばさんが、カラカラと笑いながら軽く請け負ってくれる。隣の雑貨屋のおじさんも、気の毒そうにわたしを見て、手招きしてくれた。

「店の中の方に入っていれば、さらっていくような奴もおらんじゃろうし……」

おじさんが裏側に入れてくれたので、わたしは遠慮なく座りこませてもらう。さっき口に入れられた強いアルコールが体の中でぐるぐるしている。今、動き回るのは危険だ。

「すぐに戻ります。マイン、ここから動いては駄目よ」

母さんが急ぎ足で買い物に行ってしまうと、わたしは座り込んだまま、二つの店の商品をぼんやりと眺めていた。酒屋の方は丁度新しい果実酒が入荷される季節のようで、小さい樽に買っていく客が次々と現れる。それに対して、雑貨屋の方は客足も鈍い。

……この世界の雑貨屋って一体何を売ってるんだろう？

雑貨屋に並ぶ商品を見てみると、大半がどうやって使うのか、わからないものだった。目の前にごちゃごちゃと並んでいる品物を指差して、おじさんに聞いてみる。

「おじさん、これ、なぁに？」

「嬢ちゃんはまだ使ったことがないか？　布を織る時に使うものじゃな。これは狩りに使う仕掛けじゃ」

客がいなくて暇らしいおじさんは、わたしが指差す一つ一つに答えをくれる。この街では日用品に数えられる品物はわたしが知らないものばかりだ。マインの記憶を探ってみても、あまり興味がなかったのか、知らないものの方が多い。

へぇ、と感心しながら商品を眺めていると、ごちゃごちゃと並んだ雑貨の隅の方に、たった一冊だが、きっちりと装丁された分厚くて大きな背表紙が見えた。

麗乃だった頃に通った図書館でもガラスケースに入っていそうなすばらしい装丁で、革の表紙に金で四隅に細かい細工がされている。四十センチくらいの大きさだ。

……本じゃない？　あれ、もしかして、本じゃない？

本らしきを装丁を見つけた瞬間、ぱぁっと視界が薔薇色に染まっていく。どんよりと暗い雨雲が一気に払われたように、心が一気に明るく晴れ渡った。

「お、おじさんっ！　これは？　これは何⁉」

「あぁ、本じゃよ」

……やったー！　とうとう見つけた！　あったよ、本！　たった一冊だけど、あった！

この世界には存在しないかもしれないと絶望していた中で見つけた本。わたしは感動に打ち震えながら、背表紙を見つめる。

かなり大きくて重そうで、ごてごてと装飾された本だ。今のわたしの貧弱な腕では持てそうもない。それに、どこからどう見ても高そうで、どれだけおねだりしても買ってもらえる気がしない。けれど、本が存在するのだから、もっと小さくて持ちやすい本もあるに違いない。

わたしはおじさんに食らいつくような勢いで尋ねた。

「おじさん、本を売ってるお店ってどこにあるか知ってる？」

「店？　店などないよ」

おじさんに「何を言っているんだ、この子は」みたいな目で見られて、わたしのテンションが一気に下がる。

「……えーと、本があるのに、本屋がないって、どうして？」

「本は書き写すもので、高価すぎてそうそう売り物になどならないからなぁ。これも、借金が返せなくなったお貴族様の質草で、まだ売り物じゃない。まぁ、期日までに金が返ってくることもなさそうだし、もうじき売り物になるだろうが、こんなものを買いたいと思うのはお貴族様くらいじゃな」

……ぐぬぅ、お貴族様めっ！　わたしだって貴族に生まれていれば、本が読めたってことだよね？

ちょっと、神様、なんでわたし平民なの？

軽くお貴族様に殺意が湧いた。生まれた時から本に囲まれているなんて恵まれ過ぎだ。

「嬢ちゃんは本を見たのは初めてかい？」

おじさんの言葉に、わたしは本から目を離さず、何度も頷いた。

この世界で本を見たのは初めてだ。そして、本が貴族のもので、本屋もない以上、これが最後の邂逅《かいこう》になるかもしれない。

……だったら！

「お、おじさん！　お願いがあります！」

グッと拳をきつく握り、一度立ち上がって姿勢を正した後、わたしはその場に跪いた。

「なんじゃ？　突然どうした？」

いきなり地面に膝と両手をついたわたしに、おじさんがぎょっとして目を見開く。

こちらからお願いする以上、誠意を見せるのは、基本中の基本。誠意の形といえば、土下座。ビシッと頭を下げて、自分の気持ちを正直に伝えるのだ。

「買えないのはわかりきっているから、せめて、あの本、触らせてください。頬ずりしたい。せめて、くんかくんかして、インクの匂いだけでも満喫したいんですっ！」

誠心誠意お願いしたが、シーンと痛いほどの沈黙が満ちるだけで、何の返事も返ってこない。

恐る恐る顔を上げてみると、何故かおじさんは苦虫を噛み潰したような、信じられない変態を間近で見たような、驚愕と嫌悪の混じった目でわたしを見ていた。

……あれ？　なんか誠意が伝わってない感じ？

「な、何を言っているのか、理解できんが……。嬢ちゃんに触らせるのは危険じゃな」

「そ、そんなっ⁉」

もう一度頼みこもうとしたところに、時間切れの声がかかった。

「マイン、お待たせ。行くわよ」

母さんの声を耳にして、わたしは思わず泣きそうになった。本がすぐそこにあるのに、まだ読んでない。触ってない。匂いも嗅いでいない。

「どうしたの、マイン？　何かされたの⁉」

「ち、違う、違う！」

いきなり店主に剣呑な視線を向ける母さんの姿に、わたしは慌てて首を振った。急いで誤解を解かなければ、せっかく肉屋へ行くことから匿ってくれて、本について教えてくれたのに、恩を仇で返すことになる。

「この辺が気持ち悪いの。母さん、さっき何飲ませたの？　起きてからずっと変なの」

「……あぁ、気付けの酒が利きすぎたのかもしれないわね。家に帰ったら水を飲んでおとなしくしてれば大丈夫よ」

母さんは納得したように頷くが、子供に酒を飲ませたことには何も思っていないらしい。グイッと手を引いて、わたしに帰るように促すだけだ。

わたしはくるりと振り返って、酒屋と雑貨屋の二人に向かってニッコリと笑った。

「座らせてくれてありがとう」

お礼は忘れずにしないと精神的に落ち着かない。マインの記憶から考えると、頭を下げる習慣はなかったようなので、ひとまず笑顔を振りまいておいた。円滑な人間関係に笑顔は必須。二人も笑顔で見送ってくれたので、効果はあったらしい。

「マイン、まだ気持ち悪い？」

「……うん」

母さんに背負われ、言葉少なに家に帰る。帰宅途中の通りにも、やはり本屋は存在しなかった。今日は母さんに子供向きの絵本をねだって、ちょっとずつ字を覚えようと思っていたが、何も手に入らないまま終わってしまった。わかったのは本屋がないということだけ。

一応領主の城があり、立派な石造りの門がある街なのに、この街には本屋というものが存在しなかった。本は売り物ではないと言われたのだから、もしかしたら、この街だけではなく、この世界には本屋がないのかもしれない。

絶望した。

一日二日ご飯を抜いたところで、本さえあれば満足していた本狂いのわたしに本なしの生活をしろというのは酷だと神様は思わなかったのだろうか。

親に本が買える貴族になりたいなんて言っても、夢見る子供の可愛い戯言として軽く流されるだろう。この家族に生まれたくなかったなんて言えない。でも、貴族になれなくても、せめて、没落貴族の質草を買い漁れるだけの財力が欲しかった。

あまりにひどい環境に打ちひしがれるが、泣いていても本が手に入ることはないとさすがに学習した。本屋が存在しないのに、手に入るわけがない。

……手に入らないなら、どうする？　自分で作るしかないでしょ？　こうなったら、手段は選ばない。絶対に本を手に入れてやる！　負けるもんか！

## 生活改善中

本がなければ、自分で作ればいい。

そう結論を出したところで、わたしの気分は前向きになったけれど、困ったことに家の中には紙自体が存在しない。それはおうち探索をした時に確認済みだ。つまり、紙を買いに行くしかないが、どこに売っているのか、わからない。困ったことに、この街にはコンビニもホームセンターもスーパーも文具屋もない。

さて、紙は一体どこに売っているのか。雑貨屋のおじさんが「本は自分で書き写さなければならない」と言っていたので、白紙状態の本が売られているのではないかと思う。けれど、それは一体どこにあるのだろうか。もしかしたら、紙ばかりを扱っている紙屋があるのだろうか。

日本だったらルーズリーフに書き綴るなり、ノートに書くなり、コピー用紙に書いてホッチキスで綴じるなりすれば、あっという間に完成するのに、ここでは問題が山積みだ。家の中に紙が存在しないので、本を作るためには紙探しから始めなければならない。

そんなことを考えながら市場から帰ると、トゥーリも森から帰ってきた。薪を拾って、木の実や茸もたくさん採って、肉の味付けに使う薬草もたくさん採ったらしい。

「おかえり、トゥーリ。何が採れたの？　見せて、見せて」

わたしはトゥーリの戦利品が入った籠を覗き込み、目当てのものを見つけた。前に家の中を探検した時に見つけたのと同じ、アボカドに似た木の実だ。母さんが潰して油を取っていたので、これがあれば植物油が取れることは確認済みである。

「これ！　これ、ちょうだい！」

わたしが必死にお願いすると、ちょっと考えていたトゥーリが、「メリルが欲しいの？　ちょっとならいいよ」とメリルを二つくれた。

「ありがとう、トゥーリ」

メリルに頬ずりしながら、わたしは物置に入って、ハンマーを取ってくる。これでシャンプーが作れそうだ。わたしはうきうきしながら、ハンマーを振り下ろした。

ゴッ！　という鈍い音がして、ブシャアッ！　とメリルが潰れて弾ける。ピシピシッと汁がわたしにも、様子を見ていたトゥーリにも飛び散った。

「……ねぇ、マイン。何してるの？」

トゥーリが顔に飛び散った汁も拭かずに、冷ややかな目でニコリと笑った。トゥーリの怒りを感じたわたしは、ビクッと飛び上がる。

……とんでもない失敗をしたっぽい。トゥーリがマジで怒ってるよ。

「あ、あのね、トゥーリ。えーと、その、ね。油が欲しくて……」

「油を取るにしても、取り方ってものがあるでしょ⁉　何やってんの⁉」

……ここの油の取り方なんて知らないんだもん。

マインの記憶には教えてくれるトゥーリにそっぽ向いているところしかなかった。トゥーリが何か説明してくれても、マインの記憶には曖昧にしか残っていない。マインは健康で活動的で何でもできるトゥーリが羨ましくて悔しかったらしい。「ずるい」という声に埋め尽くされた記憶が多くて嫌になる。

……面倒見が良くて、いいお姉ちゃんなのに。怒っててもちゃんと教えてくれるし。

わたしがトゥーリに怒られながら飛び散ったメリルの掃除をしていると、夕飯の下ごしらえに井戸のところに行っていた母さんが帰ってきて、まだらの壁を見て、カンカンになった。

……床はいくら汚れていても気にしないのに、壁は気になるんだ。

後に知ったことだが、埃や煤は大して気にしないけれど、食べ物の汁は壁の木材が傷むからダメなのだそうだ。

掃除を終えたわたしは、潰れたメリルと母さんとトゥーリを見比べた。早く油を搾りたいのだが、母さんとトゥーリ、どちらに頼むのがいいだろうか。怒りの少ない方が良い。

こそこそとわたしはトゥーリに聞きに行く。

「トゥーリ、トゥーリ。どうやって油取るの？　教えて？」

「母さん、マインに教えていい？」

わたしがこっそり尋ねているのに、トゥーリは大きな溜息を吐いた後、母さんに声をかけた。

「ハァ、教えておかないと、大変なことになりそうね。トゥーリ、ちゃんと教えてやって」

物置を指差しながら、母さんがそう言う。教えてもらってないことはできなくても仕方がないと思う。せめて、マインの記憶にあれば、わたしだってもう少しきちんとできたはずだ。

わたしはトゥーリと一緒に物置へと行って教えてもらうことになった。油を搾るための道具も布も全部物置にあるらしい。

「木の台は油とか汁が染み込んじゃうから、そのまま使っちゃダメ。こっちの金属の台を置いてから使うの。最初にちゃんと布を広げて。この中に実を入れて、包まないと飛び散るんだよ。でも、メリルは実が食べられるから、食べた後の種から油を搾るの。種を取り除いたら、搾り方を教えてあげるよ」

「種の油だけしか取っちゃダメなんて言われても、一体どれだけ集めたら必要な量が取れるのかわからないでしょ。そんなに待てないよ。わたし、実の油も取るから」

そう宣言すると、わたしはメリルをトゥーリに教えられた通り、布に包んで、金属台の上でハンマーを使って叩き始めた。ハンマーは重いし、なかなか潰れないけれど、頑張って叩いていると少しずつ実が潰れていく。

……わたし、意外とすごいかも？

「こんなもんかな？　うふふん」

今度は布をぎゅっと搾って油を取っていくのだ。わたしは気合を入れて布を捻った。じわぁっ、と布全体が湿っていく。だが、それ以上には進まない。ぽたっと一滴だけ油が落ちたけれど、必要量の油が取れそうな気配は微塵もない。

「マイン、それじゃダメだよ。狙いは甘いし、力はないし、へっぴり腰だから、実がつぶれても種はちっとも潰れてないよ？」

「うっ……トゥーリィ〜……」

……頑張ったのに、ダメダメだぁ。

わたしが助けを求めてトゥーリを見ると、トゥーリは仕方なさそうな顔でハンマーを手に取った。ぐっと握って振り上げる。ドン！　ドン！　とハンマーが鈍い音を立てる度に、わたしとは全く違うスピードで実と種が潰れていく。

「父さんならハンマーなんて使わなくても、圧搾用の重りを使えるから結構楽に潰れるんだけど、重くて使えないわたし達は、ハンマーでちょっとずつ潰すしかないんだよ」

圧搾用の重りが使えるようになれば、男の子は一人前の力仕事を任されるようになるらしい。

「種を完全に潰してから、布をこうやって搾って……」

わたしが搾った時には湿るくらいしか変化のなかった布から、ポタポタと小さな器に油が搾れていく。溜まっていく油を見て、わたしはこれまでの中で一番トゥーリを尊敬した。

「うわぁ！　トゥーリ、すごい！　ありがとう！」

「マイン、後片付けしないのはダメ。ほら、片付けて」

……片付けてって言われても、片付け方がわからない。

片付け方がわからなくてまごまごしていると、トゥーリが仕方なさそうな顔でやり方を教えてくれる。やっぱり面倒見がいいよね、と思いながら、わたしは道具を片付けていく。

道具を片付け終わったわたしは、白っぽく濁った油を覗き込んで、匂いを嗅いでみた。シャンプー代わりにするならば、もう少し匂いもあった方が良いと思う。

「ねぇ、トゥーリ。薬草もちょうだい。いい匂いのするやつ」

「ちょっとだよ？」

「うん！」

トゥーリの許可が出たので、わたしは籠から出されている薬草を、一つ一つ匂いを嗅いで選びながら、指ですり潰すようにして入れていく。うまく匂いが移れば、いい香りになりそうだ。

……匂いが移ったら、ちょっとだけ塩を入れて……。

わたしがそう考えていたら、突然トゥーリが油の入った器を持って、夕飯の支度をする母さんのところへ持って行くのが目に入った。

「トゥーリッ！　ダメッ！　何するの!?」

わたしは慌ててトゥーリの手から油の入った器を取ると、取り返されないように、お腹の辺りに囲い込んだ。それを見たトゥーリが腰に手を当てて、怒った。

「早く食べなきゃ使えなくなっちゃうでしょ？　この薬草、匂いが移りすぎると食べられなくなるんだよ？」

「食べちゃダメなの！」

……シャンプーにするのに、食べられてたまるか！

トゥーリが何と言っても、やっと手に入ったシャンプーの代わりを手放すつもりはない。

「マイン！　それはトゥーリが採ってきたものでしょ！　我儘言わないで！」

母さんもトゥーリの味方をして怒るけれど、メリルも薬草もきちんとトゥーリの許可を取って、わたしがもらったものだ。もうわたしの物で、トゥーリのものではない。

「我儘じゃないっ！　トゥーリがくれたんだから！」

わたしはブンブンと頭を振りながら、必死に油を死守する。すでにわたしの頭のかゆさは限界なのだ。シャンプーの代わりになりそうなものがあるのに、これ以上は我慢できない。

いくら言っても無駄だと思ったのか、二人は呆れたような溜息を吐いて背を向けた。

ふぅ、と油を守り切った達成感に満足の息を吐きながら、わたしは塩を一つまみ入れ、ぐるぐると混ぜていく。これで麗乃時代のお母さんがナチュラル生活とか自然派生活にはまっている時に作っていたシャンプーの代用品が完成だ。

「母さん、お湯ちょうだい」

わたしは沐浴用の防水布を寝室に敷いて、そこに油を置くと、桶《おけ》を持って母さんのところへ行った。最近は夕飯の支度をする時に沸いたお湯をもらっているので、母さんも慣れたようにお湯を入れて、防水布の上に桶を置いてくれる。

さぁ、洗うぞ、と思ったところで、はたと手を止めた。普通にシャンプーするように頭を洗うのは、すすぎのためのお湯がないので無理だ。どうやって洗えばいいだろうか。

「うーん、とりあえず、薄めたので拭くしかないかな」

ちょっとくらい残っても大丈夫、と思えるくらいまで薄めて、よく布で拭くしかない。わたしは桶の中に完成したシャンプーもどきを適当に入れて、ぐりぐりとよくかき混ぜた。

「マイン⁉　何してるの⁉」

「え？　髪洗うんだよ？」

トゥーリはわけがわからないという顔をしている。でも、この数日間、シャンプーをしていないここの人達にはシャンプーの習慣はないと思うので、詳しく説明してもわからないと思う。口で説明するより見てもらうのが一番だ。

わたしは簪をするりと抜くと、髪を桶に浸して、洗い始めた。ジャブジャブと浸かっている部分を洗って、頭皮まで染み込むように頭に手で何度もかける。そして、頭皮を丁寧にマッサージしていった。子供の手は力が入らなくて、腕の長さが短くて、やりにくい。

それでも、自分で納得できるまで繰り返し、ギュッギュッと髪を搾りながら、タオルとは名ばかりの薄っぺらい布で頭を拭いていく。シャンプーが残らないように何度も何度も丁寧に拭いた後で櫛を入れれば、黒に近かった髪の色が本当に紺色になって、艶々になってきた。

……結構イイ感じじゃない？

わたしは自分の髪に指を通して、クンと匂いを嗅いでみる。ほのかにジャスミンに似たような匂いがした。ずっと汗と泥と何とも言えない体臭が気になっていたわたしは、自分から体臭以外の匂いがすることが何とも嬉しくなってきた。大成功だ。

「え？　え？　マインの髪が夜のお空の色になったよ？　お月様みたいな目とすごく合ってる」

……わたしの目って、金色とか黄色とか、そういう色なのか。

自分では見えない目の色を知り、わたしはトゥーリの青い目を見ながら、少しばかり遺伝の法則について考える。いくら考えても無駄な気がして、すぐに考えることを放棄した。

「マイン、何これ？」

「ん〜と、『簡易ちゃんリンシャン』だよ。トゥーリも使う？　二人で使えば無駄じゃないよ？」

トゥーリが気になるような目で桶を見ているのに気付いて、わたしは誘いをかける。本音を言うならば、一緒のベッドで寝るんだし、せっかく可愛い顔をしているんだし、気に入ればまた作ってくれるだろうし、わたしがトゥーリを綺麗にしたいのだ。

「トゥーリが採ってきたメリルと薬草だし、搾ったのもトゥーリだから、気にしなくていいよ」

わたしの言葉にトゥーリがハッとしたように顔を上げると、三つ編みを解き始めた。わたしが洗っているのを見ていたようで、すぐに桶の中に髪を入れて洗い始める。

……あ〜、あそこ洗えてない。

わたしは桶に手を突っ込むと、お湯をすくってトゥーリの手が届きにくそうなところにかけて、何度も丁寧に洗っていく。

……綺麗に、綺麗になぁれ。

「トゥーリ、これくらいで大丈夫だと思うよ？」

わたしが布を渡すと、トゥーリはわたしがしていたように布で何度も拭いて櫛を入れていく。

トゥーリの青緑の髪がつるつるになった。天然パーマのトゥーリの髪は艶を帯びて波打ち、しっかりと天使の輪っかができている。華やかで可愛さがぐぐんとアップした。

「すごく綺麗になったね。トゥーリ、いい匂い」

……やっぱり可愛い子はこうでなくちゃ。

わたしは満足しながら、トゥーリの髪に櫛を入れていく。毎日は無理でも、数日に一度は簡易ちゃんリンシャンをして、この髪の艶をキープするのはわたしの役目ではないだろうか。

二人とも洗い終わったので、桶を片付けようとしたら、母さんが「ちょっと待ちなさい」と慌てて止めて使い始めた。これからは簡易ちゃんリンシャンを作っても、トゥーリも母さんも文句を言わないだろう。今後は清潔家族を目指すのだ。

わたしは久し振りにすっきりした頭に満足しながら、眠りについた。


この数日間、朝起きると一番にわたしの目に入るのは蜘蛛《くも》の巣だ。自分が綺麗になったのだから、今度は身の回りを綺麗にしたい。

まずは、寝室の掃除だ、と張り切ってみたものの、わたしの手には余る範囲だった。今のわたしに綺麗にできる範囲はせいぜいベッドくらいだ。わたしはお休みの父さんに頼んでお布団を窓に干してもらう。

「父さん、布団が干せたら、あの蜘蛛の巣を掃除して欲しいの」

「蜘蛛の巣？　なんでまた……」

蜘蛛の巣があることに疑問を抱かないのだから、汚いと言ってもわかってもらえないと思う。わたしは必死に考えて、父さんのズボンをちょっとだけ握った。

「こ、怖いから」

決して嘘ではない。もし、あそこから蜘蛛が真っ直ぐに降りてきたら、わたしの顔の上である。考えただけで怖い。危険な巣は排除しておかなければ。

「マインは蜘蛛の巣が怖いのか。仕方がないな。父さんが取ってやろう」

「わーい。ありがとう、父さん。全体的に綺麗にしてくれると、すごく嬉しいんだけど」

「わかった、わかった。怖いんだろう？」

……よし、天井クリア。

父さんが天井を軽く掃除してくれたおかげで、自分の手では何ともならないところが綺麗になったので、この後は少しずつ綺麗にしていくしかない。

「母さん、箒《ほうき》どこ？」

「ここよ。どうしたの？　何か汚したの？」

「お部屋を綺麗にしたいの」

「そう。やる気になっているならいいわ」

わたしは箒《ほうき》を握って、寝室の床を掃いていく。ぶわっと土埃が立った。土足文化ではなかったわたしには、寝室で土埃が立つというのがどうにも理解できない。何とか綺麗な寝室で眠りたいのだ。

わたしは箒を丁寧に動かしてザッザと少しずつ土を台所の方へと出していく。この家は物が少ないので、掃除自体はそれほど大変ではない。

……わたしの体力さえ伴えばね。

少し掃き掃除をしただけで、頭がくらくらしてきた。わたしは掃除を諦めて、休憩する。この調子ではいつになったら清潔な環境で過ごせるのかわからない。

「ちょっと、マイン。寝室の掃除をして、台所にゴミを盛っちゃ意味がないでしょ、やるなら玄関の外に……マイン、顔色が悪いわ」

寝室から掃き出したゴミを見た母さんが寝室を覗き込んで、溜息を吐いた。そして、わたしをベッドに寝かせると、窓に干していた布団を取ってきて、バサリとわたしにかける。

「やる気は嬉しいけど、掃除は止めてもう寝なさい。どうせ汚れるんだから、今頑張る必要はないでしょ？」

……毎日溜まるんだから、今やらなきゃダメなんだよ。

心の中ではそう思っても、体は全くついてこない。気長に毎日コツコツと続けていくしかなさそうだ。わたしはゴロンと寝返りを打って、さらりと流れてきた自分の髪をつまみ上げる。

……とりあえず、髪は綺麗になったから、今度は紙が欲しいな。

# 近所の男の子

母さんが仕事に行ったので、家の中にはトゥーリとわたしの二人だけだ。当然、疑問を解消する相手もトゥーリしかいない。

「トゥーリ、『紙』ってどこに売ってるか知ってる？」

「何て言ったの、マイン？」

「だから、『紙』……あ！」

三つ編みを揺らして首を傾げるトゥーリの姿には覚えがある。わたしの言葉が日本語で理解できなかった時の顔だ。ここの言葉で『紙』を何と言えばいいのかわからない。

……失敗した！　雑貨屋のおじさんに何て言うのかも教えてもらえばよかった！

「トゥーリは『紙』、知らない……よね？」

「ごめんね。わからないみたい。面白い言葉だね」

ガクンと項垂れながら、わたしは深い溜息を吐いた。

実は、本を作るための問題は紙を売っている店がわからないだけではない。鉛筆やペンを売っている店もわからないのだ。家や街の状況を見る限り、シャープペンシルやボールペンがあるわけないと思う。万年筆が存在するかも怪しい。そんな状況で筆記用具は何を使えばいいのだろうか。そして、一体どうやって筆記用具を手に入れればいいのだろうか。

何より一番問題なのが、材料を探しに外に出かけるための体力がないことと、先立つ物がないことだ。ホントに困った。

「あーっ！　父さんったら、忘れてる！」

台所からトゥーリの声が響いた。わたしがのっそりと動いて、台所へ行ってみると、トゥーリが何やら包みを持っている。

確か、今朝、父さんが寝起きのぼへーっとした顔で「今日の仕事に使うから出しておいて」と、朝の忙しい時間に言いだして、「なんでもっと早く言わないの⁉」と母さんの機嫌をとげとげ状態にしたものだ。わざわざ物置をひっくり返して探していたのに、これを忘れていったと母さんが知った時の怒りを考えると、背筋がぞくぞくする。

「トゥーリ、きっと母さん、怒るよね？　これ、父さんに届けた方がいいんじゃない？」

「マインもそう思う？……でも、マイン一人にするのは……」

ちょっとお皿を洗いに行ったら、勝手に寝室を抜け出して、大泣き。母さんと一緒に市場まで買い物に行ったら、気を失ってぶっ倒れる。

わたしに対する家族の信頼度は底辺を這《は》っているので、トゥーリはわたしを一人で留守番させるつもりはないらしい。

「でも、これがないと、父さんは困るよね？」

「……マイン、門まで歩ける？」

トゥーリはわたしを留守番させるのではなく、同行させることにしたらしい。

市場に行った時の道のりを考えるとやや不安だったが、後々の母さんの怒りの方が怖い。わたしはグッと拳を握って、頑張るアピールをしてみる。

「が、頑張る」

「じゃあ、行こうか」

母さんと買い物に行った時と同じように何枚も服を着こんで、包みを持って出発だ。

何枚も服を着ると言っても、決してオシャレのためではない。完全に防寒のためだ。ちなみに、わたしが持っている服は肌着二枚、毛織物のワンピース二枚、毛糸のセーターが一枚。毛糸の股引みたいなのが二枚。毛糸の靴下二枚。持っている服を全部着込むのだ。

「トゥーリ、重くて動きにくいよ」

「でも、全部着ないと、どれも継《つ》ぎ接《は》ぎが当たっている服だから、どこから風が吹きこんでくるかわからないでしょ？　特に、マインは風邪を引きやすいから、ちゃんと着なきゃダメ」

母さんには問答無用で着せられたけれど、トゥーリなら懐柔できるかな？　と思ったが、責任感の強いトゥーリは、わたしの体調が悪化しそうな格好では外に出せないと譲らない。

諦めて全部着たけど、おかげでものすごく動きにくい。トゥーリは丈夫なので、それほど着込むわけでもなく身軽だ。おまけに、子供達だけで近くの森に薪拾いに行ったり、母さんに頼まれて近所にお届けものに行ったり、外を出歩くことが多くて体力もある。わたしは体力もスピードもない。あるのは服の重さだけだ。

「マイン、大丈夫?」

「ぜぇ、ぜぇ……ゆっくり、歩けば、大丈夫」

階段を下りた時点で、わたしが息切れしているのは、前回と同じだ。それでも、わたしは自分のペースで歩く。無理して倒れたら、さらにトゥーリを困らせてしまう。小さなところから信頼を積み上げていくのが大事なのだ。

……それにしても、石畳って歩きにくいなぁ……。

でこぼこしていて、気を付けて歩かないと、足を引っ掛けてすぐに転びそうだ。手を繋いでくれているトゥーリに周りのことは任せて、わたしは自分の足元だけを見て歩くことにした。

「あれ? トゥーリじゃん! 何やってんだ?」

やや遠いところから響いてきた男の子の声にわたしは顔を上げた。

背負子《しょいこ》と弓を持った男の子が三人、駆け寄ってくる。赤、金、ピンクの頭がカラフルで、ついつい髪の色に注目してしまった。三人が着ている服は土や食べ物の染みで斑模様の薄い灰色のような色になっていて、お下がりを着回しているのか、継《つ》ぎ接《は》ぎだらけだ。自分達が着ている物と大して違いがない様子から、生活レベルは同じくらいだと思う。

「あ、ラルフ! ルッツとフェイも一緒ね!」

トゥーリが親しげなので、マイン自身とも多少係わりがあるかもしれない。ちょっとこめかみに力を入れるようにして、わたしはマインの記憶を探った。

……あ、やっぱりいた。へぇ、ご近所さんか。

トゥーリと同じ年のラルフ。ラルフが赤毛で一番体格がいい。子供達のまとめ役。皆のおにいちゃんって感じの雰囲気だ。

フェイもトゥーリと同い年。ピンク頭で、悪戯好きそうな悪ガキの顔をしている。病弱なマインに対する力加減がわからないのか、あまり近付いてこないので、記憶は少なめ。

ラルフの弟が金髪で、わたしと同じ年のルッツ。マインに対しておにいちゃんぶった言動をしているのが、背伸びしたい男の子って感じで可愛い。

三人はトゥーリが森に行く時のメンバーで、どうやらマインも森に連れて行ってもらったことがあるようだ。ほんの数回のお出かけが他の記憶に比べてはっきりと記憶に残っている。

わたしが記憶を探っている間、トゥーリは弾んだ様子でラルフと言葉を交わしていた。

「父さんが忘れ物したから、門まで届けに行くの。ラルフ達は森？」

「そう。門まで一緒に行こうぜ」

ラルフと話をするトゥーリの輝く笑顔を見れば、普段トゥーリに無理させていることがよくわかる。やっぱり子守りより、皆と森に行く方が楽しいのだろう。

……ごめんね、足手まといな妹で。でもね、熱が下がって数日たったし、そろそろ、お出かけしても大丈夫だと思うんだ。具体的には、紙を売っている店を探しに行くとか、ね。

ラルフ達が一緒になった途端、いきなりトゥーリの歩くペースが上がった。手を繋いだまま、わたしは引きずられそうになって、足がもつれる。

「わわわっ！」

トゥーリが足を止めてくれたので、すっ転びはしなかったが、その場に膝をついてしまった。

「ごめん、マイン。大丈夫？」

「……うん」

痛いわけではないが、一度座り込むと立ち上がるのがかなり辛い。このまま休憩したくなる。

ちょっと息苦しいなぁ、と思っていると、スッと手が差し伸べられた。

「なぁ、マイン。オレ、背負ってやろうか？」

……ルッツ、なんていい子！

マインの記憶によると、ルッツはいつもラルフやフェイに格下扱いされているので、同じ年とはいえ、病弱で小柄なマインに対してはおにいちゃんぶった言動をする。体力がなくて、すぐにへろへろになるマインを庇ってくれたり、荷物を持ってくれたり、なかなか紳士で将来有望な少年だ。おまけに、ルッツの金髪は、わたしにとってはピンクや緑より見慣れた色なので、精神的にも安心できる。

「マイン、また熱出してたんだろ？　辛そうだし、背負ってやるよ」

ルッツの心意気は嬉しい。でも、わたしより少し体格が大きいとはいえ、同じ年のルッツに背負ってもらうのは、悪いし、潰れないか心配だ。わたしがどうしようかな、と悩んでいると、軽く溜息を吐いたラルフが荷物を下ろしながら、口を開いた。

「ルッツが背負うんじゃ、いつまでたっても森に着かないって。オレがマインを背負うよ。お前はオレの弓を持て。フェイは背負子《しょいこ》な」

「ラルフ……」

ルッツが不満そうにラルフを睨んでいる。もしかしたら、手柄を横取りされたような気分になったのかもしれない。

「ルッツが一番に心配してくれたの。優しいね。ありがとう、ルッツ。嬉しかったよ」

わたしはニコリと笑うと、ぎゅっとルッツの手を握って、いっぱい褒めておく。ルッツは自分が心配したことを認められたことで満足したのか、照れたように笑って、おとなしくラルフの弓を手に取った。

「ほら、来いよ」

「うん、ありがと、ラルフ」

トゥーリよりちょっと大きいラルフの背中に、ていっと寄りかかって体重をかける。幼女に恥じらいなんて必要ない。断じてない。

わたしを背負ったラルフがしっかりとした足取りで、歩き始めた。先程までと三十～四十センチも視界が高くなれば、ずいぶん景色が変わって見える。

具体的には、足元の石しか見えていなかったのが、ちゃんと街並みが見えるようになった。それに加えて、わたしに合わせてくれていたスピードが、本来のスピードになるのだから、景色の流れが段違いだ。

「うわぁ、高ーい！　速ーい！」

「あんまり興奮するなよ？　また熱出るぞ」

「うん。気を付ける」

……それにしても、手伝いで薪を背負って帰ってくる男の子は力があるなぁ。子供の割に筋肉が結構かっちりしてる。

わたしの記憶にある日本人の小学校低学年に比べたら、体格がずいぶんと違う。生活環境と人種自体が違うので、比べるものではないかもしれないけれど。

そして、日本と比べてはいけないのは、景色も同じだ。細い路地から少し流れ出てくる汚物とか、大通りを行き交うロバが糞を垂れ流しながら通り過ぎていくのとか……。

……べ、別に、汚物が見たくて見たわけじゃないからね！　日本じゃ見ない光景だったから、あまりにビックリして、つい目がそっちに行っちゃうだけだから！

市場に行った時と違って、職人通りを歩いているせいなのか、一階のお店の中が全く見えない。商品を扱っているだけの店は、ガラスの窓だったけれど、ここはドアのところに下げられた看板くらいしか見えない。おまけに、同じ色の同じような建物がずらっと並んでいる。だからこそ、目立つ汚物に目が引き寄せられてしまっただけだ。わたしは悪くない。

「ラルフ、大丈夫？　マイン、重くない？」

心配そうにラルフと背負われたままのわたしを見比べて、トゥーリはラルフに問いかける。ラルフは一度体を揺すってわたしを背負い直してから、少々ぶっきらぼうにちょっとだけ顔を背けて口を開いた。

「いいって。マインはちっこくて軽いし、歩かせたらお前だって困るだろ？」

照れているっぽい表情と言葉から察するに、困っているトゥーリを助けたい。トゥーリに感謝されたいってことだろうか。

……ほほぉ、ラルフ少年。狙いはウチのトゥーリですか？　将を射んと欲すれば、先ず馬からって言うもんね。まぁ、わたしは馬でもいいよ。よしよし、このまま育て、幼馴染ラブ！

もちろん、わたしの勝手な妄想である。

でも、ラルフはさらっと「トゥーリ、なんかお前、いい匂いするな」なんて言って、トゥーリの三つ編みを匂ったりするのだ。少女漫画のヒーローか、お前は⁉　と、心の中でつっこみたくなっても仕方がないと思う。「ホント？　ありがと」って、トゥーリも頬染めちゃっているし、どうしても妄想してしまう。二人とも幼くて、別にラブなんて全く感じてないんだろうけど、本という娯楽がないのだから、脳内で文章にするくらいは許して欲しい。

大学卒業間近だったわたしに甘酸っぱい経験がないのに、六歳のトゥーリがこんな甘い雰囲気出してたら、背中でニヨニヨして妄想くらいしたくなるでしょう。

……本ばっかり読んで、妄想ばっかりして、夢の世界にいるから、男っ気がないんだなんて言葉は受け付けませーん。昔っから家族ばかりじゃなく、お隣の修ちゃんにも言われてたことですから。余計なお世話だ。修ちゃんのばーかばーか。

わたしがちょっと麗乃時代の苛立つ思い出に思いを馳せている間に、ラルフとトゥーリの幼馴染ラブはトゥーリを中心にした恋愛物語に変化していた。

「ホントだ。いい匂い」

「どれどれ？」

そう言いながら、フェイとルッツもトゥーリの三つ編みに顔を近付けて、匂いを嗅いでいる。これがお年頃の男女だったら、完全に恋心の矢印が飛び交っているはずだ。

「髪もすごい艶々だ。何したんだ？」

……むっふっふ。そうだろう。そうだろう。

驚いた顔をしている三人の称賛に満足して、ラルフの背中でわたしは何度も頷く。

匂いきつめの花を乾燥させたポプリを衣装箱の中に入れたり、ご飯を作る時に沸かすお湯を先にもらって、トゥーリと二人で体の拭きっこをしたり、ハーブオイルで髪の保湿をして、丁寧にブラッシングしたり、ちょっとずつ家の衛生環境を向上させている。わたしの努力の効果がもう出ているらしい。

この辺りでは普通の匂いだから、多少慣れてきたけど、ラルフ達はちょっと臭い。ラルフには背負ってもらっている立場だから、口には出さないけれど、皆まとめて石鹸で洗ってやりたくなる。ウチにあるのが掃除や洗濯に使うための動物性石鹸ばっかりで、体を洗えるようないい匂いの植物性石鹸がないのが残念だ。

……あぁ、いい匂いの石鹸も欲しいなぁ。

ぼへーと考えていたら、ルッツがくいっとわたしの髪を引っ張った。トゥーリにしていたように、クンと匂いを嗅ぐ。

「マインもいい匂いだ」

ルッツの翡翠のような緑の目がわたしを見つめたまま、無邪気に細められる。

……やばい！　ルッツ、色素補正持ってる！　金髪緑眼ってだけでイケメン補正がかかって見える！

「それに、髪結ったら顔がよく見えて可愛くなったな」

……ひやあああああっ！　追い討ちが来た！　相手は幼児なのに照れるっ！　何の意図もないってわかってるのに、この構図は照れるっ！　お願い、止めて！　いい年して、そんなことされた経験ないから、対処に困るのっ！

心の中でもんどりうって固まっているのは、わたしだけだ。他の皆は既に森で採れる物や、あとどれくらいで初雪か、なんて話をしている。わたしを悶絶させておきながら、弓が上達したなんて自慢をしているルッツが憎たらしい。はにかみながら礼が言えるトゥーリと違って、わたしは固まる以外できなかった。まだ心臓がバクバク言っているのだ。

……五～六歳で平然とこういうことができるって、ここでは普通なの!?　ちょっと、この世界！　奥ゆかしくて恥ずかしがりやな大和撫子であるわたしには、心臓に悪すぎるんじゃないですか？

# 紙、入手不可能

ラルフの背中にしがみついて、足をブラブラさせているうちに、外壁の門が見えてきた。

外壁は街を守るための壁で、間近で見るとかなり高い。日本の建物の二階から三階くらいの高さがあって、かなり厚みがある。外壁の東西南北に門があって、街に入る人をチェックする数人の兵士がいる。

目の前の門は南門で、数人の兵士の姿が見える。その内の一人が父さんのはずだ。わたしには父さんがどれだかわからないが、トゥーリにはわかったらしい。包みを抱きしめて、大きく手を振りながら駆けだした。

「父さーん！　忘れ物届けに来たの。これ、いるでしょ？」

驚きに目を瞬く父さんに、トゥーリはニッコリと笑って持っていた包みを手渡した。

……優しい。優しすぎるよ、トゥーリ。

わたしなんて、「忘れて行かれると母さんの機嫌が急降下でこっちが迷惑なんだけど？　朝の状態忘れた？」って本心が勝手に出てきそうで困っているのに。

「あぁ、助かった。……うん？　マインを放ってきたのか⁉」

「ううん、一緒に来てる。ほら、ラルフがマインを背負ってくれたの」

目に入っていなかったことがきまり悪く感じるのか、父さんはわずかに視線をさまよわせながら、ラルフの頭にポンと手を置いた。

「背負ってもらって悪かったな、ラルフ」

「森に行くからついでだよ」

わしゃわしゃと父さんに頭を掻き回されて、迷惑そうな顔をしながら、ラルフはわたしを背中から下ろした。そして、フェイとルッツに持たせていた自分の荷物を手に取る。

「ありがと、ラルフ。ルッツとフェイもありがと」

森へ行くために門から出ていくラルフ達を見送って、わたしとトゥーリは門にある待合室へ入れてもらった。


外壁は壁の中に六畳くらいの部屋が作れるくらいの厚みがあって、それほど大きくはないが、待合室や宿直室もあるらしい。待合室は、簡素なテーブルと椅子が数脚と戸棚が一つあるだけの部屋だ。まるで外国へ観光に行った時と同じような気分で、きょろきょろしていると、父さんの同僚の人が水を入れてきてくれる。

「忘れ物を届けてくれるなんて、いい娘さん達ですね」

家から門までは、トゥーリの足で歩いて二十分くらいかかるので、水を入れてくれた心遣いがとてもありがたい。木のコップに入れられた水をクピクピッと一気にあおって、プハーッと大きく息を吐いた。

「ハァ。おいしい。生き返るね」

「マインはほとんど自分で歩いてないでしょ？」

唇を尖らせたトゥーリの言葉を聞いて、皆が一斉に笑いだした。むーっと膨《ふく》れっ面をしてみるが、ラルフに背負われていたわたしの姿を見られているので、反論しようもない。

わたしが笑われながらおかわりを飲んでいると、兵士が一人、部屋に入ってきた。棚からお道具箱のような木箱を持って、すぐさま部屋を出ていった。

何だか慌ただしい様子にわたしは思わず周囲を見回す。

「父さん、何かあったんじゃない？」

「要注意な奴が門に来ただけだろう。そんなに心配することじゃない」

パタパタと手を振って父さんは「気にするな」と言うけれど、慌ただしい様子を見ればちょっと心配になる。本当に大丈夫だろうか。

……だって、ここが門で、門番がバタバタするんだよ？　厄介事が起こりそうじゃない？

わたしとは逆に、トゥーリは全く危機感なんて感じていない表情で、こてんと首を傾げた。

「要注意ってどんな人？　わたし、見たことある？」

いつも通っている門で門番を慌てさせるような人がトゥーリにはすぐに思い浮かばないらしい。

尋ねられた父さんは無精髭を手のひらでジョリジョリと撫でながら、言葉を探す。

「あー、そうだな。どっかで悪いことをやってそうな悪人面とか、逆に、領主様に先触れを出した方がいいようなお貴族様とかだ」

「へぇ……」

なんと人相だけで判断されるらしい。でも、生活環境から考えても、情報伝達が発達しているとも思えないから、犯罪者っぽい人を足止めして調べるのは仕方がないかもしれない。

「別の部屋で待ってもらって、街に入れてもいいかどうか、上が判断するんだ」

……あぁ。だから、門のところに待合室がいくつかあるのか。納得。きっと、お貴族様用の待合室と悪人面の待合室は広さから家具まで色々違うんだろうな。

わたしがそんなことを考えているうちに、焦げ茶の髪に茶色の瞳というとても落ち着いた色彩が目に優しい若い兵士は、木箱と筒のように丸められた物を持ってすぐに戻ってきた。その表情には緊急事態の緊張感など全くない。父さんの言葉通り、大したことではなかったようだ。

そして、手にしていた荷物を左手に父さんの前に立って、右手の拳で二回左の胸を叩いた。父さんも立ちあがって姿勢を正し、同じ仕草を返した。多分、この世界の敬礼だ。

「オットー、報告を頼む」

家では見たことがない父さんの厳めしい顔に、わたしは「おぉ」と小さく呟いた。だらだらした姿しか知らないので、とても新鮮だ。きりっとした顔をしていると、結構カッコいい。

「ロウィンワルト伯爵が開門を望んでいます」

「割印は？」

「確認済みです」

「よし、通せ」

オットーはもう一度敬礼をした後、わたしの正面にある椅子に座った。机の上に木箱を置き、もう一つ手に持っていた物を広げる。滑らかで紙に比べてちょっと厚みがあって、ほんのり匂いもあるそれに、わたしの目が釘付けになった。

……羊皮紙⁉

本当に羊皮紙かどうかわからないが、動物の皮からできているような材質の紙だ。読めないけれど、この世界の文字がそこに書かれている。目を見開いて凝視するわたしの前で、オットーは道具箱の中からインク壺と葦ペンのような植物のペンを持ってきて、羊皮紙に何か書きこみ始めた。

……ふおおおおっ！　文字だ！　文字を書ける人がここにいるっ！　この世界で初めての文明人だ。ぜひ、この世界の文字を教えてほしい！

わたしが食い入るようにオットーの手元を見ていると、父さんが「どうした？」と頭にぽすっと手を置いてきた。父さんを見上げて、わたしは羊皮紙と思われる物を指差した。名前を確認しておかなくては次回から尋ねることもできない。

「父さん、父さん。これ、何？」

「あぁ、羊皮紙だよ。ヤギやヒツジの皮で作った紙」

「こっちの黒いのは？」

「インクとペンだ」

予想通りだ。紙とインクが見つかった。これで無事に本が作れる。小躍りして喜びたいのを我慢しながら、わたしはぎゅっと胸の前で手を組んで、父さんを見上げる。

「ねぇ、父さん。これ、ちょ～だい」

「駄目だ。子供のおもちゃじゃない」

この年頃の可愛さを前面に押し出してみたわたしの全力のおねだりはあっさりと却下された。もちろん、却下されたからといって、そう簡単に諦めるわけがない。麗乃時代、スッポンのように食らいつき、熱い餅のように剥がれない、と言われていたわたしの本に対する粘着力を甘く見てもらっては困る。

「こういうの書きたい。欲しいの。お願い」

「駄目だ、駄目だっ！　だいたいマインは字も知らないだろう？」

確かに、字を知らなかったら紙もインクも必要ない。だからこそ、父さんの言葉はわたしにとっては最大のチャンスになる。

「じゃあ、覚えるから教えて。覚えたら、これ、ちょうだいね？」

若い下っ端兵士が字を書けるのだから、上司っぽい父さんだって当然書けるはずだ。

まさか紙の一枚もない家の中に字が書ける人がいると思わなかったが、これは実に嬉しい誤算だ。父さんに字を教えてもらえれば、この世界の本を読むのだって夢じゃないかもしれない。

野望に一歩近付いた気分で、満面の笑みを浮かべていたわたしの近くで「フハッ」と誰かが吹き出した。発生源を探して視線を巡らせると、羊皮紙とインクを巡る親子のやり取りを聞いていたらしいオットーが堪え切れないと言ったように笑いだした。

「ハハハ、教えてって……くくっ、班長は字を書くの、苦手でしたよね？」

その瞬間、パキンとわたしの野望にひびが入った音がした。ザッと冷水を浴びせられたように笑顔が凍ったのが自分でもわかる。

「え？　父さん、字、書けないの？」

「多少は読めるし、書ける。書類仕事もあるから、字を読める必要があるが、仕事に関する以上の文字なんて全く必要としていない。余所からやってくる人達の名前を聞いて書くくらいだ」

「ふーん……」

ムッとしたような顔で言い訳をする父さんをわたしは冷めた目で見つめる。

……つまり、父さんの識字レベルは日本でいうと、あいうえお表が読めて、クラスのお友達の名前が書けるかな？　って、くらいではなかろうか。若そうなオットーに「苦手」って言われるくらいなんだから、お友達の名前も時々間違える小学一年生レベルだ、きっと。

「こらこら、お父さんをそんな目で見るんじゃないよ」

わたしの中の父さんの株を上昇させ、直後に急降下させた元凶であるオットーが気を揉んだような表情で、わたしの態度を咎《とが》めた。そして、父さんを擁護するように、兵士の仕事について説明する。

「兵士っていうのは、街の治安維持を仕事としているけど、街の中でお貴族様が係わるような大きい事件があった時に調書を取る時は騎士階級がやってくるし、小さな事件なんて口頭で報告も終わりだからね。文字に触れることも少ないんだよ。人の名前が書ければ、十分さ」

オットーの援護に気を取り直したのか、父さんもぐっと胸を張った。わたしの冷たい視線に意外と傷ついていたらしい。

「農民だったら、村長くらいしか字が読めないんだから、父さんは十分すごいんだ」

「じゃあ、すごい父さん。これ、欲しいの。ちょ〜だい」

すごいなら、可愛い娘に紙の百枚くらいババーンとプレゼントしてほしい。じっと父さんの目を見つめながらねだると、怯んだように父さんが一歩後ろに下がった。

「い、一枚で一月《ひとつき》の給料が飛んでいくようなもん、子供にやれるか」

……何ですと⁉　一月《ひとつき》の給料⁉　ちょ、羊皮紙、どれだけ高いの⁉　そりゃ、確かに子供じゃなくても、ホイホイあげられるようなものじゃないわ。

家の中に紙がない理由も、街の中で本屋を見かけない理由も、全部同じ。平民に買えるような値段じゃないということだ。家族がやっと暮らしていけるだけの給料しかもらえないウチで、本を作るために紙が欲しいなんて言っても無駄だ。買ってくれるはずがない。

しょぼーんと肩を落としたわたしの頭をオットーが慰めるようにポンポンと軽く叩いた。

「そもそも、平民が出入りする店には売ってないよ。紙は貴族や貴族との繋がりが必要な大商人や役人が使う物で、子供が使うようなものじゃないからね。字の勉強がしたいなら、石板を使えば？　昔、俺が使っていたヤツ、あげようか？」

「いいんですか⁉　嬉しいです！」

すぐさま頷いて、ありがたく石板をいただく約束をする。せっかくなので、字の勉強もしたいから、オットーをわたしの教師役に任命しておこう。

「ありがとう、オットーさん。ぜひ、わたしに字を教えてください。頼りにしてます」

笑顔でねだるわたしの横で、父さんがわたしとオットーを見比べて非常に情けない顔をしていたが、見なかったことにしておいた。

字の練習ができることも、石板をもらえたことも、わたしの心を浮き立たせることだけど、わたしが欲しいのは、本で、必要なのは紙だ。だって、石板では保存ができない。石板なんて何度も書いては消して使う黒板のようなものだ。字を覚えるための練習ならそれでいいけど、石板は本にはならない。

それにしても、平民には紙を売ってもくれないなんて計算外にもほどがある。紙がないのに、どうやって本を作ればいいというのだろうか。

紙が手に入らないなら、どうするのか。答えは一つ。自分で作ればいいじゃない。

……うぅ、本までの道のり、遠っ！

## エジプト文明、リスペクト中

さて、絶対に本を作ってやると心に決めたものの、わたしには紙が調達できなかった。

日本人としての感覚ではホームセンターにでも行けば、五百枚のコピー用紙が二百円程度で売られていたけれど、ここでは、父さんの一月《ひとつき》の給料が羊皮紙たった一片に消えてしまう。

羊皮紙の一枚というのは、皮を剥いで、毛も削いで、羊皮紙として売りに出された一番大きい一匹分の形のことで、使いやすい大きさに切ると一片になる。父さんの職場で見つけた一片はだいたいA4用紙くらいの大きさだった。羊皮紙一枚を何とか切って使うにしても、五～八片くらいにしかならない。簡単に言うと、高価すぎて平民には本が書けるだけの羊皮紙を買うなんてできない。

つまり、わたしは本を作る前に紙を作る必要がある。

だが、紙の作り方は、本で読んだ知識と家庭科の実習で行った牛乳パックのリサイクルしか経験がない。

……本を読んで、知識はあるんだからやっちゃえよ、と思うでしょう？　けれど、よく考えてみてほしい。どう考えても無理だ。

紙を作ろうにも、ここには機械が見当たらない。機械がない以上、紙を作るのも全部自分の手作業で作るしかない。それなのに、今のわたしは、体格が三～四歳の幼児で、病弱で、できる範囲や許されている範囲が極端に狭い。紙を作る過程における最初……材料である木を得るところでつまずいているのである。

結論。できるわけない。だがしかし、諦めるのはまだ早い。

政治的に、経済的に必要で、記録してきた長い歴史が地球にはある。ずっと記録はしてきたが、機械で作られた紙ができたのなんて、それほど昔のことではない。つまり、歴史が古ければ古いほど、今のわたしにも再現が可能かもしれない。

……うーん、機械がない時代はどうしてたっけ？

わたしは自分の手をできるだけ大きく開いて、じっと睨んだ。

……古い文明、古い文明……。古代文明と言えば、エジプト文明！　エジプト文明と言えば、パピルス！　エジプト文明、万歳！

そんな連想ゲームで、わたしはエジプト文明を手本にパピルスもどきを作ることを思いついた。

古代文明の頃の発明品なら、小さいわたしの手でも何とかできるかもしれない。

何か植物、とにかく、真っ直ぐな木や草の繊維を使って、作っていたはずだ……多分。ここにだって植物はある。紙の原料になりそうな植物が、森にならきっとゴロゴロしているに違いない。

……よし、森だ。森に行こう。

わたしは本に関してのみ、恐ろしくフットワークが軽いと、家族にも修ちゃんにも驚嘆され、そして、嘆かれた女だ。思いついたら即実行。早速トゥーリに連れて行ってもらおうとおねだりしてみた。

「トゥーリ、わたしも森に行きたい。一緒に……」

「え⁉　マインが⁉　無理だよ」

全部言う前に却下された。考える余地なんてないって感じの反射速度だった。しかも、「ダメ」じゃなくて「無理」ってところが「再考の余地なし」と言われているようで、胸が痛い。

「どうして？」

「だって、マインは歩けないでしょ？　門まで歩けないのに、森までなんて絶対に無理だよ。森に着いたら、薪を拾ったり、木の実を探したりするんだよ？　ゆっくり休憩なんてできないんだから。それに、木登りもできないでしょ？　帰りは疲れているのに、重い荷物を背負って歩くんだよ？　門が閉まる前に間に合うように帰るんだから、いくら疲れても休憩できないよ？　ほら、どう考えても無理でしょ？」

当たり前のようにトゥーリはわたしが森に行けない理由を指折り数え始めた。ちょっと多すぎるけど、全ての理由が「体力がない」に集約されている。

「それに、もう冬が近いから、森で採れる物も減ってきてるし……」

疲れて森まで行って、ほとんど収穫なしになる可能性もあるとトゥーリは言った。それはさすがにきつい。収穫がないかもしれないという前提で森に行ってみるか、紙作りを諦めるか。難題すぎる。

「何が欲しいの？　メリルの実はもうほとんどないと思うよ？」

深く悩むわたしにトゥーリが首を傾げた。

メリルの実は簡易ちゃんリンシャンの材料で、トゥーリが採ってきたメリルは、食べられることなく全てオイルとなって保存されている。そして、時折髪につけて、保湿に使っている。

メリルもありがたかったけれど、大事なのは美容より本だ。パピルスもどきの原料にするために必要な植物の繊維だ。

「えーとね、『繊維がばらしやすい植物』ってあるかな？」

「え？　何？」

怪訝そうな顔で、聞き返されてしまった。これは絶対に日本語で通じなかった顔だ。

うーん、と少しばかり考えて、なるべくわかりやすい言葉に置き換えてみる。

「……ちょっと茎が太めで真っ直ぐな草。茎だけ欲しいの」

わたしの言葉を聞いたトゥーリが、うーん、と考え込んだ。何か心当たりがあるのだろうか。わたしはじっとトゥーリの答えを待つ。

しばらくたってから、トゥーリは仕方なさそうに首を竦めて、口を開いた。

「そうだね、ラルフやルッツに協力してみるわ」

「え？　協力してもらうじゃなくて、してみる？」

わたしが言葉の意味がよくわからなくて首を傾げると、トゥーリはわたしの反応にちょっと驚いたようだ。目を何度か瞬いて、「今頃何を言っているの？」と首を傾げた。

「ラルフのところは鶏を飼っているから、冬を越すための飼料がいっぱいいるでしょ？」

……いや、「でしょ？」って言われても知らないし。

トゥーリが当然のこととして口にしているので、わたしも心の声は隠したままで、「そうだねぇ」と相槌を打っておく。

「だから、草を採るのを手伝う代わりに茎が少しもらえないかどうか聞いてみるってこと。でも、草が多い季節は終わったから、それほど多くないよ？」

「それでもいい。ありがとう、トゥーリ」

……さすが、トゥーリ。いいお姉ちゃんだ。

次の日、森に行くトゥーリと一緒に下まで降りて、ラルフとルッツにも頼んでみた。引き受けてくれたことにホッとしたが、さすがにトゥーリ達だけに任せるわけにはいかない。

わたしも自分で草を採りに行こう。幸い、井戸の辺りでも、石畳のところ以外は草が生えていた。

あの茎は使えないだろうか。

「母さん、わたしも井戸まで一緒に行く」

「あら、お手伝いしたいの？」

「ううん。違う。草を集めるの」

そう言ってわたしはトゥーリが前に作ったという小さな籠を見せた。

「そう、頑張りなさい」

バッサリとお手伝いを断ったのだが、「元気になってきてよかったわ」と動く体力が出てきたことを喜んで、母さんはわたしの同行を拒否しなかった。

洗濯物を抱えた母さんと一緒に、わたしはまたしても階段を下りていく。今日は既に二往復目なので、それだけでやっぱり息切れしてしまって、草を採るなんてできやしない。

井戸から水を汲み上げて、全く泡立たなくて匂いのきつい動物性石鹸でゴシゴシと洗濯する母さんの隣でちょっと休憩だ。トゥーリの言う通り、体力を何とかしないと、いくら採集したくても森まで行けるはずがない。

……この体、もうちょっと丈夫にならないかな？

「あらぁ、マインじゃない」

「おはようございます」

「あら、カルラ。おはよう。今朝は早いのね」

わたしに覚えはないけれど、カルラというおばさんが親しそうな様子で声をかけてきた。母さんもにこやかに話をしているから、間違いなく、マインの知り合いだと思われる。誰だ？　というのが顔に出ないように気を付けながら、少し記憶を探ってみた。

やっぱり知っている人だった。記憶によると、なんとラルフとルッツの母親だ。ちょっと恰幅のいい、えーと、実に頼りがいがありそうな人である。

……この場合は「いつもお世話になっています」と言うべき？　いやいや、いくらなんでも五歳の子供らしくない。子供って、仲が良いはずのご近所のおばさんと一体どんな会話するんだ？　誰か助けてー！

ぐるぐると思考が回るわたしに視線を向けず、カルラは井戸から重そうな様子もなく水を汲んで洗濯を始める。やっぱり臭い動物性石鹸を使って。

「今日は元気なのね？　外にいるなんて珍しい」

「草を取るの。ラルフとルッツ、鳥のために集めてるって言ってたから」

「まぁ、ウチのために？　悪いわね」

別に悪いとも思っていないような軽い口ぶりで答えながら、カルラはザカザカと洗濯をしていく。ウチの母さんを含めた数人の母さん集団とずっと何かしらお喋りしながらである。どこのおばさんも口が動いているのに手は全く止まらない。すごいね。

それにしても、やっぱり石鹸が臭い。横で休憩しているのに、気分が悪くなる。

……匂い消しのハーブとか使ってみればちょっとはマシになるのかな？　それとも、匂い×匂いでもっとひどい悪臭になるのかな？

改善案を頭に思い浮かべつつ、わたしは悪臭から逃れるためにも立ち上がって、辺りの草をブチブチと引きちぎり始めた。なるべく茎が太くて、繊維が硬そうな草を選ぶけれど、そうするとわたしの力ではちぎれない。

……素手は無理。誰か、草刈り鎌持ってきてー。

もちろん、草刈り鎌が届くはずもなく、素手で引きちぎることができるわけもない。

……もうヤメヤメ。森に行ったトゥーリや、鶏のために頑張るラルフやルッツに期待しよう。

自分用の茎を取るのは早々に諦めて、わたしは鶏が食べそうな柔らかい葉や芽を選んで摘んでいく。これくらいなら、わたしでも問題なくできそうだ。

「マイン、帰るわよ」

もう洗濯が終わってしまったらしい。盥にきつく絞った洗濯物を抱えた母さんがわたしを呼んだ。まだ小さな籠に半分ほども摘めていないが、母さんは今日仕事があるので、我儘を言うわけにもいかない。わたしも小さな籠を抱えて家に戻った。

「準備できた？　じゃあ、行くわよ」

「うん」

マインになってからは、熱があったり、母さんが休みをとってくれたりで、ずっと家の中にいる生活だったから知らなかったが、熱もなくて元気な時は、わたしは近所の子守りのおばあさんのところに預けられていたらしい。

……わたしがいたら、トゥーリが森に行くなんてできないもんね。納得。

「母さんは仕事に行くけど、マインはここでおとなしくしていてちょうだい。ゲルダ、よろしくね」

「はいはい。おいで、マイン」

子守りを仕事にしているゲルダというおばあさんのところには、わたしと同じような子供が何人も預けられていた。基本的には乳児をやっと脱出した程度のよちよち歩きが何人か。

この街では、三歳を超えて、体力がついてくると、兄ちゃんや姉ちゃんに連れられて森に行ったり、家のお手伝いをして留守番ができるようになる。つまり、今のわたしの体力はよちよち歩き並みで、家族には一人で留守番をさせられないと思われているということだ。

……どういうことなの⁉

家族から自分への評価に愕然としているわたしの前で、床に落ちているおもちゃを口に入れようとしている男の子がいた。その隣では、ちっちゃい女の子が男の子にぶたれて泣き始めた。

「こら、汚いっ！　ばっちぃから口に入れちゃダメ！」

「あらあら」

「いきなりぶっちゃダメでしょ。どうしてそんなことしたの？」

「まぁまぁ」

……あらあら、まぁまぁ、じゃないよ！　ゲルダばあちゃん、ちょっとは仕事しろ！

わたしも預けられている子供のはずなのに、一番大きいせいで周りの面倒を見ることになっている。ゲルダばあちゃんと一緒に小さい子供を寝かしつけながら、届けられる茎でどうやってパピルスもどきを作るか考えてみた。

……正直、パピルスの詳しい作り方なんて、覚えてない。だって、そんなの試験に出なかったんだもん。

確か、パピルスは見た感じ結構硬そうで、繊維が縦と横になっていて、繊維の方向が表と裏で違うから、片面にしか書けなくて、折り曲げるのには向かないという注意書きが、ページの隅にはあったけれど、どうすれば作れるのか、なんて当然だけど、書いていなかった。

困ったことに、写真で見ただけのパピルスの作り方が全く思い浮かばない。何か真っ直ぐに繊維が走っていた気がするんだけど、繊維同士はどうやってくっつくのだろうか。和紙みたいに糊のようなものが必要なのか。それとも、何か製法に特別なやり方があるのだろうか。大したことが書いていなかった歴史の資料集を思い出しながら、首を傾げる。

とりあえず、一番硬そうな茎の部分の繊維を使って、ひとまず布みたいに縦横にちまちまと織ってみるのはどうだろうか。これなら、糊っぽいものがなくても何とかなるかもしれない。

……とりあえず、字さえ書ければいいよね。


「マイン、迎えに来たよ」

「トゥーリィ～！」

夕方、森の帰りにトゥーリ達が迎えに来てくれた。助かった。迎えに来てくれて本当に嬉しい。そんな気持ちのまま、わたしはガシッとトゥーリに抱きついた。

ゲルダの子守りは面倒を見るのではなくて、危なくないところで放置しておくというような子守り方法だった。おもらししても、濡れた布で拭いて、後は放置。部屋の中が汚物臭い。日本の常識が頭にこびりついた状態で、ここの子守りの現場を見るのは本当にきつかった。

……あれで、子守り代を取るなんてひどすぎるよ。

ただ、何とかしたくても、わたしの手には余る問題だ。わたしの小さな手で子守りなんて思ったようにはできないし、ゲルダのやり方がここの普通かどうかもわからない。告発したところでわたしの方が変かもしれないのだ。この劣悪な環境から少しでも早く逃げ出したくて、ひたすら早く迎えが来ることだけを考える時間が苦痛で仕方なかった。

「どうしたの、マイン？　久し振りに預けられたから、寂しかった？」

「マインももうちょっと体力があれば一緒に森へ行けるのにな」

「春には行けるようになればいいな」

トゥーリに頭をポンポンってされて、ラルフやルッツにも慰められて、本気で体力を付けなくてはならないと思い知った。全部体力がないのが悪い。

「そうそう、約束してた草の茎、採ってきたぞ」

籠の中にある茎をガシッとつかんで、ラルフが見せてくれた。その瞬間、ゲルダのことは頭から吹き飛んだ。ゲルダより本だ。紙だ。

「いっぱいだね。嬉しい！　あのね、わたしも井戸のところで草をちょっと集めたんだよ」

わたしが胸を張って報告すると、何故か三人に頭を撫でられた。

おまけに、上から目線のルッツに「よく頑張ったな」と生温かい笑顔で褒められた。

……ねぇ、わたし、どれだけ働かない子だと思われてるの？……いや、確かに働いてないし、ほとんど役に立ってないけど。

トゥーリに取ってきてもらった小さい籠の中の草と、三人が採ってきてくれた茎の束を交換する。

……さぁ、これでパピルスもどき、作っちゃうぞ。

# 冬支度

わたしは採ってきてもらった茎で、すぐさまパピルスもどきを作るつもりだったけれど、困ったことに、すぐには取りかかれなかった。

「マイン、どこに行くつもり？　今日から冬支度始めるって言ったでしょ？」

植物の茎を解して繊維を取り出すために井戸へ行こうとしたところを、母さんに首根っこをつかまれて阻止されてしまったのだ。

ここはもうじき雪に閉ざされてしまうらしいから、長い冬に対する備えは必須なのはわかる。でも、何故、全く役に立たないわたしまで駆り出されてしまうのだろうか。いくらマインの記憶を探っても、基本的に風邪を引いたり、役に立たなくてうろうろしていた記憶しかない。

つまり、わたしは完全に役立たずなのだ。風邪を引いて寝込んでいないだけマシって程度の。

「マインは父さんの手伝いだ。おいで」

「父さん、仕事は？」

「しばらく休みだ。交代で休みを取らないと、冬支度に困るだろう？」

……冬支度休暇があるなんて、意外と良心的な職場ってこと？　それとも、男手がないとどうしようもないくらい冬支度が大変ってこと？

どちらにせよ、父さんが家にいて、わたしとペアになるのは珍しいことだ。兵士という職業からわかるように、どちらかというと脳筋の父さんは、健康で気遣いなく連れ回せるトゥーリと行動することが多かった。家族全員が家にいる以上、逃げ出すこともできそうにないし、父さんからのご指名が入ってしまったし、諦めて父さんのお伴をするしかない。

「……冬支度って、何するの？」

台所の窓の前で、父さんは工具らしきものを取りだしながら、答えてくれた。

「これからするのは、家の点検と補修だな。吹雪になると板戸を閉めるから、蝶番《ちょうつがい》の緩みや錆び、板戸の穴の有無を確認していくんだ。それが終わったら、煙突や竈《かまど》の掃除をして、冬の間、問題なく使えるようにする」

……ちょっと、父さん。ドライバーも持てないし、回せない、重い荷物も持てない、この軟弱な細腕に何を期待しているの？

仕事内容は理解したが、この仕事でわたしが何かの役に立つとは思えない。それでも、多少張り切って、少しは役立つところを見せなければ、この家の中でわたしの株が上昇することはないだろう。蝶番の緩みや錆びを見分けるくらい、わたしの現代知識を持てば、簡単なこと。

「父さん、この蝶番も、こっちの釘も錆びてるよ？」

「それはまだいける」

……いや、どう見てもボロボロで今にも朽ちそうですけど？

父さんの言うことを信用していいのか、一瞬悩む。これから、冬になり、吹雪を防ぐための板戸なら、途中で壊れてしまう方が困るだろう。

わたしは椅子に上って、ちょっと揺らしてみることにした。これで何ともなければ、父さんの言葉も信用できるが、壊れてしまえば、これから先はわたし基準で判断した方がいいはずだ。

数回揺らしたところで、ガキッと音がして二つあった蝶番の下が割れた。不安定にブラブラ揺れる板戸を見て、わたしはやっぱりと思ったが、父さんは真っ青になって大きく目を見開き、揺れる板戸を凝視する。

「マ、マイン、何をしているんだ⁉」

「ほら、壊れた。これじゃあ冬の間もたないって。さぁ、父さん。ちゃんと直して」

わたしがびしっと板戸を指差すと、父さんは自分の判断ミスを棚に上げて、わたしを椅子から下ろして、溜息を吐いた。

「マイン、エーファの手伝いをしてくるんだ」

「え？　わたしは父さんの手伝いをするんだよ？　冬の間に壊れないように補修するのに、そんなボロボロのまま置いていたらダメでしょ」

わたしは肩を竦めて、ふるふると首を振った。母さんに言われた以上、わたしは父さんの傍で指摘を続けなければならない。全ては自分が安全快適に冬を過ごすためだ。

「全部直す金がないのに、マインがいたら全部壊される。エーファのところに行っておいで」

……のおぉぉ！　ここでも金か！

父さんがもう少し大事に使うつもりだった蝶番を壊してしまったわたしは、おとなしく父さんの言葉に従って、母さんとトゥーリのいる寝室へと向かった。二人は寝室で毛布や上掛けを干して使えるようにしたり、竈に一番近い場所へベッドを移動したり、少しでも温かく過ごせるように内装を整えていた。

「どうしたの、マイン?」

「父さんが母さんの手伝いをしろって……」

「そう? ここは終わったから、灯りの準備をするわよ。今年はたまたま採れた蜜蝋が少しあるでしょ。それに、牛脂や木の実から、ランプのためのオイルや蝋燭《ろうそく》を作るの」

聞いただけで実に臭そうな作業である。ここ数日は色々な家から動物の油の匂いがしているので、我が家の台所で同じ匂いがするだけだと思っても気が滅入る。

トゥーリは物置で木の実から油を搾る作業を始めたが、力が足りなくてハンマーがろくに扱えないわたしには逃げ場所なんてない。母さんの隣で、一番大きい鍋に入れられ、火にかけられる牛脂を見ているしかできない。

……臭っ! 耐えろ、わたし。

わたしがこれだけ臭いのを我慢しているのに、なんと母さんは牛脂を温めて溶かして、上に浮いてきたゴミを取るだけで、牛脂の準備を終えようとした。

「ちょっと待って、母さん。それで終わり? 『塩析《えんせき》』しないの?」

「え? なんて?」

……まずい。『塩析』は当たり前だが、通じなかったようだ。

なんか文句でもあるの？　と言いだけな母さんの眼差しに少しばかり怯みながら、わたしはなるべく簡単な言葉で塩析の説明をする。

「えーと、塩水入れて、もうちょっと弱火で煮込んで、ゴミを濾《こ》して取らないの？」

「塩水？」

「そう。放っておいたら冷えて、上に油だけ固まって、下に塩水って感じで分かれるでしょ？　下の水は抜いて、上澄みの油だけ使うの。ちょっと面倒かもしれないけど、匂いはかなりマシになるし、質が良い油になるよ」

質が良いというところに反応したのか、母さんは塩析を始めた。

冬の間、ずっと使うことになる油の質を向上させるのは、わたしにとっても死活問題だ。なにしろ閉めきった部屋で使われるのだ。冬中、家の中が臭いなんて耐えられない。

……さすがに何％の塩水だなんて言えないけど、ちょっとはマシになるよね？

濃度はかなり適当だけれど、塩析したので、黄みがかっていた牛脂が真っ白になった。この牛脂は蝋燭になる分と、春になってから石鹸作りに使う分に分けられ、蝋燭分が鍋に入れてもう一度溶かされるのだ。

余談だが、濾した時に出てきた肉の欠片は、出汁の利いた美味しいスープの具になった。ごちそうさま。

お昼ご飯を食べた後は、蝋燭作りになる。

「じゃあ、トゥーリ。蝋燭、お願いね。ギュンターと母さんは薪の準備に取り掛かるから」

「はぁい」

……あれ？　わたしの役目は？

三人がそれぞれ動き始めたので、わたしは少し考えて、玄関を出ようとする母さんの後ろについて歩くことにした。「母さんを手伝ぇ」がまだ続いているかもしれないし。

しかし、母さんはわたしに気付くと、戻るように指で示した。

「マインはトゥーリと一緒に蝋燭作りよ。邪魔しないようにね」

「……わかった」

……全く信頼がないのは、なんで？

わたしが台所に戻ると、トゥーリは芯となる紐を同じ長さに切って、何本かぶら下げた木の枝をいくつも作っていた。そして、できあがった紐を牛脂を溶かした鍋に入れたり出したりする。何度も何度も繰り返すことで、紐の回りについた油が固まって、少しずつ太くなり、蝋燭の形になっていく。

「へぇ、蝋燭って、そうやってできるんだ」

「マインも見てないで手伝って！」

トゥーリに怒られたので、お手伝いのため、匂い消しのハーブをちぎって、固まりかけの蝋燭に張り付けていく。これで消臭効果があったら、来年はもっとちゃんとハーブを漬けこんでやろう。

「マイン！　遊んじゃダメ！」

「この分だけだから。臭くない蝋燭になった方がいいでしょ？　お願い、トゥーリ」

「本当に、ここの分だけね？」

トゥーリに念を押されたので、わたしは大きく頷いた。成功するか失敗するかわからないのに、全部香りを付けるつもりなんてない。五本の蝋燭に張り付けるハーブをそれぞれ変えて、どれかいいか比べるくらいはするけど。

そんな感じでトゥーリと二人で蝋燭の準備をしている間、両親は薪の準備だ。これがなくなったら凍死しかねないので、入念な準備が必要になる。トゥーリが拾ってきた分に加えて、いくつか買い足したものを五十センチくらいの大きさになるように、父さんが斧でどんどんかち割っていく。そして、切られた薪は母さんの手で冬支度のための部屋に運ばれていく。

「母さん、どこに行くの？」

知らない部屋に入っていく母さんの姿に驚いて、わたしは母さんの後ろを追いかけた。

初めて知ったことだが、普段使っている物置の奥にまだもう一つ物置があった。基本的に冬支度のためにしか使われないらしい。すでに部屋の半分くらいまで大量の木が積まれている。

「え？　何、この部屋？」

「冬支度の部屋でしょ？　マイン、今更何言ってるの？」

そういえば、トゥーリが持って帰ってきた籠いっぱいの薪って一体どこに置いているんだろうと思っていたけれど、ここに置かれていたらしい。普段使いの薪は物置に置かれているから、こんな奥の部屋には気付かなかった。

「……寒いね」

「それはそうよ。ここは竈から一番遠いからね」

我が家にはリビングと暖炉なんて洒落た物はなく、台所の竈が唯一の熱源になる。普段は基本的に台所で過ごすのだ。

そして、竈と壁一つで隔てられているのが寝室で、壁にベッドがぴったりとくっつけられている。竈で火が燃えている間、つまり、子供達が寝る時は意外と温かい。

もちろん、温かいのは寝始める時だけだ。母さんが寝る前には火を消して寝るから、朝はキンキンに部屋が冷えている。逆に、この冬支度の部屋は台所の竈から一番遠いので、ものすごく寒い。冬場に使う保存食や食料、油も保存しておくのにちょうどいいらしい。天然の冷蔵庫なので、温かくなると困る部屋だそうだ。

「薪いっぱいだね」

「これでも、ギリギリしかないわよ？」

……部屋に半分ほどあるのに⁉

冬支度部屋に積み上げられた薪を見て、森林伐採の問題が頭をよぎった。一家族でこれだけ燃やすなら、この街だけで一体どれだけ使うのだろうか。

「マイン、ぼんやりしないで、手仕事の準備するわよ」

ぼんやりしてないっ！　と反論しようにも、母さんはすでに台所へと向かってしまった。わたしも慌てて追いかける。こんな窓もない暗い部屋に一人で置き去りにされるのは嫌だ。

「母さん、手仕事って何？」

「そうね。男の人は仕事道具の手入れかしら？　他には家具を作る予定なら、その材料を集めておかなきゃね」

「冬の間にする仕事ってこと？」

わたしの言葉に母さんは糸巻きの数を数えながら頷いた。

「そうよ。女の人は服を作るのが一番の大仕事でしょ？　機織りや刺繍用の糸を紡いだり、染色したり準備しないとできないわ。母さんの仕事が染色だから、糸の準備は終わってるけど、ウチは代わりに、来年用に紡ぐための羊毛やニルエンのような植物の準備がいるの」

「へぇ」

「しかも、来年の夏はトゥーリの洗礼式があるじゃない。晴れ着の準備も冬の間にしなきゃね」

母さんは足りない物がないか、鬼の様な形相で確認している。どう見ても邪魔になりそうなので、わたしはトゥーリのところへと移動することにした。

「トゥーリは手仕事って、何するの？」

「籠を作るの。春になったら売るんだよ」

トゥーリは自分の手仕事になる籠作りの素材を準備し始めた。森で採ってきた木を井戸に運んで、皮を剥いでいく。そして、ナイフで繊維に沿って切っていくらしい。

「マインはどうするの？」

「わたし、『パピルスもどき』作るんだ」

「何それ？」

「うふふ〜、ひ・み・つ」

わたしもトゥーリを見習って自分の冬の手仕事のために、パピルスもどきの繊維を作ることにした。これは大事な手仕事の準備だ。誰に怒られることもない立派な仕事だ。

繊維の取り方は、多分トゥーリと同じようにすればできるだろう。草の皮を剥いで、水にさらして、乾かすのだ。冬支度までにあまり日数がなかったので、それほど多くの茎が集まっているわけではない。せっかくなので、全部繊維にしてしまおう。

「トゥーリ、わたしもお水欲しい」

「……わかった」

「トゥーリ、この繊維だけ取り出すのってどうしたらいいと思う？」

「え？　えーと……」

「トゥーリ、ここで乾かしても飛んでいかないかな？」

「……」

できあがった繊維を束ねて持つ。それほど多くないけれど、試しに一枚か二枚くらいはできるだろう。これで、一応自分のための冬支度は終了だ。

……ふぅ、わたし、よく働いた。あれ？　何だかトゥーリが不機嫌になってる？

# 石板ＧＥＴ！

冬支度で何より大事なのは食料だ。日本と違って、年中無休で開いているスーパーがあるわけではない。収穫できる野菜もほとんどなくなって、市場が立つことさえ、天候によってはどうなるかわからない。飢え死にしたくなければ、事前準備は必須だ。そんなわけで、わたしはただいまドナドナ状態で荷車の上で大量の荷物の間に乗せられている。

真っ暗で、夜明けも程遠い時間にわたしを叩き起こす父さんの言葉が発端だった。

「さぁ、今日は農村だ！　準備はいいか？」

……いいわけがないよ。一体何事？

眠い目を擦りながら、わたしは父さんを睨んだが、母さんとトゥーリは「もちろんよ」と笑顔で大きく頷いていた。話の流れについていけないのはわたしだけだ。

「そういえば、マインが熱の時に決まったから、聞いてなかったのかもしれないわね」

ポンと手を打った母さんの言葉に、父さんもトゥーリも納得してしまったが、わたしは家族内で仲間外れにされているようで、ちょっとばかり面白くない。むうっと膨れっ面をしてみるが、家族はさっさと準備を始めてしまい、わたしに構っている余裕など全くないようだ。

「とにかく温かくしていないとダメよ。マインは去年も熱を出したんだから！」

バタバタと荷物を下に運びながら、母さんは着替えるわたしに声を飛ばす。一人で留守番をさせてもらえないので、おとなしくついて行くしかできない。

……それにしても、農村へ何しに行くんだろう？

最初は体力づくりも兼ねて自分の足で歩くつもりだったが、あまりに遅いわたしの速度に頭を抱えた父さんがわたしを荷車にペイッと乗せたのだ。

わたしはほとんど余分のスペースがないところに、なるべく小さく収まるようにして座った。荷車には、大小いくつかの大きさの樽やたくさんの空ビン、紐、布、塩、木材など、今日これから行く農村で必要になるだろう荷物が乗っている。

……あれ？　もしかして、わたし、荷車に乗っている中で一番役に立たないお荷物じゃない？　父さんが前で荷車を引き、母さんとトゥーリは荷車を後ろから押していく。何と言うか、自分のお荷物具合が際立って、ちょっと切ない気分になった。

「ねぇ、母さん。なんで農村なの？」

「街には燻製小屋がないでしょ？　だから、一番近い農村で小屋を借りるのよ」

「燻製作り？　そういえば、この間、市場でお肉いっぱい買ったもんね」

……塩漬けにしたり、湯がいたりして、処理していたような気がするけど、まだ残っていたってこと？　もしかして、結構傷んでない？　大丈夫なの？

指折り日数を数えて不安になっていくわたしに、母さんは呆れたような目を向けた。

「何言ってるの？　今日は豚肉加工の日よ。農村で豚を二頭買って、皆で手分けして作って、分け合うんじゃない」

「え？」

耳が一瞬、母さんの言葉を拒絶した。脳に届くまでに明確な時間差があり、到達した時には体が小刻みに震えだした。

「ぶ、ぶぶぶ、豚肉加工の日って何⁉」

「ご近所さんで集まって、豚を解体して、塩漬けや燻製、ポットミート、ベーコン、ソーセージなんかを作る日よ。マインだって、去年……そういえば、荷台で熱出してたわね」

……できることなら、今年も熱を出したかったよ。そうしたら、少なくとも目にすることは避けられたかもしれないのに。

「母さん、この間、市場でお肉買ってたじゃない……」

「あれだけで足りるわけないでしょ？　皆で加工しても足りない分を買い足した程度よ？」

かなり大量に買い込んだと思っていたのに、足りない分の買い足し程度の量だったとは思わなかった。冬支度に必要な肉というのが、一体どれだけの量になるのか見当もつかない。

豚の解体に行くのが避けられないようで、憂鬱な気分になってきたわたしと違って、トゥーリは荷車を押しながら満面の笑みを浮かべている。

「お手伝いの途中で味見したり、できたてのソーセージが夕飯になったり、楽しみもいっぱいあるんだよ。マインは初めてのお手伝いだけど、皆でわいわいするのって、ちょっとしたお祭りみたいなの。今年は一緒にできるから楽しみだね」

「皆って？」

わたしがトゥーリの言葉に思わず首を傾げると、母さんが「当たり前のことを聞くな」と言わんばかりの表情で口を開いた。

「ご近所で一緒にやらなきゃ誰とするの？　豚の解体は大仕事なんだから、大人が十人はいないとできないでしょ？」

……ぅあぁ、ご近所さんかぁ……。

マインの記憶は曖昧なものも多いから、向こうが知っていてもわたしが知らない人がたくさんいるに違いない。対処することを考えると面倒くさい上に、今日やることは豚の解体だ。市場での光景を思い出すだけで背筋が震える。

「……行きたくない」

「何言っているの？　行かなきゃ冬のソーセージもベーコンもないのよ？」

冬の食料がなくなるのだから、わたしが嫌だと言っても許されるわけがない。行かなかったら冬の食料がないので、どんなに嫌でもわたしだって参加するしかない。

わたしが陰鬱な気分で溜息を吐いていると、荷車は外壁の南門を通過しようとしていた。

「あれ？　班長、遅くないですか？　もうとっくに皆は門をくぐって行きましたよ？」

「あぁ、だろうな」

門をくぐろうとしたら、父さんの同僚と思われる兵士が声をかけてきた。どうやら、ご近所さんはもうとっくに農村に向かって出発したらしい。

「いってらっしゃい」

子供好きそうな門番のおにいさんに手を振られて、わたしも振り返す。何事にも愛想は必要だ。

「うわぁ」

荷車がゴトゴト音を立てながら、短いトンネルのようになっている門を出た瞬間、驚きが素直に声となって出てきた。わたしがマインになってから、城壁の外へ出るのは初めてだ。正直、門の中と外でここまで景色が変わると思っていなかった。

まず、家がない。街はせまい中にひしめき合っているような状態なのに、門を一歩外に出ると、街道と呼ばれるちょっと広めの道から少し引っ込むようにして、十～十五軒くらいの集落がぽつぽつと見えるだけだ。

そして、空気が良い。開けている分、汚物の匂いも分散されているのか、空気がおいしいものだと実感した。高い壁に阻まれるように籠った匂いがしない。

見回して、視界に入るのは、一面の畑と高い木が集まる森。ものすごく長閑な風景が広がっていた。

「マイン、口を閉じないと舌を噛むぞ」

「へっ⁉」

父さんの忠告の直後、ガクンと大きく荷車が揺れて、荷車の揺れが街の中よりずっとひどくなった。街道が石畳ではなくなり、土が丸出しになった道になったせいだ。荷物も飛び出しそうに揺れているが、ロープで固定されているだけマシだ。固定されていないわたしが一番危険だった。わたしは振り落とされないように荷車の縁にがっちりとしがみつく。

……晴れたら、ぼこぼこのがたがたで、雨が降ったら、ぐっちゃぐっちゃのでろんでろんになる道なんて最悪だ！　アスファルト見習え！

心の中で悪態を吐いていているうちに、父さんの足が少し速くなった。目的地の農村が近付いたのだ。農村は門を出て十五分くらいのところにあり、入り口にさしかかると、人がたくさんいるざわめきが伝わってくる。

「そろそろ着くぞ」

豚の解体は基本的に男性の仕事だそうだ。百キロ以上あるような豚を押さえつけたり、紐で縛って吊り上げたり、何をするにも力が必要だからだ。その間、女性は燻製小屋の準備をしたり、大量のお湯を沸かしたり、加工のための道具や塩の準備をする。

農村にたどり着いた時には、先に解体が始められようとしているところだった。解体作業に参加できなければ、当然肉はもらえない。

「まずい！　もう始まるぞ！　エーファ、トゥーリ、早く行け！」

「大変！　トゥーリ、走るわよ！」

「うん！」

三人とも慌てて荷車から手を離して、荷車の中からぶ厚い素材で作られて、表面に蝋を塗り込んであるエプロンを引っつかんだ。母さんとトゥーリはエプロンを身につけながら、燻製小屋の方の女性がたくさんにいる方へ向かって走っていく。

父さんはその場でエプロンを身につけると、仕事道具でもある槍を持ちだして駆けていった。

……皆、速いっ！

呆然としているうちに、家族はわたしを置いて行ってしまった。

母さんを追いかけることもできたけれど、これだけの集団の中で、何をどうすればいいのか全くわからないのは不安で仕方ない。毎年恒例の行事ということは、暗黙の了解という常識が存在するのだ。せめて、マニュアルが欲しい。

何をするにも足手まといであることを自覚しているわたしは、誰かに呼ばれるまで荷車の番をすることにした。これだって重要な仕事だ、と自分に言い聞かせながら、置き去りにされた荷物と一緒に荷台の上でぼーっと座り込んでいた。

しかし、父さんが荷物を放置した場所は、豚が解体される広場の真ん前だった。少し距離はあるけれど、追いまわされ、悲痛な声で叫びながら逃げようともがく豚が丸見えだ。

木の杭にロープが括りつけられていて、そのロープのもう片方は豚の右後ろ足と繋がっている。杭の回りをぐるぐる回るように逃げる豚を男達が押さえつけようと必死になっている。

その中に見覚えのあるピンク頭が見えた。あの周辺にラルフやルッツもいるに違いない。

「行くぞ！　うらぁっ！」

そう叫びながら、到着したばかりの父さんが参戦した。

ものすごい勢いで手にしていた槍を構えたかと思ったら、豚をブスッと一突き。

たった一撃で豚はぴくぴくと何度か痙攣《けいれん》した後、動かなくなった。

ひぃっ！　と、わたしの血の気が引くと同時に、広場では父さんの働きに、わぁっと歓声が上がる。そこへ母さんが金属のバケツのようなものと少し長い棒を持ってきた。別の奥さんが豚のところにボールのようなものを持っていく。

次の瞬間、周囲に少しばかり血が飛び散って、何人かのエプロンが赤く染まった。血を受け止める準備ができたので、槍が引きぬかれて、血がドバッと吹き出したに違いない。思わず口元を押さえて、怖いもの見たさに乗り出していた身を引いた。

奥さん方のスカートに隠れて豚が見えないけれど、大量の血が抜かれているのはボールを運んではバケツに入れていく奥さんの仕事っぷりでわかる。母さんは眉間に皺《しわ》を刻んで、次々と血が流し込まれるバケツを一心不乱にかき混ぜていた。

……ううぅ、母さんが怖い。

その後、数人がかりで準備されていた木に豚を逆さ吊りにした。逆さにされた豚から搾り切れてなかった血がじわりとにじんで滴り落ちる。本格的な解体が始まるのだろう。厚みのある大きな解体用ナイフを手にした男の人が豚の腹にナイフを当てた。

そこまでしか記憶がない。

気が付いたら、わたしは農村ではなく、石造りの建物の中にいた。寝かせられてたようで石造りの天井が見えるけれど、ウチではない。寝転がったまま何度か目を瞬くと、気絶する寸前の最後に見た光景が思い浮かんでしまって気持ち悪くなった。

でも、何故だろうか。何となく見覚えのある光景に酷似していたような気がして仕方ない。

……何だったっけ？　ほら、引っかけて吊るして、解体していく感じ……。

喉元まで出かかっているのに、出てこない。多分、マインの記憶ではない。麗乃の記憶の方だ。日本でも似たようなものを見たはずだ。

……あ！　茨城の港近くの市場で見たアンコウの吊るし切りに似てたんだ！　すっきり！

そう考えれば、豚の解体もマグロの解体ショーと似たようなもので、新鮮でなければ食べられない物があること、皆がきゃあきゃあと楽しそうにその様子を眺めている心境も理解できた。

……まぁ、理解できただけで、精神的には全くついていけないけど。だって、マグロはあんな悲痛な声で鳴かないもん。あんなにドッパドッパ血が出ないもん。うぅ、やっぱり気持ち悪……。

口元を押さえて寝返りを打った瞬間、ゴロンとそれまで寝ていたところから落ちた。

「いったぁ……」

手をついて起き上がりながら辺りを見回すと、それほど大きくはない木のベンチのようなところに寝かされていたようだ。近くに暖炉があり、火が入っているから、それほど寒さは感じない。けれど、誰もいないし、声も聞こえない。

……そういえば、ここどこ？

現状把握しなければ、と思った時、わたしが落ちた音が響いたのか、兵士が一人、顔を覗かせた。

「お、気が付いたみたいだな」

「オットーさん？」

知っている顔に安心して、わたしはホッと息を吐く。オットーさんがいる石造りの建物ということは、門の待合室か宿直室に違いない。場所もわかったことで、不安がすぅっと消えていった。

「俺のこと、覚えてくれてたんだ？」

わたしが覚えていたことで、オットーの顔にも明らかな安堵が見える。わたしの見た目が幼女なので、きっと知らない人だと思われて泣かれたらどうしようとか考えていたに違いない。

「忘れませんよ」

……この世界の貴重な文明人で、わたしに字を教えてくれる先生（予定）ですから。

わたしが敬礼のマネをして、トントンと胸を叩いてそう言うと、オットーが苦笑しながら頭を撫でてきた。

「班長が血相を変えて、連れてきたんだよ。荷車の中で倒れていたんだって。やることが終わったらすぐに迎えに来るって」

豚の解体にどれくらいの時間がかかるのか知らないが、解体の後で加工もするのだから、すぐに終わるものではないだろう。

……そういえば、トゥーリはできたてが夕飯に出てくると言ってたっけ。

どうやら、しばらくこの待合室で待つことになるとわかった。どうせ時間を持て余すとわかっていたので、荷台の荷物にはパピルスもどきの原料も載せていたのに、今のわたしの手元にはない。

「どうした、マインちゃん？　お父さんやお母さんがいなくて寂しい？」

「……ううん、時間潰しどうしようかな？　って」

首を振って、ついつい本音を口にしてしまったわたしをオットーはまじまじと見つめた後、「そういえば、見た目ほど幼くないって言ってたな」と呟いた。

「ちょうどいいや、マインちゃん。これ、時間潰しにならないか？」

「わぁ！　石板！」

オットーさんが差し出したのは石板だった。今日は絶対に門を通る日だから、手渡そうと思って、仕事場に持ってきてくれていたらしい。

……文明人で、気配りができて、親切なんて、オットーさんは良い人すぎるっ！

「オレは門のところに立たなきゃいけないから、練習でもしていてね」

オットーはそう言って、石板の上の方にマインとわたしの名前を書いて、石筆と布を置くと、部屋を出ていく。わたしは片腕で石板を抱きしめたまま、これ以上ない笑顔で大きく手を振ってオットーを見送ると、石板に視線を落とした。

石板はA4くらいのサイズのミニ黒板と説明すればいいだろうか。木枠の中に黒くて薄い石がはめ込まれている。裏と表の両方に書くことができ、片面には字の練習のための基準線が引かれていた。

そして、石筆は石板に書くための道具で、触ってみると固くてひんやりとした石の素材だけれど、見た目は完全にちょっと細長い白チョークだ。ちょっと薄汚れている布は黒板消しの代わりだろう。

抱きしめただけで、オットーが書いてくれた字が少し薄くなってしまったから。

「うわぁ、すごいドキドキする」

机の上に石板を置いて、わたしは石筆を手に取った。

鉛筆を持つように石筆を握るだけで、心臓が高鳴る。

最初は、せっかくなのでオットーの字を手本に、全く見覚えのない字を書いてみる。初めて書く文字だからか、緊張でちょっと震えて歪んだ。これが日本だったら舌打ちしながらさっさと消して、書き直しただろう。

でも、今は消すのがもったいないと思うほど、久し振りに字を目にしたことが嬉しい。

ゆっくりと息を吸って、吐いて、石板の左側に置いてあった布で擦って消して、もう一度書いてみた。先程よりはマシに書けた。自分の名前を書いては消して書いては消して……。それに飽きたら、覚えている短歌や俳句を日本語で書いては消して書いては消して……。

……ハァ、幸せすぎる。

文字を書いて読めることが、こんなに幸せなことだとは思わなかった。

暖炉の近くとはいえ、隙間風の吹きぬける待合室で、家族が迎えに来るまで何時間も石板で遊んでいたわたしは、病弱の名に恥じないスピードで風邪を引いて、熱を出した。

「今日もまだ熱が下がってないんだから、マインはベッドにいなさい。出ちゃダメよ！」

「……わかった」

両親が家を出入りする足音は慌ただしく、二人で日持ちする根菜を冬支度部屋に運び込んでいる。トゥーリは台所で、自分が採ってきた木の実を蜂蜜と煮詰めて、ジャムを作っている。この世界では嗅いだことがない甘い匂いが家中に漂っているだけで、ちょっと幸せ気分だ。

お酒を仕込んだり、豚の加工品が運び込まれたりするなか、トゥーリがお昼のスープを持ってきてくれた。わたしは石板を置いて、お盆ごと受け取る。

「ごめんね、トゥーリ」

「ホントだよ」

「えぇ？　それは言わない約束だよって、言ってよ」

「そんな約束してないでしょ！」

……そりゃ、約束はしてないけどさ。お約束なんだよ？

家族皆が冬支度にバタバタしている間、わたしはベッドでゴロゴロしながらオットーにもらった石板で名前の練習をしたり、日本語の文章を綴ったりして遊んでいた。

……やっぱり文字が残る本が欲しいなぁ。字が書けるだけで、こんなに嬉しいんだから、本が読めたらもっと嬉しいと思う。早く体調戻して、紙、作らなきゃ。

## 古代エジプト人に敗北

冬支度が終わるか終らないかという頃に、雪がちらつき始めた。本格的な冬の到来だ。

冬の間、この付近は雪で閉ざされるので、よほど晴れた日以外は基本的に家の中で過ごすことになる。元々、本さえあればいくらでも引きこもっていられたわたしにとって、家の中で過ごす時間が長いのは別に苦ではない。

しかし、ここには本がない。本もないのに長期間の引きこもりができるだろうか。

雪が降り始めると、吹雪になることが多いので、防寒のために窓の板戸はきっちりと閉める。その上からちょっと厚めの布を張ったり、隙間に詰めたりして、少しでも隙間風を防ぐのだ。

「……うぅ、暗い」

「吹雪だから仕方ないね」

なんと、締めきった家の中の明かりは竈と蝋燭だけだ。昼間なのに窓を完全に締めきった電気一つない暗い部屋というのが、わたしにとっては初めてだ。

麗乃時代は台風の時の停電だって、懐中電灯や携帯の灯りがあったし、すぐに復旧した。長期間、暗い中で過ごして、鬱々とした気分にならないのだろうか。

「ねぇ、母さん。どこのおうちも、こんなに暗いの？」

「そうねぇ、ちょっとお金持ちになると、ランプをいくつも持っているらしいけど、ウチには一つしかないから仕方ないね」

「え？　じゃあ、そのランプ、使おうよ」

照明器具があるなら使わなきゃ、と主張すると、母さんが溜息を吐きながら首を横に振った。

「油を節約したいから、なるべく使わないようにしているのよ。寒さが続いて、冬が長引いた時に蝋燭がなくなっていたら困るでしょ？」

節約と言われると、返す言葉がない。

麗乃時代のお母さんも「節約、節約」と言いながら、色々工夫していた。電気代の節約のため、ＴＶの電源はコンセントから切るくせに、ＴＶをつけたまま転寝《うたたね》とか、水の節約と言って歯磨きの時の水はきっちり止めるくせに、皿洗いの時は流しっぱなしとか、自己満足の重要性というのを教えてくれたお母さんだったけれど。

色々工夫していたお母さんを見習って、この部屋も少し明るくなるようにできないだろうか。

「マイン、何してるの？」

「ちょっとでも明るくならないかなって……」

三面鏡とか合わせ鏡みたいにしたら、ちょっとでも明るいかもしれないと考えて、父さんが昔の戦時に使ったという金属の手甲を磨いて蝋燭の側に並べてみた。

「マイン、止めて」

「手元が見にくいわ」

二人から即座に却下された。

残念ながら、手甲は真っ直ぐの金属じゃないし、表面が決して滑らかとは言えないので、変な感じに乱反射して、目がチカチカして、余計に手元が見にくくなったらしい。

「うぅ、失敗かぁ。他に何か『鏡』代わりに使えそうなもの……」

「これ以上余計なことはしないでちょうだい」

母さんからきっぱりとした拒絶を食らったので、光の反射で明るくしよう作戦は諦める。

本を読んでいるわけでもないのに、視力が下がりそうな状況に溜息を吐きながら、わたしは温かい竈の近くを陣取った。

すぐそばでは母さんが織り機を組み立て始める。布を織るのは、日本で見たことがあるようなでっかい機織り機ではない。もっと原始的なものだった。この狭い家の中でどうやって布を作るんだろうと思っていたけれど、ちゃんとそれなりの大きさのものがあるようだ。

「トゥーリは洗礼式があるから、色んな仕事、ちゃんと覚えておかないとね」

そう言って、母さんはトゥーリに機織りを手とり足とりといった感じで教え始める。トゥーリは真剣な顔で糸巻きを手に取った。

「ここにこうして糸巻きを置いて、まずは縦糸の準備よ。糸をこうして通して……」

服作りは秋の間に染めた糸を使って、まず、布を織るところから始まる。それから、布を織って、服を縫って、刺繍をする。ついでに、買っておいた羊毛から、来年の分の糸も紡いでおく。買えるのは原料だけだ。ここでは新品の服なんて売っていないし、布でさえ平民には買えるものではないらしい。

「そうよ、そんな感じ。トゥーリは覚えが良いわね。マインもやってみる？　裁縫上手にならないと美人とは言われないわよ」

「え？　美人？」

「そうよ、家族の服を作るということは、余所からの見栄えと実用のどちらをとっても大事なことでしょ？　美人の条件は裁縫と料理よ」

……あ〜、わたし、絶対に美人になれないね、っていうか、良妻の条件っていうならともかく、裁縫と料理上手って、美人関係なくない？

わたしの感覚では、服は店で買うものだ。店に行ったら、あらゆるジャンルのあらゆるデザインの服が溢れていた。まぁ、服なんてＴＰＯに合わせて着られればいいやって感じで、大して興味はなかったけれど、それでも、クローゼットにいっぱい持っていた。少なくとも、継ぎの当たったお下がりのお古二、三枚を着回すなんてことはなかった。

裁縫なんて、学校の家庭科でやった程度だし、それだって、電動でダーッと縫えるミシンを使っていた。針を持つなんて、せいぜいボタンを付ける時くらいだった。はっきり言って、冬の間に、糸を紡いで、布を織り、家族の服を作ることが、女の大仕事なんて言われても、困る。やる気になれない。織り上がった布を羊皮紙代わりに使っていいなら、いくらでも織るけれど。

「マイン、やらないの？」

「ん～、また今度」

トゥーリが声をかけてくるが、わたしは機織りをしたいなんて思えない。針子見習いになりたいらしいトゥーリは母さんに針仕事を教えてもらっているが、わたしの場合、身長はもちろん、手の長さや大きさ、何より、やる気が全然足りないので、教えてもらうだけ無駄だ。

「じゃあ、母さん。わたしの晴れ着、作って。わたしも籠作りするから」

「えぇ、母さんに任せなさい。とびきり素敵なの、作ってあげるわ」

裁縫に自信があるらしい母さんが張り切っている。洗礼式は同じ季節に七歳になる子供が一斉に晴れ着で神殿に集まるので、どんな衣装が準備できるかは母親の腕の見せ所。母親にとっては一種の発表会ではなかろうか。

笑顔で楽しそうに母さんが準備し始めた縦糸は、先程までトゥーリの練習に使っていた糸より
ずっと細く見える。

「この糸は細いんだね」

これは布を作るにも時間がかかりそうだな、と思っていると、母さんが苦笑した。

「トゥーリが洗礼式は夏だからね。薄い生地じゃないと暑くて困るでしょ？」

「夏なのに、晴れ着は冬の内に準備するの？　トゥーリ、大きくなるでしょ？」

冬よりも食べ物が豊富で、健康的に動き回れる夏の方が、子供はよく成長すると思う。今、晴れ
着を作って、夏には小さくて着られなかったらどうするのだろうか。

「多少は調節できるから大丈夫よ。何より大変なのはマインとトゥーリの背が違いすぎて、お下が
りにできないところかしらね。お直しするのも大変なのよ。来年、どうしようかしら？」

……それは大変だね。頑張れ、母さん。

パッと見た感じ、細いけれど、羊毛からできた糸より少し硬そうな糸を使って、母さんが布を織
り始めると、トゥーリは売り物にするための籠を編み始めた。少しずつ暗い部屋に目が慣れ始めた
わたしも、自分の野望の第一歩として、パピルスもどきを作ることにした。

……草の繊維を編んだら、きっと紙っぽいものができるはず。古代エジプト人には負けない！

勝負だ！

テーブルの上に繊維を置いて、麗乃だった時代に作らされた正方形コースターの編み方を思い出

しながら、まずは葉書サイズから挑戦だ。母さんが布を織るのに使う糸よりも細い繊維を縦と横に組み合わせていく。お金も、技術も、年齢も足りないわたしは、根気と、根気と、根気で勝負するしかない。

……うわぁ、細かすぎて、目がしぱしぱする。ちまちまちまちま……。

……あ、間違えた！　ちまちまちまちま……。

繊維が細いので、間違えた時にやり直すことが簡単ではない。大きく崩れてしまう。

むきーっと苛々しながら、細い繊維と格闘していると、籠を作っていたトゥーリが手を止めて、わたしの手元を覗きこんできた。

「ねぇ、マイン。何してるの？」

「ん？『パピルスもどき』を作ってる」

トゥーリはもう一度わたしの顔と手元を交互に見比べて、首を傾げた。言葉も聞き取れなかったし、見ても理解できなかったと、トゥーリの顔に書いてある。

……うん、見てもわからないよね？　一センチ角にもなってないし、本当にパピルスもどきになるか、作ってるわたしにもわからないんだもん。

母さんが布を織りながら、指先だけをちょっとずつ動かしてパピルスもどきを作るわたしを見て、溜息を吐く。

ちまちまちまちま……。ちまちまちまちま……。

「マイン、遊ぶ暇があるなら、トゥーリと籠を作りなさい」

「ん。暇になったら作る」

わたしは遊んでいるわけでもないし、暇なわけでもない。むしろ、マインとしてここで生活を始めてから、一番忙しくて余裕がないくらいだ。

……あ！　また間違えた！　母さんが声をかけたせいだ。んもうっ！

ちまちまちまちま……。ちまちまちまちま……。

「マイン、ホントに何してるの？」

「だから、『パピルスもどき』だって」

トゥーリの質問に優しく答える心の余裕もなく、少しきつめの口調で切り上げ、一心不乱にちまちまちまちま……。細かい作業は嫌いではないし、自分が好きでやっていることだ。根気よく続けるしかない。

ちまちまちまちま……。ちまちまちまちま……。

「ねぇ、マイン。あんまり大きくなってないよ？」

「わかってるよ！」

トゥーリの指摘が図星で、いらっとした気分がそのまま口をついて出た。指先ほどの大きさになるのに、一日かかっているのだ。こちらの心情もわかってほしい。

ちまちまちまちま……。ちまちまちまちま……。

次の日も、根気だ、根気だと自分に言い聞かせながら、繊維に向き合う。トゥーリに何を言われても気にしたら負けだ。

「それ、何になるの？」

「……」

……気にしたら負け。気にしたら負け。ちまちまちまちまちま……。ぅあ！　ガタガタになった！

うぅ、もうこのまま続行だ！　修正してたら心が折れるわ！　ちまちまちまちまちま……。

「ねぇ、マイン……」

「もう無理！　やってられない！『古代エジプト人』、わたしの負け！」

途中で嫌になったパピルスもどきを握りしめ、わたしは吠えた。パピルスもどきが、ようやくメッセージカードサイズになったかな、というレベルで挫折だ。紙になるような密度で緻密《ちみつ》に繊維を編んでいたら、葉書サイズの紙を作るのに何日かかるかわからない。

こんな状態で、本にできるだけのパピルスもどきがわたしに準備できるわけがない。

わたしが作ったメッセージカードサイズのパピルスもどきは、途中から嫌になってきたのが触ればわかる。中心は緻密に編まれているのに、端に向かうにつれて、がたがたのぼこぼこだ。全体的に見ると文字が書けそうな紙にはならなかった。ちょっとガタガタするけど、コースターになら使えるかな？　という代物だ。メモ用紙にもならない。

「ううううぅぅぅっ……失敗した。わたしのパピルス計画」

素材の調達、作成の難易度、作成時間、どれをとっても量産には向かない。たとえパピルスもどきが完成したとしても、本は作れない。

「うるさいわよ、マイン！　そんな草で遊ぶなら籠を編みなさい！」

「籠は本にならないんだもん……」

「何を言っているのかよくわからないけど、失敗したんでしょ？　いいから、籠にしなさい」

母さんがあんまり怒るので、わたしは籠を編むことにした。細い細い繊維を編んでいくパピルスもどきより、籠の方がよほど簡単だ。

「トゥーリ、わたしも籠を編むよ。材料ちょうだい」

「やり方教えてあげるよ」

がさごそと材料を寄せてきて、トゥーリが笑顔でそう言ってくれたけれど、わたしは素材を手に取りながら、首を振った。

「ううん、知ってるからいい」

「え？」

不思議そうに目を瞬くトゥーリを視界の外に追いやりながら、わたしは編み始めた。竹っぽい真っ直ぐな木目の木の素材を丁寧に組み合わせて、隙間ができないようにきっちりと編んでいく。ちょっとしたおでかけバッグが欲しいと思っていたところだ。失敗したパピルスもどきの八つ当たりも兼ねて、全力で作らせていただこう。

底を丁寧に作った後、側面はちょっとした模様が入るように計算して、編んでいく。持った時に手が痛くないように工夫しながら取っ手を付けて完成だ。五日かけてもメッセージサイズしかできなかったパピルスもどきと違って、トートバッグは一日で仕上がった。出来栄えも、あまり器用ではない子供の手にしては上出来だと思う。

「すごいわね、マイン。こんな才能があるなんて。将来は細工見習いになればいいんじゃない？」

「えぇ？　それはちょっと……」

基本的に足手まといなマインの意外な才能に、母さんが目を輝かせて喜んでいるが、細工見習いになるつもりは全くない。わたしの就職先は本屋か図書館と決めている。本がなくて、本屋も図書館もないせいで、この世界に職業自体が存在しないのが、ちょっとだけ問題だけど。

「うぅ、なんでマインはそんなに上手なの？」

わたしの作った籠と自分で作った籠を見比べて、出来の違いにトゥーリがしょげているのが目に入った。

「トゥーリ、気にしない方がいいよ。きつく編むことと、模様が入れれるようになれば大丈夫」

……だって、この違いって、経験の差だから。

麗乃時代、お母さんが始めた新聞の折り込み広告を細く丸めて作った素材で籠を作る「おかんアート」に巻き込まれたことがあったのだ。そんな経験が役立つ時が来るとは思わなかったけれど、人生には何が起こるかわからないものである。

「うぅ、マインの方が上手なんて～……」

……やばい。トゥーリのお姉ちゃんとしてのプライドをめちゃめちゃ傷つけたみたい。

「あ～、え～っと……そう！　ゲルダばあちゃんに預けられてた時に教えてもらったの。トゥーリが森に行ってる時にずっとしてから、ちょっと上手なだけだよ。トゥーリはわたしが籠を作ってる時に、他のことをやってるから他のことが上手でしょ？」

子供の機嫌を取るなんて、わたしはほとんどしたことがない。機嫌を直してもらおうと一生懸命に説明しているつもりだけれど、正直、自分でも何を言っているのかわからない。

「……そうだったんだ」

どこに納得したのかわからないけれど、トゥーリは少し安心したようだ。

「じゃあ、冬の間にいっぱい作って、マインより上手になるからね」

「うん。頑張れ、トゥーリ」

わたしはトゥーリの機嫌が直ったことに、ホッと息を吐いた。ここでの生活は何をするにもトゥーリのサポートがないときつい。「自分でやって」と放置されたら、すごく困るのだ。機嫌が直ってくれて、ホントによかった。

「あ、トゥーリ。ここで一回力を入れて、目を揃えると綺麗に見えるよ」

……籠が上手にできても、わたしは空しいだけなんだよね。わたしが欲しいのは本だもん。

トゥーリの籠編みを横で見て、コツを教えながら、わたしは失敗作のパピルスもどきを見つめる。パピルスもどきが駄目なら、次はどうすればいいだろうか。わたしは冬の間、トゥーリの横で籠を編み続けながら、次のことを考え続ける。

……エジプトは駄目だ。子供のわたしには難易度が高すぎる。

エジプト文明がダメならば、次はどうすればいいだろうか。世界史の教科書的にエジプト文明の次はメソポタミア文明に決まっている。

……よしきた、楔形文字！　ほいきた、粘土板！　メソポタミア文明、万歳！

戦争や火事なんかで焼けて、結果的に残った粘土板があったはずだ。粘土板を作って、文字を刻んで、竈で焼くなら、できるかもしれない。それに、粘土をこねて、粘土板を作るなら、子供の粘土遊びのようなもので大人の目も誤魔化せるに違いない。

……決定！　これでいこう。雪が溶けて、春になったら、粘土板だ！

## 冬の甘味

「晴れた！　晴れたよ！　父さん！　ほらほら、起きて、マイン！」

トゥーリの興奮した声が暗い部屋の中で響き、わたしはゆさゆさとゆさぶられて起こされた。

数日間ひどい吹雪が続いていたのだが、今日は朝起きると、板戸の穴や隙間から眩しい太陽の光がちらちらと見えている。

……わぉ、久し振りの太陽。

トゥーリは飛び跳ねるようにベッドから飛び降りて、部屋が冷えるのも気にせずに大きく板戸を開けた。雲ひとつない青空が広がっていて、辺り一面の雪景色で、太陽を反射して眩しく街中をきらめかせている。

「ほら、すごくいい天気だよ。父さん、今日は休みなんでしょ？　急がなきゃ！」

「わかった、わかった」

窓から入った朝日をまともに顔に浴びた父さんが、眩しそうに顔をしかめた後、勢いよく飛び起きる。その後の行動は早かった。すぐさま朝食を食べてトゥーリと父さんが物置からごそごそと色々な物を準備して、慌ただしく家を飛び出していく。

わたしが朝食を食べようとテーブルに向かった時には完全防寒の格好をしたトゥーリがちょうど出かけるところだった。

「いってくるね、マイン。パルゥをいっぱい持って帰ってくるからね！」

わたしはトゥーリに「いってらっしゃい」と手を振り返しながら、こてんと首を傾げた。

……パルゥって、何？

マインの記憶を探ってみると、白くて甘くて幸せな飲み物らしいことはわかった。それを持って帰ってくる、とトゥーリは言ったけれど、どうやって持って帰ってくるのだろうか。

「これを食べていてね、マイン。母さんは洗濯してくるわ。二人がパルゥを持って帰ってくるから、昼からは忙しくなるもの」

わたしには自分の力では切ることも割ることもできないパンを、母さんが小さ目に切って、スープの中に放り込んでくれていた。防腐のために、カチカチに焼かれている固くて黒いパンを、温めた牛乳や昨夜の残りのスープでふやかして食べるのが、わたし達の普通の朝食だ。

わたしが椅子によじ登るよりも早く、母さんは吹雪の間に溜まっていた洗濯物を抱えて、家から出て行く。

わたしはシーンと静まった家で、もそもそと一人の朝食を終えると、唯一母さんやトゥーリに褒められている籠作りを始めた。

母さんには帰宅時間がわかっていたようで、昼食の準備が終わるころに父さんとトゥーリがほくほく笑顔で帰ってきた。満足できる結果だったようだ。

「ただいま、母さん、マイン。三つもパルゥが採れたよ」

「おかえり、二人とも。すごいじゃない。器の準備、できてるわよ」

母さんは少し深い器を指差してそう言うと、物置の中にある薪の中でも、最初に火を付ける時に使う細い枯れ枝を持ってきた。トゥーリがそれに竈の火を付けて、パルゥにツンと押しつける。すると、その部分だけプチッと皮が破れて、中からとろりとした白い果汁が溢れてきた。

「うわぁ、いい匂い～」

ふわっと家中に甘い匂いが漂い、とろりとした果汁が器にゆっくりと落ちていく。久し振りの甘い匂いにわたしはごくりと唾を飲んだ。これは確かに幸せになれそうな匂いだ。

トゥーリが白い果汁をこぼさないように器に取っていき、果汁を取り終わったパルゥの実は、父さんが圧搾用の重りを使ってどんどん潰している。

「パルゥはすごいんだよ。果汁は甘くておいしいし、実からは油が取れるし、残った搾りかすは家畜の餌になるの。ウチは家畜がいないから、ルッツのところに持って行って、卵に交換してもらうんだよ」

「そんなにすごい実だったら、競争率が高そうだね」

「そうだよ。今日みたいによく晴れた日の雪の中でしか採れないから、街中の人が朝早くから森に向かうの。誰だって一個でも多く欲しいもんね。でも、パルゥを採るのは大変なんだよ」

「どう大変なの？」

二個目のパルゥに細枝でプツンと穴をあけたトゥーリは、またゆっくりと果汁を器に流し込んでいく。わたしがお手伝いできるのは、器が倒れないように押さえておくことくらいだ。

「パルゥの実を採るには、実のなっている枝を温めて柔らかくしなきゃダメなんだけど、パルゥの木の上では絶対に火が使えないんだよ。木が持っている不思議な力で消されてしまうの。だから、手袋を脱いで、素手で温めるしかないんだよ」

「この寒い冬に素手で枝をつかんで温めて、実を採るの⁉　それは大変だね」

しもやけどころの騒ぎではないと思う。いくら父さんとトゥーリが交代できるとはいえ、枝を素手で温めるのは過酷な作業だ。

「お昼から採るのはダメなの？　ちょっとでもあったかい時間に行けば？」

「ダメダメ。パルゥが採れるのはお昼までなんだよ」

そう言いながら、トゥーリが二個目のパルゥを父さんに渡し、三個目のパルゥを手に取った。またプツンと穴を開けて、果汁を取り始める。

「お昼になって、お日様が上がって、森に光が差し込み始めるとね、パルゥの葉がきらきらって光って、木が自分から揺れ出して、シャラシャラって葉っぱが鳴り始めるの」

……葉っぱが光って、木が自分から揺れてシャラシャラ？　何それ？

トゥーリが説明してくれるけれど、頭の中に情景が全く思い浮かばない。

「葉っぱが鳴り始めたら、お日様に向かってパルゥの木がぐんぐん高く伸びていくんだよ。森にたくさん茂ってる木の上まで伸びたら、まるで女の人が頭を振って髪をゆするように、木が枝を揺らすの。こう、バッサバッサ、って感じで……」

「ぐんぐん伸びて、バッサバッサ……？」

「そうそう。揺れて光が当たった枝からは、採りきれなかった実が、ぴゅーん、ってあっちこっちに飛んでいって、全部の実が飛んでいくと、パルゥの木は溶けるように小さくなって、あっという間に消えちゃうんだ」

「ぴゅーん、って飛んで、消えちゃう？……不思議な木だね」

それ以外に感想が思い浮かばなかった。わたしの貧困な想像力では全くイメージできない。

「はい、終わり。ちょっとだけ飲もうか？」

保存しておくための壺に果汁を流し込み、器に少しだけ果汁を残したトゥーリが二口飲んだ後、器をわたしに渡してくれる。わたしもトゥーリと同じようにくぴくぴと二口飲んだ。

とろりとした甘みがぶわっと口の中に広がり、勝手に目じりが落ちて笑顔になっていく。

……これは幸せの味っ！　とろっとしたココナッツミルクみたい！

もっと飲みたいと思った瞬間、「冬の間、大事に、大事に飲む貴重な果汁だから、一気飲みはダメだよ」とトゥーリに言われてしまった。仕方がないので、ちょっとずつ楽しもう。

「父さん、これ、搾りかす？」

トゥーリが布の袋を取り上げて覗き込んだ。「あぁ、そうだ」父さんは圧搾用の重りでダンダンとパルゥの実を潰しながら答える。パルゥ油は食用にもランプにも使えるようで、ちょっとオリーブオイルに似ていた。

「トゥーリ、わたしにも見せて」

油を搾られたパルゥの最後はどんなものになるんだろう、とわたしはトゥーリの横から袋を覗き込む。すると、甘い匂いのするおからのようなものが入っているのが見えた。

「これ、すごくいい匂いがするけど、食べれないの？」

わたしはそう言いながら手を突っ込んで、ひょいっ、パクッと口に入れてみる。

「マイン！　それ、鳥の餌！」

慌てるようにわたしの手を袋から出したトゥーリが「ぺっ、って口から出して」と言っているが、わたしはガニガニと噛みながら首を傾げた。

よく搾ってカラカラになった搾りかすは、パサパサしていて、匂いの割には甘みもないし、確かに人が食べる物として考えると食べにくい。けれど、おからのように料理に使えると思う。わたしは果汁を取っていた器に一つまみの搾りかすを入れて、指で果汁に擦り付けるようにしながら、水分を含ませていく。

「マイン、何してるの？」

「……こうしたら、食べられないかなって」

「それ、鳥の餌だから！　人間が食べる物じゃないからね」

うんうん、と頷きながら、わたしは指についた分を食べてみる。結構おいしい。果汁と混ぜ合わせて、できれば、卵や牛乳も加えれば、おからホットケーキくらいは作れそうだった。

「……うん、いける」

「いけないよっ！」

わたしがトゥーリの口に少し残っているパルゥの搾りかすと果汁を混ぜた物を放り込むと、最初は「何するの!?」と怒っていたトゥーリが複雑な顔で口をもぐもぐさせ始めた。


「じゃあ、行くよ」

わたしはトゥーリと一緒にルッツの家へと向かった。井戸の広場を真っ直ぐに突っ切って向かいにある建物の六階がルッツの家だ。二個分のパルゥの搾りかすと卵を交換するために頑張って階段の上り下りをする。自分の家の五階から降りた後、ルッツの家がある六階まで上がるのはかなりきつい。

……卵と交換したら、ホットケーキもどきを作るんだ。うふふん。

「おじゃましまーす」

「ルッツ、これ、卵と交換してください」

わたしが満面の笑みで麻袋を差し出すと、ルッツは嫌そうに顔をしかめた。

「もう餌は間に合ってるんだよなぁ。それより、肉ないか？　兄貴達に食われて、オレの分、あんまりないんだ」

冬場は皆が家にいることが多いので、ご飯を奪われる確率も高くて、いつだって腹が減っているんだ、とルッツが不満を漏らした。トゥーリは「体格が違うから、取られちゃうんだね」と苦笑して、ルッツの不満を受け流しているけれど、お腹が空いているというのはなかなか悲しい状況だ。

わたしは解決策として、ルッツの前に麻袋を突き出した。

「じゃあ、ルッツ。これ、食べたら？」

「鶏の餌なんか食えるか！」

予想通りのリアクションだ。やはり、ここでは皆このおからを食べる工夫はしないらしい。

「……料理次第では食べられるよ？」

「はぁ？」

「完全に搾っちゃうから、食べられなくなるんだよ。実は美味しいんだから、搾りかすだって、ちゃんと料理すれば大丈夫だよ」

ルッツはとても信じられないと言うようにトゥーリを見る。絶対に、鳥の餌を食べるような奴がいるわけない、なんて考えているに違いない。

「おまっ！　なんてもったいないことするんだよ！　パルゥの実を食べて終わるより、果汁と油と鳥の餌に分けて使う方がいいだろ!?　普通は実を食べるなんてもったいないことしねぇよ！　あんなに苦労して採る実を有効に使わずに食べるなんて、あり得ない。そんなバカはこの街全体で考えてもマイン以外いないからな！」

……実を食べたわけじゃないんだけど。鳥の餌を食べるよりは想像しやすいのかも？

わたしはルッツの拒否反応に、うーん、と唸る。

「鶏の餌は充分なんでしょ？　だったら、人間のお腹が膨れることに使った方がいいじゃない」

「だから、搾りかすはパサパサして人が食えるようなもんじゃねぇっ！」

「ぎっちり搾って油をできるだけ多く取ろうとしたから、人には食べられないものになったんだよ。ちょっと手間かけたら、ちゃんと食べられるって」

「マイン、あのなぁ……」

いくら言ってもルッツは全く受け入れようとしない。これはもうトゥーリと同じように実力行使しかないだろう。きっと食べればわかるはずだ。

わたしが拳を握って決意した時、トゥーリが力なく項垂れながら、小さく口を開いた。

「あのね、ルッツ。信じられないかもしれないけど、ホントに食べられたんだよ。……おいしかったことにショック受けちゃったよ、わたし」

「え？　マジで？　鶏の餌、食べさせられちゃったのか、トゥーリ⁉」

ルッツがトゥーリにものすごく同情の籠った視線を向ける。

「おいしいのに、失礼な。やってみた方が早いかな？　ルッツ、パルゥの果汁、まだ残ってる？」

わたしはルッツの家に入ると、小さい器に自分の持ってきた搾りかすを少しだけ入れた。その搾りかすに、ルッツの分の果汁を小さじ二杯くらい加えて混ぜ合わせる。それを一つまみ自分の口に入れて、うんうん、と軽く頷いた。ちゃんとおいしくできている。

「ルッツ、あーん」

わたしが食べるのを見ていたせいだろう、ルッツは恐る恐るという風に口を開けた。その口の中にわたしは果汁と混ぜた搾りかすを乗せる。

口を閉じてむぐむぐと口を動かしたルッツが驚いたように目を大きく見開いた。

「ほら、結構甘くておいしいでしょ？」

うふふん、とわたしが胸を張ると、今まで胡散臭そうに見ていたルッツのお兄ちゃん達が一斉に反応した。

「甘い？」

「うまい？」

「マジで？　ちょっと貸せよ、ルッツ」

お兄ちゃん達全員が小さい器に指を突っ込んでいく。ルッツがいくら器を奪われないように逃げようにも、体格が違いすぎた。逃げるどころか、避けることもできていない。

「ちょっ、離せ！　持ち上げるな！　弟のものを取るなんて、それでも兄か!?」

「弟のもんはオレのもん」

「うまい物は皆で分けろ」

「よっしゃ！　取った！」

抵抗空しくルッツは三人がかりで押さえこまれて、器ごと取られる。三人が次々と指を突っ込んで、あっという間に器が空になってしまった。普段の食事風景がこれでは、ルッツが不満を零すのもわかる気がする。

「あぁぁぁ！　オレのパルゥが！」

「うまいな。鶏の餌、だよな？」

ルッツの叫びを完全に無視して味見したお兄ちゃん達も、ルッツと同じように信じられないと言わんばかりに目を見開いて、わたしを見る。これはチャンスかもしれない。

「ルッツの家でなら、もうちょっとおいしくできるよ？」

「マジで⁉」

全員が食いついた。さっきまで「鳥の餌なんて」と言っていたのに、ここまで手のひらを返した反応がくるなんて、本当にお腹が空いているようだ。

「……あ、でも、手伝ってもらわなきゃできないかも。わたし、力も体力もないから」

「よし、任せろ」

張り切ったルッツが腕まくりをする。それを見たお兄ちゃん達がルッツを押しのけるようにして前に出てきた。

「ルッツに一人占めはさせねぇよ？　オレも手伝うからな、マイン」

「そうそう。ルッツより力も体力もあるぜ」

「やった！　じゃあね、お兄ちゃん達は焼くための鉄板を準備してほしいの。ルッツは材料の準備で、ラルフが混ぜる係ね。あ、それから、ルッツの果汁ばっかり使うのは可哀想だから、皆の果汁をちょっとずつ使うよ。はいはい、出して、出して」

パンパンと手を叩きながら、わたしはルッツ兄弟を動かし、料理の指示を出す。わたしの体力と腕力と体格では何もできないので、食べ盛りの少年達に頑張ってほしい。

「ルッツ、卵二個と牛乳持ってきて。ラルフはあそこの木べらで、これを混ぜてね。ザシャお兄ちゃんとジークお兄ちゃんは竈で鉄板を熱して」

ルッツには必要な物を準備してもらい、わたしはそれを次々とボールに入れていく。ラルフは渡された木べらで材料をガシガシと混ぜ始めた。背後ではザシャとジークが鉄板を持ってきて、竈で熱し始めている。

「うん、こんなもんでしょ。ルッツ、バターある?」

ルッツが差し出したバターをわたしは小さいスプーンを使ってすくい取ると、ちょっと高めの椅子に上がって鉄板の上に滑らせた。鉄板に乗せたバターは、ジュワ～という音と共に溶けて小さくなっていき、いい匂いが鼻をくすぐる。

そこに少し大きめの匙《さじ》でラルフ兄が混ぜていた、どろっとした生地を置いていく。ジュウウゥゥと焼ける音がして、バターの上にパルゥの甘い匂いが加わった。おからに似た搾りかすを小麦粉代わりに使っているので、ホットケーキというよりはお好み焼きっぽい感じになったが、想像図と大して変わらない物ができている。

「こんな感じで、人数分焼いてほしいの」

最初の一つを作って見せた後は、椅子がなくても届くお兄ちゃん達に丸投げである。お兄ちゃん達は一度見れば、どうすればいいかはわかったようで、すぐにわたしの手から調理道具を取って、自分達で焼き始めた。

「こんな風にブツブツが出てきたら大丈夫。そろそろひっくり返して」

「おぅ」

ザシャ兄がヘラでひょいっとひっくり返せば、こんがりといい色になっていた。周りからゴクリと唾を呑みこむ音が聞こえる。

「これ、あっちに寄せて。空いたところにもう一枚焼いて」

ある程度焼けた物はちょっとずつ寄せてもらい、次のバターと生地を流し込んでもらう。わたしが焼け具合を確認して、焼けた物から、どんどんと皿に上げられていく。

「じゃじゃーん！『オカラで簡単ホットケーキ』！」

わたしがお皿を持って、うふふん、と胸を張った。しかし、通じなかったようで、ルッツが怪訝な顔で首を傾げた。

「……え？　なんて？」

「あ～……簡単パルゥケーキのできあがり～」

テーブルに並べられたパルゥケーキからは、ほこほことした湯気が出ていて、甘い匂いがしてとてもおいしそうだ。

「熱いから気を付けてね。どうぞ、召し上がれ～」

わたしは一口食べて、ゆっくりと噛みしめる。パルゥケーキはビックリするほどおいしかった。ふわふわしていて、鳥の餌のようなパサパサ感は全くない。パルゥの果汁を入れたせいか、ジャムも何ものせなくても、十分に甘い。

「ねぇ、ルッツ。これなら簡単だし、結構お腹いっぱいにならない？」

「なった。マイン、お前、すごいな」

ルッツの家には卵と交換してほしい人が次々に持ってくるから、パルゥの搾りかすは大量にあるし、鶏がいるのだから、卵だっていつでもある。牛乳も卵と交換しているから、大体あるらしいので、パルゥケーキは冬の間いつでも作れるということになる。

「これで冬の間はお腹いっぱいでいられるでしょ？」

「おぅ」

ルッツが嬉しそうにパルゥケーキにかぶりつく。がふがふと食べているその様子を見ていると、おからを使ったいくつかの料理のレシピが頭を巡った。

「パルゥの搾りかすを使った料理は、他にもあるけど、わたし、力がないから作れないんだよね」

「マインがやり方教えてくれたら、オレが代わりに作る。うまいもんを教えてくれたマインはオレにとって神様みたいなものだから、オレも力や体力がないマインを手伝ってやるよ」

この一件から、腕力と体力が必要なレシピはルッツ兄弟に作ってもらうようになった。

わたしはレシピを渡して味見する。ルッツ達は作ってお腹いっぱい食べる。良い循環ができたのだった。

# オットーさんのお手伝い

この街では冬の晴れの日はパルゥ拾いに行く日と決まっている。前回は仕事の休みと重なっていたので、父さんとトゥーリがパルゥ拾いに行ったが、今日は父さんが仕事の日だ。さすがに今回はパルゥを諦めるのかと思っていたら、母さんがコートに手をかけた。

「今日はわたしがトゥーリと行くわ」

パルゥは使い道が結構あるので、ウチでもできるだけ欲しい。なので、外出に関してはかなり役立たずのわたしとしては応援だけでも精一杯したい。

……頑張れ、頑張れ、トゥーリ！　負けるな、負けるな、母さん！

しかし、母さんとトゥーリが森へ行くとなると、家族が困るのはわたしの扱いだ。なにしろ、体力がなくて、病弱で、役立たず。熱を出すのがわかっているので、冬の森になんて連れてはいけない。おまけに、一人にしておくと何をしでかすかわからないそうで、留守番を任せることもできやしないらしい。ちょっとひどい言い方だが、概ね間違っていない。

ずっと考え込んでいた父さんが、仕事に出かける準備をしながら、ポンと手を打った。

「……そうだ！　マイン、父さんと門で待つか？」

父さんがわたしを連れて門に行く。母さんとトゥーリはパルゥを採りに森に行く。そして、パルゥ採集の帰りにわたしを門で引きとって家に帰る。そうすれば、母さんとトゥーリは心配なく森へ行けるし、わたしが一人で留守番することもない。そう提案する。

「それ、いいわね。じゃあ、マインはギュンターに任せて行くわよ、トゥーリ」

「うん！　じゃあ、後で迎えに行くからね、マイン」

母さんが「名案よ、ギュンター」と父さんをべた褒めしながら、あっという間に必要な物を準備し、トゥーリを連れて出かけてしまった。パルゥの採集はお昼くらいまでしか採れないから、なるべく早く行かないとダメなのだそうだ。

「じゃあ、門まで行くか？」

……まぁ、家でいるよりは気分転換になるかもね。オットーさんがいたら新しい文字も教えてもらえそうだし……。

はっきり言って、わたしだって、家にいるのに飽きてきた。パピルスもどきを作るのに失敗したわたしが家でできるのは、石板で遊ぶか、籠を作るかどちらかだけだ。まさか、本がないだけでこれだけ時間をもてあますとは思わなかった。

ちなみに、最近、わたしの頭の中でよく流れる歌は『春よ来い』と『ラジオ体操』だ。早く春になってくれなければ、粘土板を作りに外へ出かけることもできない。

そして、外に出られるように体力づくりのために毎日ラジオ体操を始めた。家族にはちょっと変な目で見られるけれど、体力増強のためにできることからコツコツとするのが大事だと思う。本当のことを言ってしまうと、麗乃時代はあまり健康には気を配っていなかったので、何から始めればいいのかわからない。

「父さん、今日って、オットーさんいる？」

「あぁ、いたはずだが？」

「やった。じゃあ、門へ行くのに石板を持って行かなきゃ」

門で留守番をする楽しみができた。わたしもいそいそと準備する。お出かけの必需品は石板だ。服を着こんでコートを羽織って、冬の間に自分で編んだトートバッグに石板と石筆を入れたら、わたしのお出かけ準備は終了だ。

「父さん、行こう！」

「……マイン、お前、そんなにオットーが好きなのか？」

「うん、大好き」

……だいたい、石板をくれて、文字を教えてくれる先生（勝手に決定）をわたしが好きにならないはずがないでしょ？

外に出ると、空気自体がものすごく冷たくて、ほんのちょっとの風が当たっただけで、肌が切れそうなほど痛い。基本的に無精者のわたしが、今日、パルゥの油が採れたら、保湿クリームっぽいものを作らなければ、と考えるくらい顔がピリピリする。

「ひゃあっ！　寒っ！」

しかも、雪が深くて歩けない。歩き方にコツがあるのかもしれないが、もともと雪国育ちではないわたしは、雪の上での歩き方を知らない。たった二歩、足を動かしたところで、子供の短い足が埋まって動けなくなってしまった。次にどうしていいのかわからない。

「父さん！　どうやったら歩けるの？」

「……もういい。マインは倒れないように気を付けろ」

足が埋もれたまま、ビシッと両腕を伸ばしてバランスを取っていると、先を歩いていた父さんが呆れた顔で戻ってきた。父さんはわたしのトートバッグを自分の手首に引っかけて、わたしの脇に手を入れる。そのままグーンと高い位置までわたしを持ちあげ、肩に座らさせる。

「わぁ！　高い。すごい」

ラルフに背負われた時よりずっと視界が高い。それでも、あまり恐怖を感じないのは、兵士なんて仕事をしている父さんの肩が広くてごつくて、安心感と安定感があるからだろうか。

麗乃時代のお父さんとはこのような触れ合いをした記憶がほとんどないのだが、ほんの少しだけ思い出した。お花見の時に肩車して桜に触らせてもらったことがある。

「自分の力でちゃんとつかまっていろよ？」

肩車なんて久し振りすぎて、ちょっとドキドキする。父さんの頭にしがみつくと、父さんが雪の上を歩き始めた。雪かきがあまりされていない細い路地は、人の足跡をなぞるように一歩一歩慎重に歩を進め、大通りに出ると普通に歩き始めた。

「マイン、オットーはもう結婚しているからな？」

無言で歩いていた父さんがいきなり口を開いたかと思えば、出てきた言葉がこれだった。

……え？　わたし、オットーさんのお嫁さんになりたい、なんて言ったっけ？　別に父さんのお嫁さんになりたいなんてことも言ったことはないけど。

「えーと……だから、何？」

「あいつは嫁のことしか頭にない男だからな？」

……五歳の娘に対して一体何の牽制だろうか。オットーさんが相手にしないことくらいわかるはずなのに。親馬鹿だね、ホント。

ここは、あえて空気読まない。こんな面倒な父さんに「父さんの方が素敵」とか「父さんの方が好き」なんて、絶対に言ってやらない。

「つまり、オットーさんは自分のお嫁さんを大事にする一途な男で、素敵だよね、ってこと？」

「……違う」

どうやら父さんは完全に拗ねてしまったようで、その後、ずっと無言で歩いていく。実に面倒な父さんに肩車してもらったまま、わたしは門へと着いた。

「おはようございます」

門のところで立っていた兵士に、わたしは何となく癖で頭を下げた。一瞬、妙なものを見る目で見られて、そういえば、ここでは挨拶の時に頭を下げる習慣はなかったことを思い出す。

それとも、父さんの肩の上で挨拶をしたから妙な顔をされたのだろうか。

「娘のマインだ。パルゥを採り終わった妻が連れて帰るから、昼過ぎまで宿直室に置いておく」

「了解しました」

「マインは宿直室だ。オットーもいるし、そこでいいな？」

……うわぁ、何か父さんの声が尖ってる気がする。あれ？　もしかして、オットーさんに大人げないレベルでヤキモチ焼いてる？　人間関係、こじれた？

「わたしね、オットーさんに新しい文字を教えてもらうの、楽しみなだけだよ」

「オットーじゃなくてもいいだろうに」

……ごめん、オットーさん。フォローしたつもりなのに、さらに面倒なことになったみたい。新しい文字を教えてもらえることに浮かれていただけなのに、父さんの考えがどこをさまよっているかわからない。わたしが父さんとの距離を測りきれていないと思うのは、こんな時だ。

「入るぞ」

父さんが軽くノックして宿直室の扉を開ける。宿直室は赤々と暖炉で火が燃えていて、机の上にはランプがあって、ウチよりずっと明るい。暖炉に比較的近いところに机があって、そこでオットーさんが書類仕事をしていた。

「オットー」

「班長……とマインちゃん？　どうしたんですか？」

「パルゥ採りの間、ここで待っていることになった。お前、面倒見ておけよ」

簡潔に、というか、乱暴にそう言って父さんはわたしを肩から下ろす。突然子守り仕事が追加されたことに、当然だが、オットーは目を見開いて困り果てたように書類と父さんの顔を交互に見た。

「へ？　いや、でも、俺……会計報告と予算の……」

「マイン、ここは温かいからな。風邪を引かないように気を付けるんだ」

全くオットーの言葉を聞く気がないように出ていく父さんを、わたしは「はぁい」と手を振って見送り、オットーに向き直った。

「ごめんね、オットーさん。わたしね、石板もらって嬉しくて、今日もオットーさんに会えると思ったら、もっと嬉しくなって」

「それはよかった。俺もマインちゃんに会えて嬉しいけど……」

オットーは少しだけ照れくさそうに笑った後、「謝ることじゃないよな？」と不可解そうな表情になった。

「実は、オットーさんを褒めたら、父さんが拗ねちゃって……」

「……あちゃぁ～……」

「母さんが迎えに来るまでおとなしくしてるから、新しい字を教えて？」

机の上に羊皮紙とインクが出ているのを見れば、書類仕事中だったことがわかる。仕事の邪魔をする気はないけれど、新しい文字を教えてもらえそうな機会を逃すつもりもない。

「まぁ、いいか。マインちゃんなら、おとなしく練習するだろうし……」

さっと石板を取り出すと、オットーはそう呟きながら、カツカツと文字を書いてくれる。ここで使われている文字はアルファベットのようなものだ。平仮名のように表音文字ではなく、漢字のように表意文字でもない。綴りで発音も意味も変わるものだ。

わたしは石板をもらった時に、何時間も石板で一人遊びができたので、オットーに信用があるようだ。

「マインちゃん。熱でも出したら、班長が今以上に不機嫌になりそうだから、ここに座りな」

オットーは苦笑しながら、机の上のものを少しずつずらして、暖炉の前の席を譲ってくれる。その意見には全面的に賛成なので、わたしは余計な遠慮をせずに暖炉前の席へ座った。

「ありがとう。これで練習できますね」

しばらくの間、カツカツという石筆が動く音と、シュルシュルというペン先が羊皮紙を走る音と火が燃え木が爆ぜるだけが室内に響いていた。

ある程度書かれた文字を覚えたわたしが顔を上げると、オットーは羊皮紙に向き合って、真剣な眼差しで計算している。オットーの傍らには一応そろばんのような計算用の道具があるけれど、それをどう使うのかはよくわからない。わたしはそろばん自体、小学校の授業で足し算引き算の練習しかしてないので、たとえ、使い方がそろばんと同じでも使えないけれど。

計算が一度区切りのついたところを見計らって声をかける。

「オットーさん、それは何ですか?」

「会計報告と予算の作成だよ。冬の間に一年間の予算を組んで、春までに提出しなければならないんだけど、兵士って計算苦手な人が多くてね。一番金勘定の得意な俺が会計報告と予算表を作成することになってるんだ」

「面倒なこと押しつけられてるんですね」

羊皮紙を見てみると、読めないけれど、文字が並んだ項目の横に数字が三つ並んでいる。単価と個数と合計だろう。前の二つが掛け算で計算されているから、多分。

備品の申請かな？　と思いながら見ていると、わたしは計算間違いを発見した。

「あれ？　オットーさん、これ、間違えてない？」

「え？」

「ここ、七十五と三十でしょ？　なら、二千二百五十と思うんだけど？　あ、こっちも違う」

数字は読めるが、掛け算の式をここで何と言うか知らないので、非常に遠まわしな言い方になってしまったが、オットーには通じたようだ。

「え？　字が読めないいんじゃないのか？　なんで計算が？」

「うふふん、数字は市場で母さんが教えてくれたの。だから、こっちの数字を見て、計算はできるけど、この辺りは全然読めません」

項目が書かれた文字が読めないと言うと、オットーが何やら考え込んでしまった。「いや、でも」なんて小さな呟きが零れている。

「……マインちゃん、恥を忍んで頼む。手伝ってくれないか？」

……これは引き受けてもいいものなんだろうか？　部外秘とか機密漏洩とか以前に、こんな子供に手伝わせるって、相当やばくない？　むしろ、こんな子供でも計算能力があるなら手伝ってもらわなきゃいけないほど切羽詰まってる？

オットーが「恥を忍んで」と言っている以上、子供に手伝いを頼むのはやっぱり普通ではないのだろう。オットーが敢えて頼んでくるのだから、できれば、引き受けてあげたい。それに、わたしにはどうしても欲しい物がある。せっかくなので、交換条件を付けて引き受けるのはどうだろうか。

「いいですよ。石筆の補充と文字の先生で手を打ちます」

「は？」

いきなり幼女に条件を突きつけられるとは思わなかったのだろう。オットーが目を丸くしている。

予想通りの反応に、小さく笑いながら、わたしの現状を説明した。

「さっきも言ったけど、母さんが教えてくれたから、数字はわかるんです。でも、文字はわからないから、オットーさんに先生になってもらいたいんです」

「それは別にいいけど……石筆って？　石筆は別に高いものじゃないだろう？」

オットーの言う通り、石筆は市場の雑貨屋でも売っている。

「前は買ってくれたんだけど、なかなか石筆を買ってくれなくなってきちゃって……」

「なんで？」

「わたしが石板でずっと遊んでいるから。買ってもらってもすぐになくなっちゃうの」

「あはははは……」

一日に何時間も遊んでいれば、石筆なんてすぐに小さくなってしまう。お小遣いなんてもらえないわたしにとって、石筆の補充先は死活問題と言ってもいい。

「と、とにかく！　何のご褒美もなしに働くほど、わたし、安い女じゃないんです」

「……かなり安いと思うけど」

苦笑しながらオットーが正式にわたしの先生になってくれることになった。

「わたし、何をしたらいいですか？」

「ここの計算があってるかどうか確認してもらっていい？　とにかく、計算間違いがどこに潜んでいるかわからなくて、確認に時間がかかって仕方がないんだ」

別の人が作った書類の確認作業中だったらしい。当たり前だが、ここにはパソコンなんてないのだから、ちょっとした書類作成にも時間がかかるのに、計算の確認まで一人でしなければならないそうだ。

「もうちょっと計算できる兵士が必要ですね」

「……それはそうだけど、俺はこれができるから拾ってもらえたって理由もあるからなぁ……」

どうやらオットーさんが兵士になったのは、何やら事情があるらしい。情報や知識に飢えているわたしとしては、詳しいことを聞いてみたくてうずうずする。けれど、確認作業が膨大な量なので、ぐっと我慢して、無駄話は次回にすることにした。

「マインちゃん、計算機使う？」

「ううん、使い方わからないからいいです。わたしには石板があるし」

書いては消せる石板は計算用紙代わりに使うにはとても都合がいい。石板を使って、筆算で検算の手伝いをしていく。数字に関しては完全に頭に入っているようで、わたしが九という数字を思い浮かべると、ちゃんとここの数字が書けるようになっているのだ。

「すげぇ、楽。感動した。マジで助かった。まさかこんなに早く確認作業が終わるとは思わなかった。これだけ計算できるんだから、マインちゃんは商人に向いてるかもしれないなぁ。商人になるなら、商業ギルドに紹介できるよ？」

ここ数年、会計報告も予算編成も一人でしなければならなかった仕事だったらしく、計算確認しただけなのに、オットーに途轍《とてつ》もなく感謝された。本が大量に作れるようになったら、本屋になるのもいいかもしれない。思わぬところで商人へのコネを手に入れた。

それと同時に、わたしはオットーの貴重な助手として認識してもらえたようだ。

「マインちゃん、文字を覚えたいなら、本気で教えてあげようか？　そうしたら、来年は書類作成も手伝えるようになるな」

「ホントに!?　やったぁ！」

「え？　喜ぶところ？」

オットーがビックリしたように目を丸くしたが、本気で文字を教えてくれるなら、喜ぶところだと思う。

……だって、書類作成のお手伝いって、羊皮紙に触れるってことでしょ？　インクで字が書けるってことでしょ？　それって、とても嬉しいことに決まってるじゃない！

## トゥーリの髪飾り

門で留守番をした日から数日たったお昼前、母さんが一生懸命に作っていたトゥーリの晴れ着が完成した。

基本はすとんとしたシルエットの生成りのワンピースだ。襟ぐりや袖、裾の縁取りに飾り刺繍がある程度のシンプルなもので、幅広のサッシュが青で、涼しげに彩りを添えている。可愛いことは可愛いけれど、麗乃時代の記憶があり、日本の七五三で、子供達が着物だったり、ドレスだったり、見栄えのするカラフルな衣装で撮影するスタジオの広告を見てきたからだろうか、ちょっと物足りない様な気がする。

「どう、マイン？　可愛い？」

……もうちょっとひらひらさせるとか、飾りを増やすとかすれば、もっと可愛いのに。

心の中ではそう思ったけれど、母さんが自信たっぷりだし、トゥーリも嬉しそうなので、これで十分な出来栄えなのだろう。それに、自己満足の写真撮影と違って、神殿に着ていくものだし、あまり派手になるのはダメかもしれない。ここの常識がわからないわたしが服の作りに口を出してはいけないと思う。同時に、口を出しても良い部分を見つけた。

それは髪だ。お手入れで艶々になってきたが、トゥーリの髪型は常に後ろで一つの三つ編みにするだけ。洗礼式に髪型を変えるなら、髪飾りくらいは凝った物でもすればどうだろう。

しかし、何をするにも、ここの基準を知らなければ行動できない。幼いマインの記憶に洗礼式に関する記憶など全くないのだから。

「トゥーリ、可愛いよ！……でも、髪型はどうするの？　洗礼式の時はこうするって決まりがあるの？」

「このままのつもりだけど？」

……トゥーリ、それはダメでしょ。せっかくなんだから、もうちょっとおしゃれしようよ。

思わずカクンと項垂れてしまったが、気を取り直して質問を続けることにした。髪型は変わらなくても、飾りには何か思い入れがあるかもしれないからだ。

「えーと、じゃあ、髪飾りは？　何か付けるの？」

「そうだね。夏だし、どこかで花でも摘んでこようか？」

「それじゃ、ダメだよ！　せっかくの可愛い服なのにっ！」

ここでは子供の髪型で髪を完全に結い上げてしまうのはＮＧらしいが、編み込みくらいはしてもいいだろうし、髪飾りだって、ないなら作ればいい。レース編みならわたしは作れる。まだ夏までには時間があるのだから。

「わたしがやる！　やらせて、トゥーリ。絶対に可愛くしてあげるから」

そう宣言した直後、レース編みのためのかぎ針がないことに気付いた。毛糸用のかぎ針は母さんが持っているが、あの太さでレースは編めない。

……ど、どうしよう⁉

家族の中で、道具っぽい物を作れそうなのは父さんだけだ。トゥーリに作ってもらった簪を使いやすいように滑らかに削って、油を塗って整えてくれたのも、実は父さんだ。

わたしはちらりと横目で父さんの機嫌を窺った。門でオットーに文字を教えてもらうようになって数日がたったというのに、父さんの機嫌はまだ悪い。あまりおねだりには向かなそうな機嫌に見える。

「あ、あのね、父さん」

「なんだ？」

「父さんは結構器用だよね？　トゥーリの人形を作ったのって、父さんなんだよね？」

「ま、まぁ、そうだ。コホン！　あ～、なんだ、その、マインも人形が欲しいのか？」

怒っているんだと主張するような厳めしい顔で、そのくせ、何やら期待しているような目をして、父さんがチラチラとこちらを見ながら、聞いてくる。

「ううん。かぎ針が欲しいの」

「かぎ針？　母さんが編み物に使うやつか？　借りればいいだろう？」

わたしが答えた瞬間、父の顔がものすごくがっかりした顔になった。もうちょっとでいいから、取り繕って欲しいくらい情けない顔だ。

「あのかぎ針の形のもっともっと細いのが欲しいの。毛糸じゃなくて、糸を編むために使うから。……父さん、細いかぎ針って、すごく難しいと思うけど、作れる？」

やや潤ませた上目遣いで、じっと見つめながら、胸の前で手を組んで、できるだけ可愛いおねだりポーズをとってみる。この世界でおねだりポーズが通用するかどうかはわからないが、親馬鹿に対する娘の可愛さは全世界共通……だったら、いいな。

わたしの可愛さが通じたのか、父さんが無精ひげを撫でながら、うーんと考え込んだ。

「……木でいいんだろう？」

「うん！　できる？　すごく細いやつだよ」

「やってみよう」

父さんのプライドを少々刺激したようで、早速父さんは物置からごそごそと数種類のナイフと木を持ってきて、削り始めた。ナイフを使い慣れている父さんの仕事は速い。細めの枝をシュシュッと削っていけば、あっという間に皮がなくなり、中心部の固い素材だけになった。その後は手本とする毛糸用のかぎ針を見ながら、手元の木を丁寧に削っていく。

「毛糸でこの太さってことは、糸ならこれくらいか？」

「う～ん、もうちょっと細くできる？」

「これくらいか？」

「それくらい！」

太さが決定したら、別のナイフに変えて、かぎ針の針先を作り、整えていく。職人技とまでは言わないが、わたしにはできないことなので、素直に父さんを称賛する。

「素敵、父さん！　もう形ができちゃった。あとね、これに糸が引っかからないくらいすべすべになるように磨いて、油で滑らかにしてくれると、とっても助かるんだけど」

「任せておけ」

娘に褒められて父親としての自信が回復したのか、父さんは上機嫌で細いかぎ針をせっせと磨き始めた。

「マイン、なんだか父さんの機嫌よくなったね。よかったぁ」

トゥーリは天使のように純真な笑顔を浮かべる。「うんうん、よかったね」とわたしは頷きながら、心の中でこそりと呟いた。

……不機嫌だったのは、わたしが原因だったんだよ。

父さんが頑張って磨いてくれているので、完成したかぎ針をすぐに使えるように、わたしは糸を探し始めた。トゥーリの晴れ着を作るためにたっぷりと準備された糸がまだ少し余っている。布を織るために使った白というか、生成りの糸は他にも使い道があるだろう。しかし、縁飾りやサッシュに使った色とりどりの糸は、布を織るには中途半端な長さしか残っていない。それほど使い道はないと思う。

「母さん、この色が付いてる糸ちょうだい」

「何するの？」

わたしが糸を欲しがるとは思わなかったらしい母さんが怪訝な顔になった。

「『レース編み』しようと思って。トゥーリの髪飾りを作るの」

麗乃時代のお母さんは、広告を丸めて籠を作るだけではなく、次々と色んな手芸にはまっていた。大きなお世話だったが、わたしに何とか本以外の趣味を持たせようとしたお母さんは、どのブームにもわたしを巻き込んだ。つまり、「おかんアート」歴はわたしも長いのだ。

実は数多く経験した「おかんアート」の中で、完成作品が比較的役に立ったのが、レース編みだった。道具さえあれば、レース編みで髪飾りを作ることには自信がある。麗乃の人生は一度終わったけれど、一体何が役に立つかわからないものだ。

けれど、麗乃として人生を知るはずがない母さんは、わたしに糸を渡すことに難色を示した。きっと、わたしに渡したら無駄になることが多いので、もったいないと思っているに違いない。

「髪飾りって、洗礼式の時だけしか使わないんでしょ？　ちょっとした飾りにそれだけの糸を使うのがもったいないわ。髪飾りなんて、花で十分じゃない。これ以上可愛くしなくても、トゥーリは十分可愛いもの」

「これ以上可愛くなれるなら、してもいいじゃない。可愛いは正義だよ！」

わたしがグッと拳を握って主張すると、母さんは何故か溜息を吐いて、話は終わりだと言わんばかりに背を向けた。わたしは慌てて母さんのスカートをつかんでおねだりする。

「ねぇ、母さん。ここの余ってる糸でいいから、ちょうだい。せっかく父さんが作ってくれるんだから、かぎ針を使いたいの。もうちょっとでできるんだよ。お願い」

かぎ針が無駄になるよ、と父さんに助けを求めて視線を向けてみる。すると、父さんはわたしの視線の意味を読みとったのか、自分の手にあるかぎ針が無駄になるのが嫌だったのか、わたしから父さんへの尊敬が消えることを恐れたのか、加勢してくれた。

「エーファ、珍しくマインが裁縫に興味を示しているんだから、余った糸くらいやったらどうだ？」

「……そうね」

しばらく考え込んでいた母さんが渋々といった表情で、使い道に困るくらいの長さの糸をいくつかくれた。

「やったー！　母さん、ありがとう。父さん、大好き」

わたしが万歳して、大袈裟に喜んで見せると、父さんがにやけだした。かぎ針を磨く手にすごく力が入っていて、鼻息が荒くて、ニヤニヤしている。娘に甘えられた父親とは、皆こんな感じなのだろうか。

……機嫌もとれたみたいだし、以後放置でも許されるよね？

父さんから暑苦しいほどの愛情がこもったかぎ針をもらったので、わたしは早速レース編みを始めた。小さい花をたくさん作るのだ。

ちまちまちまちまちまちま……。

レース編みはこの前失敗したパピルスもどきと同じように、ちまちまと編むもので、根気が必要だ。でも、わたしが作り始めた花は小さい花なので、十五分もあれば、一つはできあがる。

わたしはテーブルの上に、コロンと黄色の花を転がして、次の花へとりかかった。トゥーリができあがったレースの花を感心したかのように、しげしげと見つめた後、首を傾げた。

「ちょっと小さすぎない？」

「小さい花を集めた飾りにするんだよ」

……大きい花にしちゃうとね、完成前に飽きて面倒になった時に困るでしょ？

そんな本音は心の中にしまっておく。

大口を叩いた以上、トゥーリの髪飾りを完成させなければならないので、途中で飽きても大丈夫なように、小花をまとめるようなデザインに決めた。実際、麗乃時代は大きいデザインが嫌になって途中で止めてしまった。危険は排除しておくに限る。

「レースのリボンも考えたんだけど、ある程度の長さがないと結べないし、途中でその色の糸がなくなるかもしれないでしょ？　だから、小花をいくつも作ってるの」

「マイン、ちゃんと考えてるんだね」

「そうだよ！　トゥーリのためだもん」

いつもお世話になっているトゥーリを可愛く飾るため、わたしは一生懸命に考えた。最後にできた小花をまとめる感じの髪飾りにすれば、途中で飽きても完成するとか、糸がなくなれば、別の色の糸で新しい花を作ればいいから、糸が無駄にはならないとか。

ちまちまちまちまちまちま……。

いくつか小花が完成したところで視線を感じて、わたしはふと顔を上げた。母さんが興味を引かれたように、わたしの手元を覗きこんでいた。裁縫上手が美人の条件であるこの辺りで、母さんは美人だと周囲に認められている。こういう作業は気になるのだろう。完成した小花を手の平で少し転がして見つめている。

「……それほど難しくはないのね」

「母さんは毛糸を編み慣れてるから、いくつかの編み方だけ覚えちゃえば、わたしより母さんの方が上手に作れると思うよ？　やってみる？」

わたしがかぎ針を渡すと、母さんは小花を見ながらすいすいと作り始めた。時折、指先で小花を転がして網目を確認するだけで、あっという間に一つできあがる。

……わぉ、さすが裁縫美人。編み目を見れば、編み方はわかりますか。つきっきりで教えてもらって、嫌々ながら覚えたわたしとは大違いだ。

「すごいね、母さん」

「こんな編み方を知っていたマインの方がすごいわ。マフラーやセーターを編むことはあるけど、こんな飾りを作ろうと思ったことはなかったもの」

生活するだけで手一杯のこの世界では、装飾品に気を向ける余裕なんてないし、誰も作っていないので、そもそもレース編み自体を見たことがない可能性もある。わたしは服に飾りが付いていて当たり前の世界で育った記憶があるから、知っているが、こんな小さな飾りさえ、この世界では異質らしい。

「それで、マイン。たくさん作ったこの花をどうやって頭に飾るの？」

テーブルの上に転がる花から完成品を思い浮かべることができないらしい母さんに、わたしはできるだけわかりやすく説明する。

「えーとね、こういう端切れで小さい円を作って、一つ一つ縫いつけるの。そうしたら、花束みたいになるでしょ？　それを『ピン』にぐるぐる……って、『ピン』!?」

自分で説明しながら、一気に血の気が引いた。思わず悲鳴のような声を上げてしまったわたしに驚いて、母さんがビクッとなる。

「マイン、急にどうしたの!?」

「……どうしよう、『ピン』がない」

……大変だ！　この世界にはピンがない。少なくとも、この家の中では見たことがない。髪ゴムもなく、紐で髪をくくるような世界で、せっかく作った飾りをどうすればいい!?

「と、ととと、父さーん！」

口だけで説明するのは難しいので、石板を持ちだして、絵を描きながらねだってみる。

「わたしの簪みたいに片方は先を尖らせて、反対側はこんな風にちょっと平らに削って、小さい穴を開けた短めの簪が欲しいんだけど、作れる⁉」

「まぁ、これなら、かぎ針より簡単だ」

「ホントに⁉　父さん、すごい！　今までで一番尊敬するよ！」

感激したわたしがトゥーリにするようにハグすると、父さんが「フッフッフッ、勝ったな。オットー」と小さく呟いた。どうやらオットーと張り合っていたらしい。

機嫌良く父さんが短めの簪を作ってくれたので、わたしはボタンを縫いつけるような感じで、簪の穴にレースのミニブーケを縫い付けていく。

「うん、完成！　トゥーリ、晴れ着を着て、ここに座って」

夏物の晴れ着を着たトゥーリが竈に一番近い椅子に座る。わたしは自分の椅子をトゥーリの後ろにズリズリと移動させて、靴を脱ぐと椅子の上に立った。そして、トゥーリの三つ編みを解いて、櫛を入れ、両脇から編み込みをしていく。トゥーリの髪はふわふわの天然パーマなので、編み込みのハーフアップにすると、目を見張るくらい華やかな雰囲気になる。

編み込みの先をぎゅっと縛った粗末な紐の上に、落ちないように簪をそっと挿した。トゥーリの青緑の髪に黄色や青、白の小花がよく映えた。

「うん、可愛い！」

「まぁ、ホント！　すごく可愛いわよ、トゥーリ」

「マインは手先が器用だな。体力はないが、手先を使う仕事なら見つかるかもしれないぞ？」

家族の言葉にはにかんで笑っていたトゥーリが、あっちを向いたりこっちを向いたり、髪や飾りを触ったりしていたが、しばらくして、むぅっと頰を膨らませた。

「マイン、後ろに飾られたら、わたしからは全然見えないよ？」

「それはそうだけど……仕方ないじゃん」

「でも、どんな風になってるか知りたいんだもん」

この家には鏡がないので、どんな感じになっているか、見せてあげることもできない。どうしようかな、としばらく考えていたが、トゥーリがものすごく不満そうな顔をするので、わたしはミニブーケの簪を抜いて、自分の簪の傍に挿してみた。

「こんな感じになるよ。どう？」

「うわぁ、可愛い！　すごい！　ねぇ、母さん。わたしの髪もこんな感じ？」

わたしの髪に挿された飾りを見て、トゥーリが歓声を上げる。

「マインが綺麗に髪を結ってくれたし、この糸の色はトゥーリに合わせてあるから、トゥーリの方が似合うわよ」

「そっかぁ。そうなんだ。うふふっ……ありがと、皆。すごく嬉しい」

頰を真っ赤に染めて、ものすごく嬉しそうに笑み崩れたトゥーリが、わたしの髪から飾りをそっと外す。

こうして、春を目前にトゥーリの晴れ着のトータルコーディネートが完成した。これで夏の洗礼式ではトゥーリが一番注目されるのは間違いないだろう。

そして、母さんがレース編みにはまったようで、父さんが作ってくれたかぎ針は気付いた時には母さんの裁縫箱に入っていた。

## わたしを森へ連れて行って

森の雪が溶け始め、ところどころで植物の芽が出始めたらしい。森へ行ってきたトゥーリがそう言っていた。子供達が森へ採集に行けるようになったということは、読書ができなくて、時間があり余るという体験をわたしにさせてくれた冬籠りが終わるということだ。

……やっと粘土板が作れる！

トゥーリはまだ雪がたくさん残っているし、足場が悪くて、歩きにくいし、採集できる物も多くはないと言っていた。でも、わたしには採集できる物が多いか少ないかは大した問題ではないのだ。欲しい物は粘土質の土なのだから、掘ればある。わたしも森へ行って粘土板を作りたい。森にさえ行ければ、わたしの勝ちだ。

もちろん、わたしが一人で森へ行くなんてさせてもらえるわけがない。お目付役のトゥーリが必要だ。まずは、おねだりするため、トゥーリに擦り寄って甘えてみることにした。

「お願い、トゥーリ。わたしも森に行きたいし、皆と仲良くしたい。一緒に森へ連れて行って」

「マインは歩けないから無理だよ」

トゥーリの返事は以前と全く変わらない。相変わらずわたしへの信頼はないが、ここで諦めたら試合終了だ。

「ちょっとは体力ついたもん。行けなかったら、門で待ってるから。お願い」

トゥーリは渋ったが、毎日ラジオ体操をしたり、食べ物にできるだけ気を遣ったり、皿を洗うトゥーリについて井戸まで行ったり、わたしなりに体力の増進に努めてきたのだ。そろそろ行けると思う。

「……父さんがいいって言ったらね」

トゥーリは自分でわたしを追い払うことを諦めて、判断を父さんに丸投げした。実際、体力が足りなくて門で待つことになれば、父さんに話を通さないわけにはいかないので、仕方がないだろう。

わたしは父さんを口説き落としにかかった。

「父さん、わたしも森に行っていい？　あんまり熱も出さなくなったでしょ？」

「そうだなぁ……」

冬の間、健康にはかなり気を遣ったので、熱を出して倒れたのは、たったの五回だった。

……あ、めっちゃ減ったからね。家族にも「すごい、すごい」って、褒められたんだからね。

あまり熱を出さなかったことで、まともなご飯が食べられる回数が増えた。すると、当然のことだが、栄養状態がマシになって体もちょっと大きくなった。まだまだわたしの年齢の平均には届かないけれど、多分、体力も増えているはずだ。

「どうしても無理なら、門で休憩するから。ね？　ね？」

うーんと、父さんが考え込んでいる。即答で却下されないのだから、トゥーリと違ってまだ希望はあるはずだ。許可をもらうために、わたしは必死で食い下がる。

「慣れれば何とかなるよ。三歳でも森に連れて行ってもらっている子がいるんでしょ？　だったら、わたしに行けないはずがないもん」

「あ～、まぁ、確かにいるが……その三歳は体力が有り余っていて、家でおとなしくしていられない暴れん坊だから、外に出すんだぞ？」

「……つまり、わたしが暴れたら出してくれるってこと？」

「暴れる必要はない。馬鹿なことを考えるな」

何が何でも父さんから許可を取りつけないと、春になったので、じきに母さんの仕事も始まってしまう。そうすると、また子守のゲルダのところへ預けられることになるだろう。あれは精神的にきつい。本気で嫌だ。絶対に行きたくない。放置されている子供を見たくない。

「父さん、体力がないから心配してくれてるんだよね？　どうしたら森に行ってもいい？　どうしたら、父さんは大丈夫だって思える？」

「そうだなぁ……」

父さんが軽く目を閉じて、考える。わたしは父さんが答えを出すのをじっと待った。

「……しばらく門まで通うんだ」

「門まで？　しばらくってどれくらい？」

「一人で門まで歩けるようになるまでだ。皆に遅れず歩けるようになれば、森に行ってもいい」

やはり、そう簡単に森に出してはくれないようだ。わたしの野望の粘土板が少し遠のいたような気がする。でも、父さんの仕事場である門まで通って体力を付けるというのが、信頼度の低いわたしに対する最大限の譲歩だろう。森には行けないけれど、少なくともゲルダばあちゃんのところに行く必要はなくなるのだから、この辺りが落とし所だ。

「……わかった。父さんの言う通りにするよ」

わたしが一応納得して頷くと、父さんが安堵したように表情を和らげた。もしかして、納得しなかったら、わたしが暴れ出すとでも思ったのだろうか。

「ねぇ、父さん。門まで歩くって、門まで行ったり来たりするってこと？」

「いや、オットーに字を教えてもらうといい」

「え？……いいの？」

オットーに字を教えてもらうのを、あんなにヤキモチを焼いて嫌がっていた父さんに一体どんな心境の変化が訪れたのか。首を傾げるわたしに、父さんは少しばかり眉尻を下げた。

「マインは体が弱いだろう？　だが、頭が良いとオットーが言っていた。仕事を探すなら、頭を使う仕事が向いている、と。文字を覚えさせて、少しでも体力的に楽な仕事につけろ、と」

脳筋で親馬鹿の父さんに対して、そんな説得をしてくれるなんて、オットーが素敵過ぎて、涙がちょちょ切れそうだ。父さん公認でオットーから文字を教えてもらえることになるなんて、わたしは全く予想していなかった。

「マインは手先が器用だから、そういう仕事をすればいいと思っていたが、頭を使う仕事の方が実入りは良いし、体への負担は少ないらしい」

「頭を使う仕事って？　どんなの？」

この世界の頭脳労働がわたしには全く思い浮かばない。体力がなくてもできる頭脳労働なんてあるのだろうか。

「そうだな。役所や貴族に出す書類を代わりに作る代筆屋なら、体調の良い時だけに家でできると言っていたな」

代わりに書類を書くということは、行政書士みたいなものだろうか。あれなら、確かに資格さえあれば、家でもできる仕事だったと思う。資格を取ったことがないからよく知らないけど。

「オットーは兵士だが、元は旅商人だ。商業ギルドとの繋がりが今もある。父さんや母さんが紹介できる仕事はあまりマインに向かないから、オットーとの繋がりは大事にした方がいい」

……オットーさんにヤキモチ焼いていた父さんがすごく大人になってる⁉

「ありがとう、父さん。わたし、頑張るよ」

ポンポンと軽くわたしの頭を叩いた父さんは、トゥーリと向き合う。

「トゥーリ、協力してくれるか？」

「……マインには無理だよ」

トゥーリはふるふると首を横に振った。妹のお願いは結構何でも聞いてくれるトゥーリが森に連れていくことだけは絶対に首を縦に振らない。父さんもトゥーリの意見を否定する気はないようで、重々しく頷いた。

「わかっている。だが、森まで行けるようにならないと困るのはマインだ」

「それはそうだけど……でも、邪魔なんだもん……」

「そうだ。今のままでは皆の邪魔だ」

トゥーリだけじゃなくて、父さんまでハッキリと邪魔だと言いきった。自分でわかっていても、目の前で断言されるとさすがに傷つく。

「少なくとも同じ速さで歩けるようにならないと、森まで一緒に行動できないから、まずは門まで通うんだ。門まで歩けるようになるまでは父さんがマインと一緒に行く。だから、マインが門まで歩けるようになったら、トゥーリにも協力してほしい」

「……それなら、頑張る」

責任感の強いトゥーリは大きく頷いたけれど、わたしはちょっと肩を落とす。家族の中で認識されている自分の体力評価は相変わらず底辺を這っているようだ。

……それにしても、わたしって、門まで歩くこともできないと思われているんだ。最近は井戸のところまで行っても、それほど息切れしなくなったのにな。

次の日、日が少し高くなってきた午前中、わたしは父さんと一緒に門へ向かうことになった。わたしが門に行くのは父さんが昼番の時だけだ。

門番の仕事は三交代制で、開門前から昼までの朝番、昼前から閉門までの昼番、閉門後から開門までの夜番に分かれている。わたしが門まで歩けるようになるまでは、昼番の父さんと一緒に門まで歩いて、体調によっては森帰りのトゥーリ達と帰るか、父さんの仕事が終わるまで待って一緒に帰るか、どちらかにするらしい。

「無理しすぎないようね。ギュンターはマインのこと、よく見ててね」

「あぁ、わかっている。行くぞ、マイン」

「いってきます」

心配そうな顔で見送ってくれる母さんに手を振って、わたしは父さんと手を繋いで門まで歩く。階段を下りるだけで休憩が必要という状態からは何とか脱したが、大通りに出て、少し歩けば息が切れてくる。

……そういえば、背負ってもらったり、荷車だったり、肩車だったり、よく考えると門まで自分の足で歩いたことが今までなかったかも。

「マイン、大丈夫か？」

「まだ、へい……き……」

ここでリタイアしたら、一生森に行かせてもらえないかもしれない。そんな思いにかられて、「平気」と言ってみたが、体は全然平気ではない。もうここで座り込んでしまいたいくらい、体中が重い。

「全然大丈夫そうじゃないぞ。……よっと」

父さんは溜息を一つ吐いて、ひょいっとわたしを抱き上げた。その途端、ぐたーっと父さんにもたれかかって、わたしはぜいぜいと荒い息を繰り返す。

……無理！　死にそう！　家族が正解。わたし、森まで行けない。

「ねぇ、父さん。わたし、オットーさんに字を教えてもらうことになったけど、そんなことに時間取られて平気なの？　オットーさんの仕事は？」

オットーにも門番としての仕事があるはずだ。わたしへ字を教えることは、どう考えても兵士としての仕事ではないと思う。

「春の洗礼式を終えた見習いが五人ほどいる。そいつらに字を教えるのはオットーの仕事だ」

兵士は一応字の読み書きを求められる。人の名前や役職名が読み書きできなければ、門番として立つことができないからだ。

「わたしも一緒に教えてもらうってこと？」

「まぁ、そうだな。だが、立場的にはお前は兵士見習いではなく、オットーの助手だ」

「助手？」

こんな子供を助手扱いにできるのだろうか。自分で言うのもなんだが、見た目年齢が三歳くらいの幼女だ。助手なんて言われても、誰も納得しないと思う。

「マイン。お前、オットーの仕事を手伝ったんだろう？」

「会計報告と予算なら……でも、計算だけだよ？」

オットーの仕事を手伝ったのは一度だけだ。恥を忍んで頼まれたことだったので、口外しない方がいいか、と判断して、父さんには報告しなかった。けれど、オットーは叱られるかもしれないのに、報告したようだ。

「あぁ。あの仕事をオットーただ一人に任せるのは負担が大きいと以前から言われていたが、手伝える奴がいなくてな。オットーがお前に字を教えて助手にしたいと言い出したんだ」

字を教えてもらうことはわたしから検算手伝いの報酬にお願いしたけれど、助手にしたいって気持ちも冗談ではなくて本気だったようだ。

「オットー個人の助手として雇われたようなもんだが、洗礼前の子供に仕事をさせてはいけない。だから、字を教えるという名目で、門に通わせることにした。給料は石筆。体調が悪い時は休み。予算的にもこれ以上優しい助手はいないとオットーが力説していたな」

どうやら、オットーに字を習いつつ、書類仕事を手伝うというのが、わたしに求められていることらしい。来年の予算シーズンへの布石か。そして、上司に話を通して、わたしを助手扱いにすることで給料の石筆を予算から出すあたり、さすが商人だ。自分の懐を痛めずに、利益を得る方法を熟知している気がする。


半分ほどの距離を父さんに抱えられたまま移動して、門に到着した。到着早々、わたしは宿直室で休憩しなければならなかった。正直、他には何もできそうにない。わたしがあまりにもぐったりしているので、父さんが宿直室のベンチに寝かせてくれる。

お昼を過ぎて、わたしはようやく起き上がれるようになった。

「マインちゃん、そろそろ始めるけど、大丈夫かい?」

「はい」

オットーが呼びに来たので、わたしはトートバッグを持って、宿直室から訓練室に移動した。

訓練室の一角に木のテーブルと椅子があり、洗礼式を終えたばかりの五人の男の子が座っていた。父さんが言っていた兵士見習いだろう。

「マインちゃんはここの班長の娘で、書類仕事を手伝ってもらっている。今回は文字を覚えたいということで、参加することになった。余計なちょっかいを出さないように」

わたしのことをそんな風に紹介して、オットー先生の授業が始まった。石板の上に基本文字を書いていく。まずは、これを全て覚えなくては、どうしようもない。

「基本文字はこれで全部だ」

全部で三十五種類ある文字のうち、今日は五つを発音しながら、石板に書いていく。いくつかの文字は、以前に少し教えてもらっていたので、それほど苦もなく覚えられた。

「……マインちゃんは本当に覚えるのが早いな」

「わたしは体を動かすより、こういうのが好きだから」

きっとこの世界の子供と違って、勉強することに慣れているし、わたし自身が勉強することに全く抵抗がないことも覚えが良いことに繋がると思う。好きこそものの上手なれ、というやつだ。石筆を持つことさえ初めてで、運筆から始めなければならないような初心者の彼らとわたしを比べたら、彼らが可哀想だ。

「オットーさん、そろそろ文字の勉強は終わりにした方がいいですよ」

わたしがオットーに声をかけると、オットーは目を丸くして振り返った。

「え？　もう？」

体感時間から考えると多分三十分くらいだが、男の子達にとっては、じっと座って書くという作業が苦痛なのだろう。さっきからもぞもぞ体を動かし始めている。飽きてきた証拠だ。

「初めて石筆を持った人に長時間の集中は無理ですから。ちょっと文字を練習したら、次は計算をやらせる。街の見取り図を書かせる。兵士の心得を教える。運動も挟む。そんな感じで一日に色々なことを少しずつ体験させた方が身に付きますよ」

オットーがポカンとした顔でわたしを見た。

彼らの年齢的にも小学生の時間割を参考にした方がいいと思う。一日中、国語でひらがなだけを延々と教えられるなんて、わたしの知っている小学生でも耐えられないだろう。座ることに慣れていない世界の子供なら尚更だ。

「次は計算にしましょう。数を数えるところから」

買い物に行くこともあるので、十くらいまでの数は全員数えられた。ただ、ちょっと怪しい子もいるので、声に出して数えながら、一から五までの数字を石板に書いていく。

数字の書き取りに関しても、全員が体をもぞもぞさせ始めたところで切り上げて、今度は体の鍛錬へと追い払うことにした。

「今日の勉強はここまでにしましょう、オットーさん」

わたしはオットーに提案する形を取りながら、早々に子供達を解散させる。

「次回までに今日習った文字と数字を全て覚えてきてね。覚えていなかったら、勉強時間がその子だけぐーんと伸びるからね。文字や数字を覚えるのは大事な仕事だよ」

わたしの言葉に、子供達は歓声を上げて訓練室から出て行ってしまった。その様子を見て、いまいち理解できないような顔をしていたオットーが渋い顔になっていく。

「マインちゃん、あんなに甘いやり方じゃあ、なかなか覚えないって」

「ん～？　でも、苦手意識を持つと、余計に時間がかかるから、一回に教えるのはあれくらいの量で充分ですよ。わたしと比べちゃダメですからね」

「あ……そうか」

無意識にわたしと比べていたことに気付いたようで、オットーがポリポリと頬を掻いた。

「それに、覚えることに関しては自分の責任だから、そんなに甘くないですよ？」

「確かに仕事始めたばかりのひよっこに自己責任は厳しいな」

苦い笑いを浮かべたオットーに合わせて一緒に笑いながら、わたしはそっと息を吐く。麗乃時代の経験から新人教育に口を出してしまったけれど、これでよかったのだろうか。

宿直室に戻ると、オットーは残りの時間をわたしの個人授業にしてくれた。わたしはオットーに単語を書いてもらって、石板で練習する。オットーは練習時間中に書類仕事をしていた。

「じゃあ、基本文字を覚えたみたいだし、単語を覚えようか。よく使う言葉から教えていくよ」

こうして、基本文字を覚えたわたしは、オットー先生の個人授業で単語を覚えていくことになった。けれど、教えてくれる単語が全て備品や門番の仕事に関するものばかりだった。どうやら本気で書類作成を手伝わせるつもりらしい。多分、少し使えるようになってきたら、来年の予算シーズンまで待つことなく、書類仕事に突っ込まれると思う。

……だって、最初に教えてくれた単語が『人物照会』『貴族』『紹介状』『嘆願書』だよ？　日常では全く使わないいんだけど？　せめて、備品項目から始めてくれれば、干し草や食料品、武器や防具の名前が覚えられたんだけどね……。


石板に文字を綴《つづ》っていると、父さんがわたしを呼びに来た。閉門より少し前になったので、トゥーリ達が森から帰ってきたらしい。わたしは石板をバッグに入れて、皆と帰ることにした。

「マイン、帰ろう」

採集のための籠を背負い、道具や採集物や色々持っている数人の子供達が、トートバッグ一つだけ持ったわたしをじろじろと見る。

「え？　マイン？」

「トゥーリの妹？　初めて見た」

薄汚れた子供達の不躾な視線に思わずトゥーリの後ろに隠れると、トゥーリが苦笑した。

「マインが外に出るのが珍しいから仕方ないよ」

どうやら、ご近所のイベントにも顔を出せることが少なかったマインは、子供達の間でレアモンスターのような扱いをされているらしい。トゥーリが「見られるだけで苛められるわけじゃないから大丈夫」って、フォローするけれど、視線が痛い。

「マインも一緒に帰るのか？」

「ルッツ！」

知っている顔があったことに心底ホッとして、わたしはラルフの顔も探してみた。しかし、体格が良くて赤い髪の目立つラルフの姿がない。

「あれ？　今日はラルフいないの？　病気？」

「ラルフはこの春で七歳になったから、今日は仕事なんだ」

「へぇ……」

……ラルフって、まだ七歳だったんだ。一応年はマインの記憶で知っていたけど、良い体格してるし、面倒見良いし、八歳か九歳くらいだと勝手に思ってたよ。……あれ？　ルッツも冬の間に結構背が伸びて大きくなってる？

ちょっとだけルッツの目の位置が高くなっている気がする。そんなことを考えながら、わたしは家に向かって歩き始めた。森での採集が終わって、たくさんの荷物を持っている子供達は、少しでも早く家に着きたいのか、自然と足が速くなる。

そんな集団から取り残されそうになるわたしをフォローしてくれるのはトゥーリとルッツだ。

「皆、慌てちゃダメだよ！」

「大丈夫か、マイン？」

わたしも頑張って歩いているつもりだが、どんどん集団に引き離されていく。子供達は容赦ない。遅いわたしを待ってはくれない。

「皆、速い……」

「ごめん、ルッツ。マインをお願いしていい？　わたし、皆を見てくるよ」

トゥーリは洗礼前の子供達の集団では最年長になるので、妹よりも皆の面倒を優先にした。

「わかった。マイン、ゆっくり歩け。途中でへばっても、今日は背負ってやれないからな」

取り残されたわたしと一緒にゆっくりと歩いてくれるのはルッツだけだ。これ以上ルッツに面倒をかけることはできないので、わたしは遠慮なく速度を落として歩く。

「マインは門で何してたんだ？」

「字を教えてもらってた」

「字？　書けるのか⁉」

ルッツがものすごくビックリしたように、わたしを見た。わたしに対する尊敬でルッツの目が輝いているような気がするが、まだ字が書けるというほど単語を覚えていない。そんなキラキラした目で見られると困る。

「まだ自分の名前くらいしか満足に書けないよ。これから練習するの」

「すげぇ、マイン。自分の名前が書けるなんて！」

……あれ？　尊敬が完全に定着したっぽい？

まさか名前が書けるだけで尊敬されるとは思わなかった。だが、よく考えてみると、農民なら字の読み書きができるのは村長くらいで、人の名前が書けるってレベルの父さんでも十分すごいと言っていたような記憶がある。

……わたし、父さんのこと、それくらいもできないのって思ったけど、ここでは尊敬レベルなんだ。書類作成の手伝いができるというのが、どのくらい貴重なことかちょっと理解できた。オットーが周りの兵士より先にわたしを育てる気になるはずだ。人の名前が書けるようになったところで満足されたら、書類作成なんて教えられるわけがない。

「ぜぇ……ぜぇ……」

「マイン、大丈夫か？」

わたしにとって、文字を覚えることは簡単でも、体力を付けるのは難しい。人それぞれ得手不得手があるのだ、と嫌でも実感する。

心配そうなルッツに付き添われながら、わたしが家に帰りついた時には言葉を発することもできない程に疲れ果てていた。案の定、熱を出して二日ほど寝込んだ。

「だから、無理はするなって言ったでしょ！」

母さんはぷりぷり怒っているが、着実に体力はついているようで、普段なら五日ほど寝込むところが三日目には出かけられるようになった。

父さんと門まで出かけて、半分ほど歩いた後は父さんに抱えられて移動。昼から文字の練習と計算の手伝い。帰りは皆と歩いて、すぐに引き離されて、息も絶え絶えになって、ルッツに心配される。家に帰ったら、また寝込む。

一月《ひとつき》ほどそんな状態を繰り返していたが、体力はちゃんと向上してきた。一日行って三日休んでいたのが、二日の休みになり、行って休んでの隔日出勤になった。その頃には、まだスピードは遅いけれど、門まで何とか歩けるようになっていた。そのうち、二日行って一日休みになり、三日行って一日休みになった。初めて五日続けて行けた時には、家族が盛大に祝ってくれた。

「やったね、マイン。初めてお休みせずに全部行けたね」

「ずいぶんと体力が付いたな、父さんは嬉しいぞ！」

「もうそろそろ森へ行けそうね」

家族の言葉が嬉しくて「もっと頑張ろう」と決意したが、その後、熱を出して、二日寝込んだ。思ったほどうまくはいかないみたいだ。


門に通い始めて三月《みつき》がたった頃、ようやく森に行く許可がもらえた。ちらほらと夏の気配が見え始める春の終わりのことだった。

## メソポタミア文明、万歳

今日は初めて自分の足で森へ出かける日だ。

石板の入ったトートバッグではなく、皆よりはちょっと小ぶりの籠をわたしも背負って、土を掘り返すための木べらにしか見えないスコップを持った。この木べらで土を掘れって、子供のおもちゃであるプラスチック製のスコップより頼りないと思うのは、わたしだけだろうか。

すぐに壊れそうに見える木べらスコップをブンブン振り回していると、父さんがガシッとわたしの肩をつかんだ。森に行くと決まってから、耳にたこができるほど聞いた台詞を繰り返す。

「マイン。今日は森へ行って、帰ってくるだけだ。帰りは皆荷物が多いし、疲れている。マインは森で休憩して、皆と帰ることを目標にするんだ。わかったか？」

「わかってる」

わたしの返事だけだと不安なのか、もう何回も聞いたよ、という心情が透けて見えているのか、父さんは苦い表情のまま、トゥーリを振りかえった。

「トゥーリ、大変だと思うが、頼むぞ。閉門までにマインが帰ってこられるようにルッツともよく相談してくれ」

「うん。今日は早目に切り上げるよ」

責任感溢れるトゥーリが、父さんに頼まれたことで使命感に燃えている。今日のトゥーリはちょっと厳しそうだ。

外に出ると、すでに何人か子供達が同じように籠を背負って集まっていた。わたしとあまり体格が変わらない子から、トゥーリやフェイのようにちょっと体格が良い大きめの子まで八人いる。ピンク頭のフェイが先頭で、トゥーリが最後尾を歩く。わたしは歩き始めた時には先頭で、到着の頃にはだいたい最後尾になっている。

「じゃあ、マイン。行くぞ。ゆっくりでもいいからな」

門までは普通に歩けるようになったわたしだが、森まで歩くのは初めてだ。そして、わたしのペースメーカーはルッツである。約三月の間、家と門の往復を一緒に歩くうちに、ルッツはいつの間にか、わたしに無理させないスピードを習得していたらしい。最近、無理せずに歩けているのはルッツのおかげと言える。今日は父さんからお小遣いをもらっている監視員だ。

「ありがとう、ルッツ」

「いや、マインにはウチも世話になってるからな」

この間、ルッツの家でパルゥの搾りかすの最終処分があった。雪の中でしか採れないパルゥは、暑くなると一気に悪くなってしまうらしい。そこで、普段のお礼&これからもよろしくの付け届け代わりに、オカラで量増しするオカラハンバーグならぬ、パルゥバーグを教えてあげたのだ。パッと見た感じは黄色のパプリカだが、中身はトマトっぽい味のポメを煮詰めてソースにし、チーズものせて完成させた。パルゥの優しい甘みが味に思わぬ深みを出していて、作ったわたしもビックリの出来だった。

ちなみに、ルッツを始め、お兄さん達はマジ泣きしていた。おいしいことはもちろん、食べられる量が普段の倍だったことに感動したらしい。カルラおばさんにも「マインの料理は家計に優しい」と感激された。確かに、あれだけ食べる男の子が四人もいたら、エンゲル係数がすごいだろう。お役に立てて何よりである。

「なんで、あのパルゥバーグ、冬の間は教えてくれなかったんだよ？」

「新鮮なお肉がなきゃ、ミンチにできないでしょ？　それに、ミンチにするの、大変だから。協力してくれるかどうかわからなかったし……」

「あ～、あれは大変だけど、マインの料理のためなら頑張れるな」

わたしは、肉をミンチになるまで包丁で叩き続けられる体力がないし、大変なことがわかってて母さんに「作ってほしい」とは言えなかった。今までハンバーグっぽいものは食べられなかったので、ルッツの家で皆に作ってもらえて、一緒に食べられてラッキーだったのだ。

そんなお喋りをしながら、森まで歩く。お喋りをしながら歩いた方が楽しく長く歩けるのだが、到着した後の疲労感は半端ない。

皆が採集している間、わたしはちょっと大きめの石に座って、疲労回復だ。石に座って、荒い息を繰り返すわたしを心配して、背中をさすりながら、ルッツが言った。

「もうじきフェイとトゥーリも洗礼式だから、マインも早く森に慣れないと困るぞ」

「……なんで？」

トゥーリの洗礼式があるのは、服や髪飾りを作ったりしていたから知っていたが、洗礼式の後、具体的に何が変わるかは、理解できていなかった。

「トゥーリも洗礼式が終わったら、見習い仕事を始めるだろ？　そうしたら、週の半分は森にマイン一人で行かなきゃならないんだから」

ルッツに指摘されて、わたしは大きく目を見開いた。トゥーリが見習いとして仕事を始めるということは、わたしが代わりに手伝わなければならないことが増えるということだ。

「ど、どうしよう……。ちゃんと考えてなかった」

マインが病弱で、何に関してもトゥーリが世話を焼いてくれるおねえちゃんだったから、今まで平穏に暮らしてこられた。トゥーリがいなくなったら、わたしは多分生活できない。

血の気が引いたわたしに、ルッツが、へへっと笑って鼻を擦る。

「トゥーリがいなくても、マインのことはオレが守ってやるよ。マインは弱っちいからな」

ルッツが優しすぎる。マインとなったわたしが初めて会った頃からルッツにはこういう男らしさがある。

「ありがとう、ルッツ。じゃあ、お願いするね」

「あぁ。オレは薪拾いに行ってくるから、マインはちゃんと休憩してろよ。帰れなくなったら困るだろ?」

そう言って、ルッツが薪拾いに行った。ルッツの足音が遠ざかり、周囲に誰もいなくなると、わたしは早速スコップもどきの木切れで穴を掘りはじめた。今日のわたしの目標は「森に行って帰ってくる。できれば、熱を出さない」である。それはわかっている。心配してくれる家族やルッツには悪いが、森に来て、何の挑戦もせずに帰ることできようか。いや、できない。

……掘るよ、掘るよ、ガンガン掘るよ!

粘土質の土が欲しいけれど、さて、どれくらい掘れば取り出せるのだろうか。地質が地球と同じようなものだと仮定した上で、結構深く掘らなければ、粘土質の土に行きつかなかったような気がする。

「ていっ!」

土を掘るために、スコップを突き刺す。ガッと力一杯やってみた。けれど、スコップという名の木切れの先は一センチも刺さらなかった。

……固っ！　え？　これって掘れるの？

まるでよく踏み固められた運動場の土を掘り返す気分だ。森の土って水気も多くて、柔らかめってイメージがあったのに、完全に裏切られた。土が悪いのか、それとも、スコップが悪いのか。答えは簡単に出る。

……うん、スコップだよね。

わたしが知っているスコップと雲泥の差がある。木製じゃなくて、せめて、金属製のスコップが欲しい。だが、スコップが木製だろうが、土が固かろうが、柔らかかろうが、わたしに諦めるという選択肢はない。なかなか進まなくても、とりあえず、ちょっとずつ掘っていくしかない。

ザリザリザリザリ……

木切れスコップでちょっとずつ土を削っていく。粘土質の土を掘り出すというのは、かなり根気と力の要りそうな作業だ。今日一日ではとてもできそうにない。何だか粘土板を作るのも結構大変そうだ。パピルスもどきより楽にできることを祈るしかない。

ザリザリザリ……

五センチほど掘れたところで、誰かの足音が近づいてくる音がした。

「マイン、何やってんだ？」

両手にいっぱい木切れを拾ってきたルッツが、地面に座り込んでスコップを動かすわたしを見つけて、目を見張った。

「今日は森の中で疲れるようなことはしない約束だろ⁉」

家を出る時の約束は覚えているけれど、目の前に粘土質の土があるかもしれないのに、我慢はできない。ルッツが戻る前に止めるつもりだったが、やり始めたら止められなかった。

……ど、どうしよう？

父さんなら笑顔とハグで誤魔化せるが、ルッツはトゥーリがお目付役に任命するだけあって、そんなものでは誤魔化せない。誤魔化そうとしたら、逆に疑いの目を深められて、より一層厳しく問いただされるのは経験済みだ。

「あ、あの……でもね、ルッツ」

「……でも、どうした？」

ルッツが眉間に深い皺を刻んで、両手を腰に当てて、見下ろしてきた。尋問開始の合図だ。

「休憩していろと言ったはずなのに、一体何をしてるんだ？」

「……あ、ああ、穴掘ってますっ！」

仁王立ちして怒りのオーラを振りまくルッツに、つい本当のことを零してしまった。

……だって、ルッツ、怒ったら怖いんだもん。下手したら、わたし、閉門までに帰れなくなっちゃう。

「見ればわかる。なんで掘ってるんだよ？」

一応正直に答えたはずなのに、ルッツの怒りは倍増した。見下ろす視線がものすごく冷たくなった気がする。わたしはうぅっと小さく唸りながら、ルッツを見上げた。

「えーとね、そのね、『粘土質』の土が欲しいの」

「え？　何が欲しいって？」

ルッツが理解できないというように、首を傾げた。怪訝そうな表情になった分、怒りがちょっと薄れたようだ。

「ぎゅっと詰まってて、べたっと重い感じの水はけの悪い土が欲しいの」

「……それなら、ここじゃなくて、あっちの木や草が少ないところの方が多いぞ？」

確かに粘土質は水はけ悪くて、植物が育ちにくい土だから、植物の少ない場所を探した方が効率的だ。

「さすがルッツ、ありがと！」

「こら！　マイン、ちょっと待て！」

そそくさと移動しようとしたら、ルッツに首根っこを引っつかまれて引き戻される。体格も力もわたしとルッツでは比べ物にならないので、逃げ出すことなんてできやしない。

「今日のマインの仕事は休憩だって言ってるだろ？　聞こえないのか？　今すぐに集めなければならないほど必要な物なのか？」

首根っこの次には、ルッツにギュギュッと両耳を引っ張られる。わたしはわたわたと腕を振り回しながら叫んだ。

「痛い！　痛い！……だって、どうしても欲しい物なんだもん。生活には関係ないんだから、トゥーリにも誰にも頼めないでしょ！」

うぅ～、と耳を押さえながら、涙目でルッツを睨むと、ルッツがわずかにたじろいだ。わたしに反論されるとは思っていなかったのか、基本的に物に執着しないわたしの珍しいこだわりにたじろいだのか、よくわからない。ただ本能が、この隙を逃すな、とわたしに言っている。

「わたしがおとなしくしていたら、ルッツが掘ってくれるって言うの⁉」

「……今日の分の薪を拾い終わったら、オレが掘る。だから、マインはおとなしくしてろ」

予想外の返事にわたしは思わず固まってしまった。ポカーンとしたまま、ルッツを見つめるしかできない。

売り言葉に買い言葉とはいえ、ルッツは自分の言った意味がわかっているのだろうか。全く関係のないわたしの粘土板作りを手伝うより、少しでも多く採集した方がいいはずだ。

「ルッツ、あの、気持ちは嬉しいけど、ルッツは自分のこと、した方がいいよ？」

「マインは弱っちくて、土を掘るなんてできるわけないんだから、オレがやる。その代わり、土を何に使うのか、マインが何をしたいのか、ちゃんと言え」

「……なんで？」

「マインが何をしたいのかわかってたら、無駄が省けるから。今だって、欲しい土がはっきりしているのに、見当違いなところを掘ってただろ？」

……うっ、痛いところを突かれた。

確かに、わたしの場合、目的は明確でも、この世界での名前がわからなかったり、麗乃時代に見た物と見た目が違っていて気付けなかったり、道具が手元になくて、迷走することが多々ある。きっちりと指摘してくれたお陰で、ルッツの手伝ってくれるって言葉が勢いで出たのではないことがわかったけれど、手伝ってくれる理由がわからなくてもやもやする。

「なんで、ルッツはわたしを手伝ってくれるの？」

「ん？　オレがすっげぇ腹減ってた時に、パルゥケーキ作ってくれただろ？　あの時にオレ、マインのこと、手伝うって決めたから」

……え？　それだけ？　それだけで、粘土掘ってくれちゃうの？

正直なところ、パルゥケーキ一つでこんな重労働をしてくれるルッツの心境は理解しがたいが、恩義に厚い土地柄なのだろうか。本人がやると言っているのだから、ルッツに手伝ってもらってもいいと思う。ちょっと申し訳ないけれど、体力的なことは全面的に頼らせてもらおう。

「……じゃあ、ルッツに任せる。わたしは待ってるね」

「ん。すぐにやること終わらせる」

本当にルッツはあっという間に薪を拾い集めてきた。そして、わたしを水はけの悪い土のところに案内してくれる。森の中でも少し斜めになっている低いところだ。

「この辺りだな」

そう言いながら、ルッツはわたしが持ってきたスコップを手に取った。木べらのようなスコップでルッツが土を掘っていく。

「マイン。お前さ、こんな物を準備して持ってきてるってことは、出来心じゃなくて、最初から約束を守る気がなかったな？」

「ぅえっ⁉　そ、それは、その、えーと、やっと森に来られたから、我慢できなくて。つい、計画的に準備してみたんだけどね」

ひくっと顔を引きつらせたルッツが、感情を爆発させるように力一杯スコップを地面に突き刺した。

「くっそぉ、これだからマインはおとなしそうな顔してるのに、油断できないんだよ！」

「ルッツも油断してていいのに……父さんより鋭いんだから」

「ギュンターおじさんはお前に甘すぎだ！」

怒りに任せて掘るルッツに何も言えず、見つめるしかない。何故かただの木べらでどんどんと土が掘れていく。ザリザリと削っていたわたしと違って、ガッガッガッと土が抉れていくのが不思議で仕方がない。

……これは力の差？　力の入れ方？　何かコツがあるの？

「あれ？　土の色が変わった？」

ルッツが十五センチほど掘ったところで、土の色が変わった。

「欲しいのって、これか？」

少し掘り出してくれた土を握ってこねてみる。ひやっとしていて、べたっと重くて、手の中で形を変える土。わたしが探していた粘土で間違いない。

「これ！　わたしだけだったら、きっと何日もかかったよ！　すごいね、ルッツ。力持ちだね」

「マインより力のない男なんていない」

むっとしたようにそう言いながら、ルッツは粘土質の土をどんどん掘りだしていく。わたしは積み上がる粘土に目を輝かせながら、大きな石の上に少しずつ運んでいった。これでどれくらい粘土板ができるだろうか。そう考えただけで、この土くれが愛おしくさえ思えてしまう。

「で、これをどうするんだ？」

「んふふ～、『粘土板』作るの」

「ネンドバン？」

「そう」

ルッツの汗の結晶である粘土質の土を、ぐにぐにこねこねして、わたしは薄い粘土板を作っていく。できあがった粘土板に、近くに落ちていた細い木の棒で、母さんが寝る時に話してくれた物語を日本語で刻みつけていく。

できることなら、ここの文字で書きたいが、オットーが教えてくれる単語は仕事に関係する物ばかりだ。貴族の役職や紹介状の定型文が書けるようになったのに、未だに日常で使う言葉が書けないのである。

「マインが書いているのって、文字か？」

「うん、そう。こうやって記録しておくと、忘れてもまた読んで思い出せるんだよ。記録ってすごいよね。そんな記録が延々とつづられた本って、もっとすごいよね」

「へぇ……」

「ルッツ、粘土を掘ってくれてありがとう。ホントに助かったよ。何か集めるなら、行ってきていいよ？　わたし、ここで動かずに書いてるから」

「わかった。絶対に動き回るなよ」

今、書いているお話は、雰囲気的には『小人の靴屋　異世界編』って感じの話だ。粘土板一枚にびっしりと文字を刻んでも、全部で粘土板十枚に及ぶ大作になった。

「やったぁ。できたー！」

最後まで書き切って、「完」の字を書きつけたわたしはやりきった感動に打ち震える。

……すごいよ、粘土板！　できたよ、粘土板！　偉大なるメソポタミア文明、万歳！

この粘土板を竈で焼いて、崩れないようにすれば本当の意味で完成だ。グッと棒を握ったまま、今まで書いてきた粘土板をくるりと振り返った。

「ぎゃあああああああっ！」

次の瞬間、わたしはムンクの叫びのように頬に手を当てて絶叫した。目の前の信じがたい光景に頭の中が真っ白になる。

採集物を抱えて籠のところに戻ってきていたルッツが、大慌てでわたしのところへと駆け寄ってきた。

「どうした、マイン⁉」

「フェイが踏んだっ！　ぐちゃぐちゃになってっ！……うわーんっ！」

わたしが一生懸命に書いたお話の前半が、半分以上、フェイとその子分達に踏まれてぐちゃぐちゃになっている。足跡だらけで、形も完全に崩れていて、文字なんて読めるはずがない。

「せ、せっかくできたのに……ひどいっ……ぅえーんっ！　森に来るまでどれだけかかったと思ってるの!?　この病弱な体に体力をつけるのにどれだけ苦労してると、思って……。ルッツもトゥーリも巻き込んで、やっと完成したのにぃっ！　バカバカバカ！」

涙も嗚咽も止められないままに、わたしは力一杯ギッとフェイ達を睨みつける。血が沸騰するような怒りが体の中を渦巻くようで、逆に、頭のどこかが恐ろしいくらいに冷めていくのがわかる。大人げないことは頭のどこかでわかっていても、怒りを止めることはできない。

睨まれたフェイ達がビクッとしたように一斉に震え上がって、じりっと数歩後ずさりした。

……もうちょっとだったのに！　もうちょっとで本が手に入るところだったのに、この惨状！どうしてくれよう？

粘土板をめちゃくちゃにされた恨みをいかに晴らすか考えていると、わたしの絶叫が聞こえたらしいトゥーリが血相を変えて走り寄ってきた。

「マイン、どうしたの!?」

そう声をかけて、わたしを覗き込んだ直後、睨まれているフェイ達だけではなく、トゥーリまでが恐れを顔に張り付けた。

「……何があったの？　すごく怖い目になってるよ」

トゥーリはわたしから視線を逸らし、周りから前後の状況を聞いて、わたしを宥める。

「マイン、そんなに怒っちゃダメよ。皆、悪気があったわけじゃないんだから、ね？」

悪気があろうとなかろうと、ぐちゃぐちゃになった粘土板が戻るわけではない。今日までの努力を全て踏みにじられたわたしの恨みと怒りは、トゥーリの言葉では全然おさまらない。

「やだ！　絶対に許さないっ！」

ふーっ、ふーっ、涙と鼻水と流しながら、わたしの剣幕にビクビクしているフェイ達を睨みつけていると、ルッツがトントンと背中を叩いた。

「森に行きたかったのも、三月もかけて森に行くための体力つけたのも、ネンドバンを作りたかったからだって、言ってたもんな。マインが怒るのはわかるし、悔しいのもわかる。でも、怒っても元に戻らないいんだ。だったら、作り直そうぜ。その、オレも手伝うからさ」

「今から作り直せば、閉門に間に合うよ。わたしも協力するから。ね、マイン？　フェイ達だって、悪いことをしたと思っているんだから、手伝ってくれるよ、ね？」

「あぁ、手伝う！　そんな大事なものだと思わなかったんだ。悪かったたって」

ルッツとトゥーリの取りなしにすがるように、フェイとその子分達がカクカクと首を振って謝り、自分達が踏みつけた粘土板に慌てて手を伸ばした。

フェイ達の謝罪と、「閉門までにできる」と言葉に、わたしの怒りがふしゅっと全身から抜けていく。このまま怒っているより、作り直した方が合理的だ。

「……わかった。もう一回作る」

ひとまず粘土板は完成したのだから、方向性は間違ってなかった。パピルスよりは簡単に完成したことで満足しておこう。けれど、フェイとその子分達に釘をさすのは忘れない。

「二度目があると思わないでね」

子供達の間で噂される「絶対に怒らせてはいけない相手ランキング」で、わたしはしばらくぶっちぎりトップに輝いていたらしい。

# 粘土板はダメだ

森へ行って、粘土板を作り、怒りを大爆発させたわたしは、ルッツやトゥーリの予想通りに熱を出してぶっ倒れた。

やっと熱が下がったのは、うわごとで「粘土板」と呟き続けて数日後のこと。早速森に行って粘土板を作るんだ、と拳を握って気合いを入れてみたものの、父さんの許可が下りなかった。

「駄目だ、駄目だ！　体調を見てからだから、明日にするんだ。いいな？」

「……はぁい」

さすがに病み上がりでいきなり森に行くような無茶は許されなかった。それでも、今日一日、熱が上がらなければ森に行ってもいい、と言われたので、心躍らせながら明日の準備を始める。

まず、物置の中にあった何に使うかわからない板を籠の中に下敷きとして入れた。そして、母さんが掃除の雑巾にするために取り置いているボロ布をごっそりと持ちだして籠へ入れた。これで粘土板を包んで持ち帰るのだ。

……さぁ、粘土板、作って作って作りまくるよぉ！

心うきうきで次の朝起きると、大雨だった。それも、この辺りでは珍しい豪雨。まるで台風のような嵐だ。窓の板戸を閉めていても、風と雨の音が聞こえる。

「のおぉぉっ！　雨っ⁉」

天気予報のない世界で天気にまで気が回らなかった。正確には、熱出して倒れている方が多いし、家族が「今日は出ても大丈夫」と判断しなければ、外に出してもらえなかったので、天気なんて今まで気にしたことがなかった。

大雨にでろんと崩れる粘土板の映像が脳内を駆け巡る。いくら低木のかげに隠しておいたと言っても、この嵐では無事にはすまないだろう。

……にぎゃあああぁっ！　わたしの粘土板がぁっ！　でんでろりんになっちゃうっ！

「ちょっと、マイン！　どこに行く気⁉」

「森！」

思わず外に飛び出そうとしたが、母さんに首根っこを引っつかまれて阻止された。

「ただでさえ、熱を出しやすいのに、こんな嵐の中を外に出るなんて、何を考えてるの⁉　井戸に行くことさえできない状態なのよ⁉」

締めきっていても板戸に当たる雨と風の音が家の中によく響き、どれだけ激しい嵐かを物語っている。普通の人が井戸に行くことさえためらう時に、わたしが外に出られるわけがない。ガックリとその場に崩れるようにして座り込んだ。

「わたしの『粘土板』が……あうぅ」

「マイン、大丈夫だよ。皆が手伝ってくれる、って言ったんだから、前よりずっと楽に速くできるよ。だから、目の色を変えて怒っちゃダメだよ」

トゥーリがそう言いながら、落ち込むわたしの頭を撫で撫でしながら、慰めてくれる。ホントにトゥーリはいいお姉ちゃんだ。

珍しい大雨は二日続き、子供達が森へ出かけることを許可されるのはさらに二日後だった。

よく晴れた朝、久し振りに森へ行けるということで、どの子供達の顔も輝いて見える。今日は、見習いの仕事がない日なので、大きい子供達が多くて、いつもよりずっと人数が多い。ルッツの兄のラルフも一緒に森に行くようで、大きな籠を背負って、弓矢を持っていた。

「よぉ、マイン。熱下がったのか?」

「おはよう、ラルフ。もう大丈夫って、父さんが言った日から嵐になったの」

「それは災難だったな」

ぐしゃぐしゃとわたしの頭を撫で回して、ラルフはトゥーリのところへと向かった。

「よう、トゥーリ」

「ラルフ、なんか久し振りだね」

仕事見習いを始めたせいか、顔つきがしっかりしてきたように見えるラルフ。そして、洗礼式に向けてわたしが磨きをかけているトゥーリの輝く笑顔。

……やっぱりこの二人、結構イイ感じだと思うんだよね。ラルフもトゥーリも面倒見がいいし、お似合いだと思う。

わたしが二人をニヤニヤしながら眺めていたら、ルッツに腕をぐっと引き寄せられた。

「マイン、ぼんやりするなよ。お前、遅いんだから一番先頭で出発だぞ？」

「あ、ごめん」

森に向かう子供達は集団で歩き、門を通り抜ける。緑が広がっているはずの景色には、嵐の爪痕が残り、農地がところどころひどい有様になっていた。

……この世界って、災害に対する補償はあるのかな？

ぼーっと風景を見ながら足を動かしていると、視界を何かが横ぎった。ハッとして振り向くと、ルッツがパタパタとわたしの目の前で手を振った。

「え？　何？」

「いや、ちゃんと見えてるのかなと思って。……なぁ、マイン。今日も作るんだろ、あのネンドバン？　あれ、何だ？」

日本語で書いていなくても、ルッツは字が読めないから、何が書いてあるかわからない。それ以前に、家の中に文字や紙がない生活なのだ。粘土板だけではなく、記録媒体の素晴らしさを知らないに違いない。これはぜひ布教しなければ、と妙な使命感に駆られたわたしは、ルッツに語り始めた。

「あれはね、忘れたくないことを書いておくものなの。きちんと書いておけば、忘れないでしょ？それをちゃんと保存しておけば、いつでも見られるでしょ？『記録媒体』はそのためにあって、あの『粘土板』は『記録媒体』の一つなの。粘土こねればできるし、書き間違っても、指で均せば文字が消せるし、焼けば保存もできるんだよ。すごいと思わない？」

立て板に水の説明だったせいか、ルッツはぽかんと口を開けて、わずかに首を傾げた。

「……よくわかんねぇ。で、マインは何を書いたんだ？」

「お話をね、書いたの。母さんが話してくれたお話。書いておけば忘れないでしょ？　ホントは本が欲しいんだけど、ここにはないから。わたしが作るの」

「ふぅん。それがマインのやりたいことなのか？」

ルッツに問われて、はたと考えた。今は周囲に一冊の本もないので、何とか本を作ろうと考えているが、本当にわたしがやりたいことは本を作ることではない。

「うーん、ちょっと違うね。わたしが本当にやりたいのは、本に囲まれて暮らすことだから。一月《ひとつき》に何冊も新しい本ができて、それを全部手に入れて、読みふけって暮らしたいんだよね」

「えーと、つまり、本が欲しいのか……？」

「そう！　切実に、今すぐ欲しい。でも、高くて、全然買えないし、手が届かないから、自分で作るしかないでしょ？　紙も高くて買えないから、粘土板を作って、お話を書いて、焼いてみるつもりなの」

そこで、あぁ、とルッツは納得したように手を打った。

「マインは今、本の代わりを作ってるんだな？」

「うん！　この間は失敗しちゃったから、今度こそ絶対に成功させるんだ」

「わかった。オレも協力する」

何となく思いついて作ってあげた料理で、ここまで協力してくれるルッツには、わたしも協力してあげたくなる。

「じゃあ、ルッツのやりたいことは？　わたしに聞くくらいだから、ルッツもやりたいことがあるんでしょ？」

「オレは……そうだな。別の街にも行ってみたい。旅商人や吟遊詩人は色んなところに行ってて、いろんな話を知ってるだろ？　オレも色々見てみたい」

「いいね、それ」

そういえば、わたしも麗乃時代は色んな国の色んな図書館に行って、本を読みふけりたいと思っていた。もう叶うことがない夢を脳裏に描いて、そっと目を伏せる。

「……本当にそう思うか？　この街を出たいってことだぞ？」

「あ～、旅もいいよね。あっちこっち行くの、楽しそう。わたしね、『世界各国』の『図書館』を巡るのが夢だったんだよ、ずっと……」

「ハァ、悩んだ自分がバカバカしくなる。……マインなら、絶対やりたいことやるんだろうな」

「ルッツだってやればいいじゃない」

麗乃だった頃の夢や、やりたかったことで、頭が埋め尽くされてされていたわたしは、この時ルッツがどんな表情をしていたか、全く見てはいなかった。

ようやく乾いた道を歩いて、森に向かう。森に入ってすぐの少し開けた場所が集合場所だ。

「じゃあ、それぞれ採集してくるんだ。小さい子はあまり遠くに行くな。必ずこの集合場所が見えるところでいるように。いいな？」

大きい子供達はそう言うと、弓矢を持って、森の奥へと駆けていった。小さい子供達はちらちらとわたしの方を見てくる。森に到着するだけで、すでにへろへろのわたしだが、粘土板がどうなったかだけでも、すぐにでも調べたくて辺りを見回した。

「ねぇ、誰か。『粘土板』がどこにあったかわかる？」

目印を付けてくれていた木が見つからない。もう何日も前のことなので、わたしが忘れてしまっただけかと思ったが、誰もが困ったようにきょろきょろと辺りを見回した。

「あの辺りの木に印を付けたんだよな？」

フェイの言葉に子分達が揃って頷く。フェイが指差した辺りはわたしも見当を付けていたところで、嵐で木が何本かなぎ倒されているところだった。

「場所の見当はついてるから、とにかく探すしかないな」

ルッツが低木の陰を探し始めると、皆がわらわらと動き始めて、一緒に探してくれることになった。フェイ達だけじゃなくて、皆が手伝ってくれるなんて……わたしの勝手なのに、イイ子すぎる。

「なぁ、これじゃねぇか？」

目印が折れていて探すことに苦労したが、フェイがしゃがみこんだままでブンブンと手を振った。わたしが精一杯の速さで駆けつけて覗きこむと、崩れて字が読めなくなっている土くれがあった。予想していた通り、ぐちゃぐちゃになっていて、刻んだ文字はもう見えない。粘土板が土くれに戻ってしまった。

……あぁ、また振り出しに戻っちゃったな。

「こ、今回はオレが壊したわけじゃないからな！」

「……わかってるよ」

フェイが慌てたように弁解するが、それくらいわざわざ言われなくてもわかる。周囲が気遣うように声をかけようか、どうしようか、とざわめいているのもわかる。気を遣わせていることがわかるけれど、出てくる涙は止められない。

わたしがうぅ～っと嗚咽を漏らしていると、足音が近付いてきた。すぐそばで足音が止まったかと思うと、ペチッと軽く頭を叩かれた。

「マイン、泣いてる暇があるなら、もう一回作ろうぜ」

ルッツの声に意識がぐわっと浮上してくる。そうだ、ルッツの言う通りだ。せっかく協力してくれるフェイ達がいるうちにもう一回作り直した方がいい。

ズビッと鼻水を拭って、わたしは顔を上げた。

……負けるもんか！　第一の失敗原因がフェイ達。第二の失敗原因は嵐。もう人災も天災も経験した。これ以上の失敗原因なんてないだろう。何が何でも完成させる！

粘土自体は固まりになってその場にあったので、これて、粘土板にすれば、書き始められるし、足りなくなってもどの辺りに粘土があったか覚えている。土を探すところから始めた前回と比べると、スタート地点で雲泥の差だ。

……大丈夫。まだ振り出しまでは戻ってない。

これまでの失敗で、晴れた日に一気に仕上げるか、屋根のあるところで作業しなければダメだと学習した。今日は天候にも恵まれているし、力と元気があり余る助手が三人も増えている。フェイ達はわたしの怒りに呑まれて約束したからだろうけれど、これだけ手伝ってくれる人数が増えたら、きっとそれほど時間をかけずに、作れるはずだ。

「手伝いはルッツとフェイ達だけいればいいよ。トゥーリは採集してきて」

「わかった。……頑張ってね、皆」

「うん！」

トゥーリの応援にわたしは気を取り直して、粘土板作りにもう一回挑戦する。

フェイと子分その一に粘土を掘り出してもらって、子分その二とルッツには粘土をこねて、成形までしてもらう。わたしがするのは細い木の先で文字を刻むだけだ。

……うんうん、イイ調子。

「お話を書くのに必要だった『粘土板』は十枚だったから、それだけ作ったら、採集に行って。ありがとね」

「お、おぉ」

次々と成形された粘土板が並べられていき、手早く十枚の粘土版を完成させたフェイ達は先を争うように採集へ向かった。それなのに、ルッツはまた粘土を掘り始める。

「ルッツは行かないの？」

「今日はラルフがいるから、俺はマインの手伝いをしてやるよ」

「ふぅん。じゃあ、粘土はもういいから、これ、地面に書いて練習する？」

わたしは雨に濡れたことで柔らかくなっている地面に、粘土板に字を刻んでいた木の棒を突き刺して、ここの文字で「ルッツ」と書いた。

「何だ、これ？」

「ルッツの名前。自分の名前くらい書けるようにならないと他の街には行けないでしょ？」

この街の人間がこの街の門を出入りするのは、基本的に顔パスだが、他の街に入る時には名前を聞かれたり、書かされたりするらしい。元旅商人のオットーがそう言っていた。

実際、門の出入りもこの街の人間と他の街の人間では並ぶ列が違って、他の街の人間にはチェックが厳しい。ルッツがいつか他の街に行きたいなら、自分の名前くらいは書けた方がいい。

「なぁ、マイン。これが、オレの名前？」

「そう、色んなところに行きたいなら、ちゃんと字を練習しておいた方がいいよ」

ルッツが緑の目を輝かせながら地面に名前の練習をしている間、わたしはせっせと粘土板を作り続けた。この世界で初めて聞いたお話を、日本語で刻み続ける。絶対に本を完成させるんだ、と心の中で何度も唱えながら。

「できた！」

母さんから聞いたお話の一つが完成した。この調子で「母さんの物語集」を作りたい。わたしにとっては、この世界に来て初めて知ったお話の数々が詰まった本になる。

できあがった粘土板を持ってきたボロ布に包んで、崩れたり、文字が消えたりしないように、そっと籠の中に積み重ねていく。全てを籠に入れ終わると、はふぅ、と大きく息を吐き出した。目が熱くなって、じわりと涙が浮かんでくる。

初めての完成だ。

粘土板なんて、とても本と呼べるようなものではない記録媒体だけれど、わたしにとってこの世界で初めて手に入れた本だ。この世界で生活するようになったのが、秋の終わりで、今が春の終わり。最初の本を手にするまで、ずいぶんと長い時間がかかった。

でも、本が作れると実感したことで、やっと地に足が付いたような気がする。

「この世界でも、本は読めるんだ。……だったら、大丈夫かも」

高価すぎて貧民には本が読めない世界で、何かしたらすぐに熱を出す病弱な体への生まれ変わりだったから、多少無茶しても、死んでしまっても、別によかった。こんな病弱な子供の体が自分の体と思えなかったし、本がない世界を自分が生きる世界だなんて考えられなかったし、愛着なんて欠片も持てなかった。

けれど、本が一つ手に入ったことで、ここでも大事にしたいものができた。ちゃんとこの世界で生きていこうと思える、自分の生きる道を見つけた気がした。

「マイン、できたの？」

「うん、できた。皆のおかげだよ」

トゥーリとルッツが向ける感情が、わたしじゃないマインに向けられたものだとしても、この本を作る上で助かったのは事実だ。一番上の布を取り払って、トゥーリとルッツにできあがった粘土板を見せる。

「ねぇ、マイン。これ、何が書いてあるの？」

「これはね、星の子供達のお話だよ。最初の夜、母さんが話してくれたやつ」

「最初？」

トゥーリが怪訝そうに眉を寄せる。

「そう。わたしが覚えてる最初のお話」

マインになった当初、熱が高くて寝られなかったわたしに母さんが低い声で語ってくれた話だ。愛情のこもった声は自分に対してなのだけれど、自分ではない存在に向けられたものに思えた。マインとなったことを受け入れらなかったわたしには、母さんの言葉も感情も素通りしていくようで、受け入れられなくて、混乱したままのわたしの精神だけ切り離されていくようだった。わたしの孤独感を深めるだけの母さんの愛情がこの上なく苦しかった。

それなのに、ここで本を作ると決めた時に、物語がこれしか浮かばなかった。母さんの物語集がわたしにとって大事な本になれば、お話にこめられた愛情を受け入れられる気がした。

「わたしね、母さんが話してくれたお話を忘れないように全部記録しておきたいの」

「でも、また消えちゃうんじゃない？」

不安そうなトゥーリに笑って答える。

「このままだったら消えちゃうから、焼いて固めるの。そうしたら、いつでも母さんのお話が読めるでしょ？」

ここで生活を始めて、約半年。わたしはやっと自然に笑えた気がした。

綺麗に終われたら感動的だったが、終わらなかった。帰って早速粘土板を焼こうと、母さんの隙を見て竈《かまど》に入れてみたら、爆発したのだ。いや、ホントに。何を言っているかわからないかもしれないが、嘘ではない。

竈で焼いたら、ボン！　って。

わたしの作った初めての本は、土煙と土の破片になって飛び散った。

原因を究明する暇もなく、呆然としたまま、とりあえず、母さんにしこたま叱られて、二度と粘土板を作らないと約束させられた。

……あれ？　完全に振り出しに戻っちゃった？……いや、でも、一回完成して気分的に余裕ができたから、三歩進んで二歩下がった感じ？……次、どうするよ？

# トゥーリの洗礼式

……粘土板が焼いて保存さえできたら、よかったんだけどな。ハァ。まさか爆発するとは思わなかったよ。せめて、トゥーリみたいにナイフがあれば、木簡ができるのに。

竈で小爆発を起こして、粘土板作りが禁止され、本作りが行き詰ってしまい、次の方法を考え込んでいるうちに、トゥーリが七歳になった。

ここでは七歳の誕生日を盛大に祝う習慣がある。正確には誕生日じゃなくて、誕生季節だ。季節ごとに神殿で洗礼式が行われ、七歳になった子供は全員神殿に行って洗礼式を受ける。この後から見習いとして働くことができるので、街の一員として数えられるようになるということだろうか。

宗教儀式って考えると何となく苦手な感じがするのに、七五三のようなものだと思えば、平気な気がする。不思議。神殿には七歳未満の子供は入れないので、わたしは見に行けない。

見に行けないのは、わたしだけではなく、父さんも一緒だ。なんと運が悪いことに、父さんはトゥーリの洗礼式当日にどうしても抜けられない会議があるそうだ。この会議は上級貴族から召集を受けて決定したもので、行かなければ物理的に首が飛ぶらしい。

……物理的って何⁉　怖ッ！

それなのに、父さんは朝早くからうだうだと文句を言って、なかなか仕事に行こうとしない。

「嫌だ。会議なんか行きたくない。トゥーリの洗礼式だぞ？　なんでそんな重要な日にどうでもいい会議があるんだ？」

確かに洗礼式は重要な日だ。貴族にも子供はいるはずだし、配慮されてもいいはずだ。

「あれ？　もしかして、お貴族様の子供達は洗礼式がないの？」

「……神殿に行くんじゃなくて、神官を家に呼ぶと聞いたことがある。だから、お貴族様には下々の気持ちがわからんのだ」

まぁ、家の中で愚痴を言うだけで気が済むならいいか、と昨日の夜から聞き流してきたけど、しつこい。子供の運動会や七五三と仕事が重なった、娘ラブな父親の悲哀と鬱陶《うっとう》しさは、全世界共通なのだろうか。

わたしはトゥーリの髪を丁寧に梳いて、真ん中で分けながら、溜息を吐いた。

「父さん、一緒に行ってあげるから、お仕事行こうよ。途中まではトゥーリと一緒に行けばいいじゃない。どうせ、神殿の中に入れるのはトゥーリ達子供だけで、大人は神殿の広場で待つんでしょ？」

途中まで行列に交じって、トゥーリの晴れ姿を見れば少しは気も晴れるだろう。そう思って、提案したのに、父さんはまだうだうだと言う。

「広場で待つのが、父親としての役目で……」

「仕事に行って稼いでくるのも父親の役目と思うけど？」

「うぐっ！」

「もういいよ。わたしとお仕事に行くのがそんなに嫌なら、父さん一人で行けば？」

ふんだ、と突き離せば、哀願を込めた今にも泣きそうな目で、父さんがこっちを見てくる。

「……マインと仕事に行く。会議が終わったら、すぐに帰るからな。今夜のお祝いは絶対に皆でするんだからな」

わたしが髪の編み込みをしているので、トゥーリは頭を動かさないように視線だけを父さんに向けてニコリと笑った。

「もう、父さんったら。わかってるよ。皆でお祝いしてくれるんだよね？　楽しみにしてるから早く帰ってきてね」

「あぁ」

でれっと笑って、応じる父さんの機嫌が急上昇したのを見て、わたしは心の中で「さすがトゥーリ。ウチの天使」と拍手する。そんな天使は笑顔のままで、わたしにも頼みごとをした。

「マイン、父さんがちゃんとお仕事するように見張っててね」

「任せて！　トゥーリが心配しないで洗礼式に出られるように、わたし、頑張るよ」

「おい、マイン⁉」

情けない父さんの姿にトゥーリがとうとう声を立てて笑った。

いい笑顔だった。これだけ暑苦しく愛されていることがわかれば、父さんが洗礼式に来られなくてもトゥーリは寂しくないだろう。

「はい、完成。……うん、トゥーリ、可愛い」

「ありがと、マイン」

髪を半分に分けて、左右から編み込みのハーフアップにすると、仕上げに簪を挿した。冬にレースの小花で作ったもので、晴れ着に使われている刺繍と同じ色の花が小さなブーケのようだ。色とりどりの小さな花が集まった髪飾りはトゥーリの朗らかで柔らかい雰囲気によく似合っている。

「まぁ、トゥーリ。綺麗にしてもらったのね」

「え……母さん？」

トゥーリと一緒に神殿へ向かう母さんも、今日は一張羅を着て、おめかししていた。靴がギリギリ見えるくらいの足首丈までのシンプルなドレスは薄い青で涼しげに見える。ちょっと服を変えて、赤い草の実を潰しただけの紅を引いただけで、ここまで美人になると思わなかった。

……ウチの母さん、素材良すぎ。マジ美人。

「母さんもここに座って」

「わたしはいいわ。マインが結うと、とても豪華に見えるもの。主役の子供達より飾るわけにはいかないから」

「……そっか」

別に飾りをつけるわけでもないので、大して豪華になるとも思えなかったが、母さんがそう言うならば仕方がない。この辺りの晴れ姿がどんなものか知らないので、確かにやりすぎる可能性はある。わたしは髪を結うために上がっていた椅子から飛び降りた。

「じゃあ、行くわよ」

着飾ったトゥーリと一緒に、わたしも門に行くためのトートバッグを持って家を出る。トゥーリに付き添う母さんと仕事着を身につけた父さんも一緒だ。

いつもならどんなに荷物を抱えていてもスタスタと歩く母さんが、今日はスカートを引きずらないよう、手で裾を上げて、しずしずと下りていく。トゥーリもそれを真似して、スカートを軽く持ち上げて、一段一段下り始めた。

普段着のわたしの方が珍しく二人より速くて、一足先に外に出た。

「うわ……」

井戸のある広場には、たくさんの人達がいた。どうやらこの洗礼式は街全体で祝うものらしい。今日の洗礼式には関係ないはずなのに、ルッツや春に洗礼式を終えているラルフの姿も見えた。ご近所さんが出てきて、今日の主役に祝福の言葉をかけている。冬も春も洗礼式があったはずだが、外に出られる体調ではなかったので、わたしにとっては今日が初めて見る洗礼式だ。

「フェイ、おめでとう」

「男っぷりが上がったな」

ピンク頭のフェイも今日が洗礼式らしい。トゥーリと同じように白が基調で縁取りに青の刺繍のある上下に緑のサッシュを締めているのが見える。

……あぁ、なるほど。大事だね。裁縫の腕って。

全部手作りだから、腕の差が顕著に出る。日本では裁縫の腕なんて特に必要なかったし、ここでもボロばかり着ているから、裁縫上手が美人の条件と言われても、いまいちピンとこなかった。けれど、こうして新調したばかりの服を着ていると差が明確だ。

……今まで比較対象がなかったからわからなかったけど、母さんの裁縫の腕、すごいよ。自慢するわけだよ。針仕事が嫌いなわたし、ここでも恋人も結婚もできないの、決定だね。

「まぁ、トゥーリ！　なんて可愛いの！」

トゥーリが出てきたのを見つけたルッツの母親カルラが感激したように頬を押さえながら、広場中に響くくらい大きな声で、トゥーリを褒めた。その途端、トゥーリが注目されて、方々から祝福の言葉が飛んでくる。

「トゥーリ、おめでとう」

「髪まで綺麗に結って、お姫様みたいよ」

カルラに褒められたトゥーリが恥ずかしそうに頬を染めて笑った。母さん自慢の白い晴れ着に、他の子にはないキューティクルな天使の輪がある青緑の髪がふわりと揺れる。

……ウチのトゥーリ、マジ天使。父さんが親馬鹿になるの、わかるわ。

「マインが一生懸命に結ってくれたの」

「まぁ、マインが？　変わった料理以外にも取り柄があったのねぇ」

……カルラおばさん、ひどいよ。

心の中で落ち込みつつも、ちょっとだけホッとした。ものすごく役立たずだけど、わたし、一応この世界でも認められる取り柄があったらしい。

「すごく複雑よ、これ。どんな風に結うの？」

「どれどれ？」

年齢を問わず女性陣がトゥーリの頭を覗きこむ。

……ひぃぃぃ、ただの編み込みだから、あんまりじっくり見ないで！　ちゃんとしたコームがなかったから、分け目がちょっとガタガタなところがあるのよぉ。

「いいなぁ、トゥーリ。わたしも冬に洗礼式があるから、あんな風にしてほしいわ」

女の子が一人、羨望の溜息を吐きながらそう言うと、同じような意見が上がった。「わたしも、わたしも」って、誰かが追従すると、そこから先は切りがない。

「皆マインにやってほしいって言ってるよ？　やってあげたら？」

トゥーリが嬉しそうに笑って提案したが、わたしは即座に首を振って拒否する。

「無理だよ」

「なんで？」

「いつ熱が出るかわからないから。わたし、洗礼式を見るのも、今日が初めてなんだよ？」

妹を自慢するように笑っているトゥーリには悪いけれど、洗礼式の度によく知らないよその子の髪を結うなんて、わたしにはできない。

だって、絶対にトゥーリのようにはならない。彼女達の髪は、昔のトゥーリと一緒で、手入れなんて全くされていないのだ。家族以外の汚い髪の手入れから始めるなんてしたくない。

「そっか。ちょっと元気になってきたけど、いつ熱が出るかわからないもんね？　マインはすごいんだよって、自慢したかったんだけどな」

基本的に役立たずで足手まといなので、トゥーリのお願いを聞いてあげたい気はするけど、生理的に無理だ。

「……トゥーリの髪を編んでいるところを見せてあげるくらいなら、できる。けど、その子の髪を結う約束は、したくない」

「うんうん、守れない約束はするなって、父さんもこの間言ってたもんね？　皆、マインがわたしの髪の結い方を見せて教えることならできるって！」

わたしが出した妥協点に満足したトゥーリの発案で、後日、井戸の広場で髪結い教室が開催されることになった。まさか、編み込みがこんなに注目されるとは思わなかった。母さんが髪を結うのを辞退するわけだ。

「じゃあ、この髪飾りは？　これは誰が作ったの？」

「マイン」

「違う、トゥーリ。家族皆だよ！　花はわたしと母さん。簪の部分は父さんだもん」

裁縫上手な母さんが知らなかったくらいだ。レース編みはやはりここでは珍しいものらしい。こちらはおばさん達の食い付きがすごい。

「ねぇ、マイン。作り方、教えてあげたら？」

「教えるのは簡単だけど、細いかぎ針を作らなきゃできないよ？　それに、髪飾りの作り方は、母さんが教えればいいと思う。わたしより上手だし」

わたしは知らない人が苦手だし、ここの常識わからなくて変なことを言うかもしれないし、この辺りのおばちゃん達と何を話していいかわからないのだ。変なところを披露してしまうより、適度な距離を取るのが一番良好な近所付き合いになると思う。


カランカラン……と神殿の三の鐘が鳴り響いた。中央の神殿が鐘を鳴らすと、こだましながら、街中に鳴り響く。鐘の音に井戸の広場で騒いでいた人々が一瞬ぴたりと口を噤んだ。

次の瞬間、歓声が上がって誰かが叫ぶ。

「出発だ！　大通りへ行くぞ！」

洗礼式を受ける子供達を先頭にぞろぞろと大通りへと出ていけば、あちらこちらの路地から大通りへ出てくる子供達と見物人が同じように出てきた。

街の端から中央の神殿に向かって、白い服を着た子供達を先頭に行列が大通りを歩いて行く。行列は洗礼を受ける子供とその付き添いで構成されていて、それ以外の人達は大通りから見送ることになる。

……この光景って、アレに似てる。

沿道で手を振ったり、祝福の言葉をかけたりする人がいて、その間を行列が進んでいく感じや、歓声が段々近づいてくる様子で、行列の進度がわかるところが、お正月の駅伝っぽい。

遠くの方から、わぁっという歓声が段々近づいてくる。すぐ隣にいるトゥーリの様子を窺えば、緊張しているようで、少し顔が強張っていたので、わたしはできるだけ背伸びして、トゥーリの頬を人差指でツンと突いた。

「え？　何？」

「笑顔だよ。笑ってれば、トゥーリが一番可愛い。ホントだよ？」

一度目を丸くした後、ゆっくりと目を細めたトゥーリの顔にいつもの笑顔が浮かんだ。

「もうマインったら」

「そうだ。笑ってなくてもトゥーリが一番可愛いだろう」

……あぁ、もう、ホントにどうしよう、この父さん。

そんなやり取りをしているうちに、行列が見えてきた。大きな歓声や拍手、口笛が鳴り響く中、同じような白い晴れ着に身を包んだ子供達が、晴れやかな笑顔、ちょっと強張った顔、得意そうな表情、不安そうな顔、それぞれの顔で歩いてくる。

トゥーリとフェイが大通りに並んだ見物客から一歩前に進み出た。行列の流れを見ながら軽い足取りで進み出て、子供達の一番後ろに加わる。行列に入った二人を確認して、フェイの家族とわたし達も後ろの親の列に加わった。

大通りで曲がり角がある度に、少しずつ子供の数が増えていく。街の中央にあるらしい神殿に着くころには、一体どれだけ人数が増えているのか見当もつかない。行列に並んで歩いているだけで、すでに感動で涙ぐんでいる保護者もいる。たとえば、父さんとか。

行列に遅れないようにやや小走りになりながら、大きな歓声の中をわたしも歩く。色んなところから声が飛んでくるので、きょろきょろと辺りを見回せば、大通りの両脇に並ぶ家々の窓から見ている人達や、どこかで摘んできたのか小さな白い花を投げて祝福する人が見えた。

高い部屋の窓から投げられた白い花は、まるで青い空から降ってくるようだ。行列の子供達から嬉しそうな声が上がる。周囲に比べてかなり背が低いわたしからは、花を取ろうと天に向かって伸ばしている子供達の手しか見えなかった。

大通りと大通りが交差する噴水のある交差点で、一度行列が止まる。別の通りから進んできた子供達と合流して行列が一気に増えた。わたしと父さんが一緒に歩けるのはここまでだ。

「父さんはこっちだよ」

すっかり行列と一緒に神殿に向かう気分になっている父さんの手を引いて、一度行列から出た。行列の邪魔をしないように、大通りの端へと寄って、見物客と一緒に行列を見送る。

「トゥーリ……」

「もう！　父さんはこっちだって」

行列が過ぎると見物客もぞろぞろと帰宅を始める。そんな人波と一緒に南門の方へと曲がった。名残惜しそうに何度も行列を振り返っているが、会議の時間は大丈夫なのだろうか。


「班長！　遅いですよ！」

門に着いた時には目を吊り上げているオットーがいた。父さんを会議室に送りだして、わたしはいつもどおり石板で字の練習をするのだ。

なんと、今日から商人の荷物表が読めるように、出入りの激しい品物の名前を覚えていくことになった。初めての日常単語である。

今日の単語は全部この季節の旬の野菜だ。ポメ（黄色のパプリカに見えるトマト）、ヴェル（赤いレタス）、フーシャ（緑の茄子）などの普段の料理で使われる野菜は覚えやすいけれど、食卓に出ない野菜は品物を想像することができないので、覚えるのに時間がかかる。

……一度市場へ行って、現物と単語を結び付けたいなぁ。でも、肉屋はまだ苦手なんだよね。

一人でコツコツと文字を練習していると、比較的若い兵士が書類を持って、飛び込んできた。

「オットーさん、知りませんか？」

「今日は会議に出てますけど？」

「あぁ、そうだった！　どうしよう……」

今日の門番は書類の文字がよく読めないらしい。

「わたしが読みましょうか？」

「は？　お前が？」

「一応オットーさんの助手なんです」

ものすごく胡散臭そうに見られた。まぁ、こんな見た目で字が読めるようには見えないだろうから、仕方ない。こういう視線には慣れた。

わたしとしては、親切心で言いだしたことなので、別に見せる気がないならそれでいい。兵士からの反応がないので、わたしは視線を石板に向けて字の練習を続けることにする。

「……読めるのか？」

わたしが視線を石板に落とすと、石板を見た兵士が驚いたように目を見開いて、そう問いかけてきた。絶対に読めるかというと、書類の種類によって自信はまちまちだ。まだ完全に覚えたとは言えない。

「えーと、人物照会票と貴族の紹介状なら問題なく読めます。商人の荷物表は数字が読めても項目にはあまり自信がありません」

「じゃあ、貴族の紹介状だから、頼む」

貴族の紹介状は面倒くさい言い回しが多いけれど、装飾的な文章を取り払えば、それほど難しいことは書いていない。誰が誰を紹介しているのか、誰の印章が必要かだけを読みとればいい。

わたしは羊皮紙とインクの匂いを胸一杯に吸い込んで、堪能しながら目を通した。

……あ～、士長も会議中だよね。下級貴族の紹介だから、会議が終わるまで待った方がいいかな？

「えーと、ブロン男爵からの紹介で、グラーツ男爵のところに行くそうです。士長の印章が必要ですね」

オットーの仕事ぶりを思い出しながら、わたしは羊皮紙を返す。対応マニュアルが頭に入っていれば、わたしにだってこれくらいはできる。

「これを持ってきた商人さんを下級貴族用の待合室に案内してください。今日の会議は上級貴族の招集だから士長の印章は会議終了までお待ちくださいって、ちゃんと理由を説明すれば、グラーツ男爵のお客様は無理を言う人ではないと思います」

「ありがとう。助かった」

胸を二回叩いて敬礼されたので、わたしも椅子から飛び降りて、敬礼を返す。オットーの助手をしているうちに当たり前のようにできるようになってきた。

……うーん、このままだったら、わたし、ここの事務員に就職させられそうだなぁ。

来年の見習い仕事が始まるまでに、紙を作って、本屋さんになろうと思っていたが、先が見えなくて、挫けそうだ。

石板で引き続き文字の練習をしていると、会議を終えた父さんが飛び込んできた。

「帰るぞ、マイン」

「あ、さっきね……」

「話は帰りながら聞くからな。トゥーリが待ってる」

父さんは石板や石筆をトートバッグに入れると、ひょいっとわたしを抱き上げて、荷物を持って歩き始めた。その足の速さに驚きながら、わたしはぺしぺしと父さんの肩を叩く。

「父さん⁉　あのね！　報告が……」

「オットーに捕まる前に出るぞ」

「待って！　オットーさんに報告があるんだって！」

言い合っているうちに、オットーが追いついてきた。

「あ、オットーさん。ブロン男爵からグラーツ男爵への紹介状を持った商人さんが来ています。士長も会議中のため、下級貴族用の待合室で待機中なので、至急対応お願いします」

「さすが俺の助手。よくできたな」

「俺の娘だ」

父さんの言葉にオットーがこめかみを押さえて、溜息を吐いた。

「優秀な助手に重要な任務を命じる。この班長とすぐに帰れ。会議中そわそわして落ち着かない班長のせいで、上級貴族に睨まれて俺の寿命が縮んだ」

「……父さん、命は大事にしなきゃ」

「オットーもこう言ってることだし、帰るぞ」

完全に心は家に帰ってしまっている父さんに抱きかかえられたまま帰宅すれば、その夜は家族でトゥーリの誕生祝いだ。

わたしの中ではお祝いと言ったらケーキが付きものだったけれど、そんなものはウチにない。使える食材を見て、わたしに準備できた代用品は、フレンチトーストもどきだった。

かなり固い雑穀パンを母さんにスライスしてもらって、ルッツのところからレシピと交換でもらってきた卵と牛乳に付け込む。それを母さんにバターで焼いてもらえばできあがり。蜂蜜や砂糖がないので、木苺っぽい果実のジャムをちょっと添えてみた。

わたしがトゥーリのためにできたのは、もう一つ。スープの野菜の飾り切りだ。ハートや星に切った野菜をトゥーリは可愛いと喜んでくれた。

「ほら、トゥーリ。プレゼントだ」

「わぁ、父さん、母さん、ありがとう」

トゥーリが仕事着と仕事道具をもらった。七歳になって洗礼を受けると、見習いの仕事につく。住み込みの仕事場もあるらしいけれど、トゥーリが行く針子の見習いは通いだ。

……裁縫上手になって、美人を目指すんですね。ラルフに「トゥーリってホントいい女」って言われたいんですね、わかります。

「毎日お仕事するんじゃないよね？」

「まぁ、最初は大した仕事ができるわけでもないし、週に半分ほどだな」

「見習いの面倒をずっと見ていると仕事がはかどらないからね」

確かに。兵士見習いに文字や計算を教える日は、わたしの勉強ははかどらないし、オットーの仕事が増えていたような記憶がある。

「それから、これがマインのだ」

両親が布で包まれた細長い物をゴトンとテーブルに置いた。目を瞬いて、わたしは首を傾げる。

洗礼式でもないわたしが何故贈り物をされるのかわからない。

「わたし、洗礼式じゃないよ?」

「仕事を始めるトゥーリの代わりに、今度から薪拾いはマインがするからな。必要になる」

包まれた布を開くと、そこには鈍く輝くナイフがあった。刃には厚みがあって、手にずしりとした重みがかかる。こんな鋭い危険そうなの、子供に渡すなんて、と日本では言われるかもしれないが、こちらの常識では、このくらい持っていないと自分の身を守ることさえできない。手伝いも何もできない赤ちゃん扱いだ。

……ナイフ、もらっちゃったよ。

今までわたしは完全に赤ちゃん扱いだった。お手伝いをするトゥーリのお手伝い。むしろ、余計なことばかりする足手まといだった。だが、トゥーリが見習いを始めることで、わたしにもナイフを渡さざるを得なくなったのだろう。

……ナイフ! これで木簡が作れるよ! 木簡作るよ!

## 黄河文明、愛してる

トゥーリが初めての見習い仕事に行ったその日、わたしは愕然《がくぜん》としていた。任された手伝いがどれもこれもろくにできなかった。現代知識があるし、その気になればできると思っていたけれど、知識なんて何の役にも立たない。

……トゥーリは偉大な姉だった。

まず、わたしには水が運べなかった。井戸から汲めないのだ。力がなさすぎて。ほんのちょっとずつしか汲み上げられず、階段を上がるのも大変で、桶一杯の水を運ぶのに、五往復しなければならなかった。もちろん、必要な水は桶一杯ではない。水瓶いっぱいだ。

母さんが一緒に水を運んでいたが、母さんが水瓶を一杯にするのとわたしが桶を一杯にするのが同じペースだった。

……わたし、使えない。

お昼の準備をするから、竈に火をつけて、と言われた。

麗乃時代の野外活動で経験したから、薪を組むのはできる。太めの木と燃えやすい細い木を組み合わせて、空気の通り道を作って、種火が付けやすいように乾燥した草を置く。そこまではできた。

しかし、火がつけられない。あの時に使ったのはチャッカマンだった。火打石を使った経験はない。

トゥーリがやっているのを見よう見まねでやってみた。

「うひゃっ⁉」

勢いよく石と石を打ち合わせたら、当たり前だが、火花が散った。目の前でチカッと光った火花にビックリして思わず石を取り落とした。まるで花火みたいで火傷しそうと思ったら、その後は、怖くて勢いよく打ちつけることができなくなった。結局、途中で取り上げられた。

……わたし、マジ使えない。

料理の手伝いならできる。そう思ったが、できなかった。包丁が重すぎて、両手じゃないと持ち上げられない。絞められている鶏を見ると、固まってしまう。

わたしにできるのは、母さんがある程度まで切ってくれた食材を小さなナイフで切ったり、レシピを提供したりするくらいだ。自分でできることはごく少ない。身長が足りないので、台に乗っても鍋を掻き回せない。母さんはレシピを褒めてくれたが、自分の不出来さに正直凹む。

……わたし、ホント役立たず。

「どうしたの、マイン？」

初めてのお仕事から帰ってきたトゥーリが、どんよりと凹んでいるわたしに声をかけた。凹むわたしの代わりに母さんが苦笑しながら、答える。

「……今日、お手伝いをさせたんだけど、自分が何もできなかったことに落ち込んでるみたい」

「え？　今更？」

……そう、今更だ。今更だけど、思い知った。わたし、ホントに役に立たない。

「色々やってみたけど、全然できなかった」

「まぁ、現状がわかったなら、努力すればいいんじゃない？」

「落ち込んでいるみたいだけれど、お掃除だけはマインが一番よ」

箒で掃いて、雑巾で拭くだけなら、経験があるし、それほど力がなくても何とかなる。気合入れ過ぎると熱が出るけれど。それに、掃除はわたしにとってお手伝いではない。わたしが不潔な環境に耐えられなかっただけだ。ただでさえ病弱なのに、さらに病状を悪化させそうな環境を改善しただけ。自分のためであって、家族のためではない。

麗乃時代は全部機械任せだったので、掃除も洗濯も料理も一通りできたけれど、ここでは何の役にも立たない。正直、あんなに大変だとは思わなかった。一歳違いのトゥーリにできるのに、わたしはどうしてこんなに貧弱な体で、役立たずなんだろう。

……どうせなら、もっと丈夫な体がよかった。せめて、足手まといにならないくらいの。

「ははは、マイン。役立たずって、お前、そんなことを気にしていたのか？」

「……気にするよ」

「まぁ、そうだが……。父さんはもともとマインに期待はしてないからなぁ」

……あれ？　なんか笑顔で意外とひどいこと言われてない？

期待されるような人間だとは思っていなかったけれど、この親馬鹿の父さんに面と向かって「もともと期待していない」なんて言われるのは予想外だった。呆然としているわたしの頭をポンポンと軽く叩きながら、父さんは何故か目に涙をにじませ始めた。

「いつ死ぬか、今度倒れたら駄目かもしれない。ずっとそう思っていたから、今元気になっていくだけで十分だ」

父さんの言葉に肩を竦めたのはトゥーリだった。

「父さんの言う通りだと思うけど、このままじゃどこもマインを雇ってくれないよ？　だって、マインは何にもできないじゃない」

トゥーリの言葉に父がふるりと首を振った。

「いや、門で雇える」

「え？　マインに何の仕事ができるの？」

トゥーリと母さんが不思議そうに首を傾げるけれど、わたしはどうして不思議そうにするのか、理解できない。今までだって、門で何をしているのか話をしたことがあるはずだ。

「何の仕事って、書類仕事だ。今でも門に行ったら、一応オットーの手伝いしてるんだよ。……半分以上は字を教えてもらってるけどな」

「えぇ!?　いつも休憩だけするために門に行ってたわけじゃないんだ？」

「マインが大袈裟に言ってたわけじゃなかったのね!?」

……トゥーリ、なんでそんなにビックリしてるの？　それに、母さん、ひどい。本当の話だと思ってなかったなんて。

「マインは特に計算仕事に関する評価が高いんだ。マインに希望がなければ洗礼式の後は門で働けばいい。マインだって父さんと一緒に働きたいよな？」

「え？　やだ。だって、わたし、『本屋』か『司書』になるから」

わたしの将来の予定に、門番の書類仕事をするために父さんと出勤するという項目は、残念ながら皆無だ。しかし、こちらで一度も見かけていない本屋も司書も、案の定、通じなかったようで、皆が首を傾げている。

「……あ～、マイン。それは一体何だ？」

「本を売る人だから、商人？　う～ん、商人って柄でもないんだけど、本に係わる仕事をする」

「まぁ、よくわからんが、やりたいことができたならいい。とりあえず、できることからやればいい。半年前のマインは森まで歩けなかった。外に出るのも嫌がっていた。今は自分で行って帰ってこられるんだからな」

「……うん」


今日は薪を頑張って拾っておいで、と言われて、トゥーリも一緒に籠を背負って家を出た。

家族が言う通り、森まで歩けるようにはなったが、到着したら休憩しないと動けないし、かなり気をつけて動かないと次の日には寝込むことになる。

……虚弱すぎるこの体が憎い。

森に着いて息が整ってきたら、薪を拾い始める。わたしは落ちているのを探して拾うだけだが、トゥーリは枝ぶりを見て、鉈《なた》のような刃物で切れる。コンコン、スパーン！　と。

「トゥーリはすごいなぁ」

トゥーリの手際の良さを改めて感じる。

「わたしも、できるところからコツコツとやるしかないよね」

せっせと枝を拾っていると、すぐに息が上がってきた。わたしは石に座って休憩しながら、早速木簡を作るためにナイフを取り出す。

「う、結構重い」

鈍く光るナイフを手にとって、わたしは溜息を吐く。刃物を扱ったことが全くないわけではない。

日本でだって包丁は使っていたし、カッターくらいは日常生活で使っていた。

でも、木を削った経験がほとんどない。麗乃時代、小学生の時に小刀で鉛筆削る、なんて課題があった。鉛筆なんて鉛筆削りで削ればいいなんて言って、ろくに触ってこなかったのを、今、切実に後悔している。

……我ながら危なっかしくて、木簡を作ろうにもナイフがろくに使えないんですけど！

へっぴり腰で鉛筆を削ったことしかないのに、こんなナイフをうまく扱えるわけがない。本当に木簡が作れるのだろうか。

試しに、拾った枝の中でも細い枝をちょっと削ってみた。力がない小さい手なので苦労したが、木の皮がはがれて、中の色が見えた。

……あ、ちょっと苦労するけど、何とかなりそう！

ナイフの練習にもなるし、木簡もできるし、一石二鳥だ。わたしはうきうきしながら拾ってきた木を、ナイフで平らに削っていく。同じくらいの長さに揃えて切った細長い木切れをたくさん作り始めた。それを紐で結んでいけば、立派な木簡だ。メモ用紙代わりにはなるだろう。

……黄河文明＆ご先祖様、素晴らしい知恵をありがとう。生まれる前から愛してます。父さん、母さん、素敵なナイフをありがとう。おかげで木簡が作れます。

枝を拾って削ればいいので、ちまちまと繊維を編んだパピルスもどきや土から掘り出す粘土板に比べると労力もそれほどではない。

……これはいい。

手元にある木をシュッシュッと少しずつ削って、書くための面をなるべく平らにする。スパーンと一発で削れるような力と技があればいいけれど、無い物ねだりしても仕方ない。地道に削って、次々と木簡を増やしていけばいい。今のわたしの手では細い枝しか削れず、一本の木簡につき一行しか書けないので、数が大事だ。

「マイン、粘土板の代わりに今度は何を始めたんだ？」

薪を集め終わったらしいルッツがわたしの手元を覗きこんで問いかけてきた。ルッツの予想外な問いかけにわたしは首を傾げる。

「……え？　なんで、これが粘土板の代わりってわかったの？」

「だって、マイン、すっげぇ楽しそうじゃん？」

「え？　楽しそう？」

「今にも木に頬ずりしそうな顔してる。粘土板の時も粘土見てうっとりしてただろ？」

……え？　今にも頬ずりしそうな顔をして、一人でシャコシャコ木を削ってるってこと？　それって変人っぽくない？……うひぃっ！　無自覚って最悪！　恥ずかしい！

予想外の指摘をされた恥ずかしさに、心の中だけでわたしがのたうっていると、ルッツはわたしが削った木簡をしげしげと観察する。

「で、何を作ってるんだ？」

「……『木簡』を作ってる」

「モッカン？　今度はこれに字を書くのか？」

「そう。だから、いっぱいいるの。わたしの力じゃ板みたいに大きいのは作れないから」

わたしが再度ナイフを構えて、枝を削り始めると、ルッツが隣に座り込んで、ちょっと太めの枝を手に取った。

「手伝ってやる。その代わり、前にマインが言ってたオットーさんって人に会わせてくれねぇ？」

「なんで？」

「旅商人の話、聞いてみたくてさ……」

ルッツが周りの目をはばかり、小さい声でぽそぽそと付け加える様子は前にも見たことがあった。あの時、ルッツは将来、旅商人や吟遊詩人のようにこの街を出て、色々な場所に行ってみたいと言っていたはずだ。人目を気にしたり、声をひそめたりするのだから、この世界で旅商人や吟遊詩人はあまり褒められない職業なのだろうか。よくわからない。

常識知らずのわたしの勝手な意見よりは、オットーの意見を聞かせてもらう方が、ルッツのためになるはずだ。

「忙しそうな人だけど、一応聞いてみるよ。断られたらごめんね」

「それでもいい」

ホッとしたように息を吐いたルッツは重荷を下ろしたような顔をしている。今まで誰にも相談できなかったのが、何となく伝わってきた。

その後は何となく会話が少ないまま、二人でせっせと木簡を作る。ルッツはやはりトゥーリと同じような鉈のようなものを持っていて、太めの枝から何枚かの大きな木簡を作ってくれた。

わたしはナイフでその表面をショリショリと削って、整えていく。木簡にするための板は増えたが、両面共に真っ白だ。

……門で使ってるインク、分けてもらったり、譲ってもらったりできるかな？

インクは基本的に紙と一緒に使うものだから、その辺りの店には売っていない。そういえば、門ではインクも羊皮紙と一緒に厳重に保管されている。もしかしたら、紙だけじゃなくて、インクも高いのかもしれない。

できれば、オットーに以後の給料を石筆ではなく、インクにしてもらえないか交渉してみよう。ついでに、ルッツのお願いも伝えておこう。

## インクが欲しい

トゥーリがお仕事に行く日は、お目付役がいないので、わたしも門でお勉強だ。最近は日常で使う単語も増えてきたので、とても楽しい。

今日からトゥーリ達と同期の兵士見習いが三人入ってきた。彼らにまた文字と数字を教えなければならないオットーは忙しい。新人の教育を終えて、宿直室に戻ってから、普段の仕事を片付けなければならないからだ。

わたしは単語の練習をしたり、計算をしたりしながら、話ができそうな機会を窺っていた。書類仕事が一段落したのか、オットーがインクを片付け始めたのを機会に、声をかける。

「オットーさん、質問があるんですけど、いいですか？」

「いいよ？」

「旅商人って、どうやってなるんですか？」

「ハァ⁉　マインちゃん、旅商人になりたいのか⁉　え？　ちょっと待って！　それって、もしかして俺のせいか？　班長に殺される！」

大きく目を見開いて、オットーが机に身を乗り出すようにして、素っ頓狂な声を上げた。あまりの驚きように、わたしの方がビックリだ。慌ててパタパタと手を振って、否定する。

「いえ、わたしじゃなくて、友達が」

「なんだ。じゃあ、止めた方がいいって教えてやって」

「あ、やっぱり？」

オットーの簡潔な返事から、旅商人というのは、反対される職業らしいことが確定した。

「やっぱりって、どういうこと？」

わたしの反応にオットーがすっと目を細める。どう説明したら伝えやすいかを考えながら、わたしは口を開いた。

「えーと、その子が話をする時に人目をはばかったり、声をひそめたりしていたから、なりたいって言ったら反対される職業なのかな、と思ってたんです」

「まぁ、親からは大目玉を食らうだろうな」

「それに、旅商人って、ずっと移動する生活でしょ？　ここで何を仕入れて、こっちには何を卸すって考えながら、広い地域を行ったり来たりするんでしょ？　定住とは生活が根本から違うだろうし、親から子へ伝えられるコネとか、お得意さんだってあるだろうし、街の子供がなりたいと思っていきなりなれるものじゃないのかなって……」

その地への定住が決まっている農民の子供が、自由に土地を動きまわる遊牧民に憧れるようなものだと思う。生活の基本が全く違うし、自分の中の常識が全く通じない中で生活して、仕事をするのは予想以上に厳しい。良かれと思ってやったことが裏目に出ることが日常で、どうしてそれが裏目になるのかわからない。何もしないのが正解に思えるけれど、何もしなくても責められる。日常の中で積み重ねられてきた暗黙のルールにはマニュアルがない。

突然の異世界で何をすれば正解かわからなくて、引きこもりたいわたしには、常識の壁の厚みがよくわかる。

わたしは引きこもるにも本がないとどうしようもないから、仕方なく外に出てるけど、色々と常識外れなことをしているんだろうな、とは思っている。一応。

「そこまでわかってるなら、言ってあげれば？」

「うーん、同じように街に住んでるわたしが言うより、オットーさんが現実を教えてあげた方が素直に聞ける気がして。それに、父さんが言ってたけど、オットーさんは商業ギルドに多少繋がりがあるんでしょ？　旅商人は無理でも、商人見習いになれば買い付けで街を出るくらいならできるようになるんじゃないかなと思ったの」

家族にとっては未知の世界となる放浪の旅に出るのではなく、定住する地を持ちながら、仕事で出張なら、家族だってそれほど反対はしないと思う。

「なるほどね。わざわざ口利きをするってことは、その子はマインちゃんのお気に入りかい？」

ニヤニヤとオットーさんの口元がつり上がる。恋愛話を嗅ぎ分けて面白がる顔に、わたしは軽く肩を竦めた。

「お気に入りっていうよりは、ルッツにはいつもお世話になってるから、返せる時に恩返ししないと恩ばかりが積み重なっちゃって大変なんです」

「マインちゃんがお世話になってるってことは、あの金髪の坊やかな？」

森の帰りにへろへろになっているわたしのペースメーカーをしているルッツは、門で父さんにその日の行動を報告してお小遣いをもらっているので、オットーも見たことがあるのだろう。

「そうです。でも、新人教育が増えて、オットーさん、忙しそうだし、無理なら……」

「今が一番暇な季節だから、この季節ならいいよ。次の休日でどうだい？」

「ありがとう、オットーさん！」

それにしても、雑務がこれだけある今の季節が一番暇ということは、わたしに手伝いを頼んできた会計報告&予算編成の時期の仕事量はどれだけだろうか。わたしもお手伝いが決まっているだけに、考えたくないことだ。

「あ！　もう一つ聞きたいことがあるんですけど、このインクって、少し譲ってもらうこと、できますか？」

「インクって、これだよな？」

眉根を寄せたオットーが蓋を閉めたインク壺を指でトントンと叩いた。ガラスの向こうの黒い液体がわずかに揺れるのを見ながら、わたしは大きく頷く。

「お給料、石筆じゃなくて、次からインクにすることってできませんか？」

「三年ただ働き。前借り不可」

さらっと言われたことが理解できなくて、思わず目を瞬いた。聞き間違いであってほしいが、オットーは真剣な目で指折り何かを数え始める。

「お手伝いから見習いになれば、給与が変わるけど、今のお手伝いじゃあ、予算の時の特別給料も含めて三年分くらいかな？」

「三年!?……高ッ！」

まさかそこまで高いとは思わなかったわたしの反応に、オットーが苦笑混じりに「今度は予算項目の単語覚えような」と言う。

「貴族相手の書類の時しか基本的に使わないだろ？　子供のおもちゃにはできない値段だ」

……つまり、今のわたしには全然手が届かないってことですね。了解です。

せっかく木簡が完成したというのに、書けないという事態に、わたしは吠えた。

「くぅっ！　紙の問題が解決したかと思ったら、次はインクだなんて！　どうしてくれよう！」

使い慣れたボールペンやシャープペン、鉛筆、万年筆はもちろん、墨やインクでさえ周りに売ってない。インクさえ自由に使えれば、木を尖らせて書くこともできたけど、そのインクが高くて手に入らない。石筆一本の値段は知っていても、予算編成時期の特別給料がいくらになるかわからないわたしには、インクの値段を計算することもできない。

……三年ただ働きっていくらよ？

買う、拾う、もらう、盗む、作る、と手に入れる方法を考えたら、作るしかない。

……さすがに宿直室から盗んでくるわけにもいかないしねぇ……。

本だけではなく、どうやらインクも手作りしなければならないようだ。それにしても、インクってどうしたらできるのだろうか。顔料と乾性油ってことは知ってるけど、ここで手に入る顔料と乾性油ってどこで手に入れればいいのだろうか。

「いっそ『タコ』とか『イカ』とか捕ってくればいいってこと？『海』どこよ⁉」

作りかけの木簡を握りしめて思わず叫んだら、ルッツがビクッとして振り向いた。

「いきなり何だ⁉」

「ルッツ、ここのインクって何でできてると思う⁉　どうやったらわたしが作れると思う⁉」

さすがに海を探して旅して、タコやイカを捕るのが現実的でないことはわかる。しかし、自分の身の回りにある物で、インクや墨が作れるかどうかがわからない。

「インクってさ、そもそもどんなもの？」

「えーと、黒い液体で、こういう板に字を書くためのもので……」

普段目にしていない人に説明するのは難しい。思いつくまま並べていると、ルッツが首をひねりながら、言った。

「黒いもの？　汚れが付くという感じでもいいなら、灰や煤で何とかならないか？」

「それ、いい！　やってみよう！」

煤や灰なら、薪の燃えかすだし、いくらでも家にある。今日だって作られている物だ。すぐに手に入るに違いない。


わたしは家に帰ると、早速母さんに頼んでみた。

「母さん、この灰、使っていい？」

「ダメよ。灰は石鹸を作ったり、雪を溶かしたり、染め物に使ったり、農家に売ったり、いくらでも使い道があるでしょ？　勝手に持っていかないでちょうだい」

そういえば、春先に灰を撒くのを手伝わされて、わけがわからないまま花さか爺さんの気分で灰を撒いたけど、雪を溶かすためだったのか。今頃知った。

……むーん、石鹸を作った時にも大量に使ってたから、確かに灰は大事だよね。

余れば売ることもできる灰を手に入れるのは難しそうだが、もう一つの候補である煤も使い道があるのだろうか。

「じゃあ、母さん。煤ならいい？」

わたしが第二案を提示すると、母さんは少し眉をひそめた後、何故かニッコリと笑って許可してくれた。

「何をしたいのか知らないけど、煤ならいいわ。マインが竈の中を掃除してくれるってことでしょ？　ついでに煙突も掃除すると、もっと集まるわよ？」

「ぅえっ!?……あ～、うん。……そう、なるのかな」

笑顔の母さんに押し切られて、竈と煙突の掃除をすることになってしまった。こんなはずではなかったが、煤を手に入れるためならば仕方ない。気合を入れて煤を払うための掃除道具を手にとると、血相を変えた母さんがわたしを止めた。

「ちょっと待ちなさい、マイン！　その服で掃除するつもり!?」

「……え？　ダメ？」

すでに薄汚れていて、ボロボロな服で掃除することに何の問題があるのかわからない。首を傾げるわたしの前に、母さんが裁縫箱と雑巾籠を持ってきた。

「すぐに作るから、待ってなさい」

母さんがご機嫌で、あっという間に雑巾を繋ぎ合わせた服を作りだした。

雑巾服に着替え、髪が少しでも汚れないように、子供の髪形ではないと言われようが簪でアップにして、これまた雑巾を三角巾代わりにする。

……わぁお、シンデレラのコスプレだとでも思わなきゃ、やってられないよ。

竈からまず灰を掻き出した。その後、内部に頭を突っ込んで、こびりついていた煤を掃除して、回収する。小柄な体で初めて助かったことかもしれない。

母さんの笑顔に抗えず、ついでに煙突も掃除して、煤を集めた。黒い物がボロボロと落ちてきて、中が綺麗になっていき、自分が欲しかった煤が溜まって行く。やり始めると意外と楽しくなってきて、夢中になりすぎたようだ。熱を出して倒れた。

自分も煤まみれになって、ぶっ倒れたが、何とか煤は回収できた。体調も回復した。今日はこの煤を何とか字が書ける状態にしたい。

「マイン、これ、どうするんだ？」

「まずは水かな？」

一番に思いついたのは水で溶いてみる方法だった。墨っぽくなる気がする。何となく。

木の器に川の水を少し入れて、煤と一緒に木切れでぐるぐると掻き回してみた。煤が水に浮いているだけで、いまいち溶けない。

「こんなもんかな？」

「とりあえず書いてみたらどうだ？」

ルッツの言葉に、わたしはペン代わりに先を削った棒を突っ込んで、木簡に「一」を書いてみた。だが、板に書ける分より、棒に引っ付く方が多いし、書ける字が薄くて読みにくい。

「ダメだ～。失敗」

「次はどうする？」

「うーん、油で溶いてみるっていうのが、インク作りのセオリーなんだけど……」

これは母さんに欲しいと頼めない。なぜなら、植物性の油は食べる方にも、簡易ちゃんリンシャンにも使っていて、ウチでは常に不足気味だ。そして、動物性の油は蝋燭や石鹸に使うので、これも簡単にもらえるとは思えない。多分、灰と同じくらい簡単に却下されるだろう。

「油は使うからな。もらえないよな？」

「うん、無理だね。他に何かないかな……」

ヒントを探って、日本で使っていた筆記用具を次々と思い浮かべていく。

「うーん、『日本画』の『絵具』が『膠《にかわ》』を使ってたけど、火が使えないから、無理でしょ？　体力と腕力と体格がないのが辛いなぁ」

将来的には膠を使うことが選択肢に入るだろうけれど、今の時点では準備できない。膠が使えたら、自然材料から絵具っぽい物も作れそうだから、かなりできることが増えそうだ。自分が成長するのを待つしかない。

「おーい、マイン、大丈夫か？　帰ってこい」

ルッツが目の前で手をパタパタと振るのが見えているが、今はまだ意識を戻すわけにはいかない。

「うーん、別に液体じゃなくてもいいんだよね。『クレヨン』とか『チョーク』とか『鉛筆』とか……そうだ、粘土！　粘土と混ぜてみよう！」

「はぁ？」

「確か、『鉛筆の芯』は『黒鉛』と粘土を混ぜた物だった気がする。あれ？『コンテ』だっけ？　まぁ、いいや。『黒鉛』じゃなくて煤だけど、何とかなるかも！」

粘土と煤を混ぜて、丸めて細くして、乾燥させる。これで固まれば、書けるかもしれない。

「ルッツ、『粘土板』を作った時の粘土って、あの辺りを掘ったよね？」

「わざわざ掘らなくても、使いきれなくて放っておいたのが、あの石の辺りにあったはずだ」

ルッツの言った通り、粘土が小さな山になっていた。そこから、少し粘土をとって、煤を混ぜてこねていく。イメージは全てが芯でできているプラスチック色鉛筆とか鉛筆の芯だ。触って真っ黒にならなければ、使える色にならない。自分の手も、台の代わりに使った石の上も真っ黒にしながら、煤鉛筆を細く丸めていく。そして、鉛筆くらいの長さに分けた。

……これで乾いて固くなってくれたら成功だ。

川の水で手足を洗ったけれど、あまり綺麗にならなかった。しかし、このしつこい汚れなら、板にも書ける気がする。

「どのくらい乾かしたらいいんだろうね？」

「さぁ？」

「いっそ焼いてみようか？」

「余計なことをしない方がいい。また、爆発するぞ」

「うぅっ」

ルッツの忠告通り、わたしはおとなしく煤鉛筆を乾燥させることにした。

# お料理奮闘中

トゥーリがお仕事をするようになったことで、わたしにも料理番が回ってくるようになった。しかし、包丁がろくに持てない、火がろくに使えない、という状態では、まだ一人では全行程を行うのは無理だ。わたしができる範囲で手伝い、母さんと一緒に作ることになった。

せっかくなので、和食を食べられるように創意工夫してみたい。麗乃時代の知識が火を噴くぜ！　って、勢いよく噴きたかったけど、噴けなかった。

だって、最初からお手上げ状態だ。和食が恋しいのに、米がない。味噌がない。醤油がない。当然、味醂だって日本酒だって売ってない。調味料がないのでどうしようもない。作れるなんて思えない。

……あのね、わたしだって、味噌や醤油の作り方くらいは知ってるよ？　材料だって、わかってる。大豆と麹《こうじ》と塩で作るんだよね？　手順だって習ったよ。小学校の時に味噌工場へ見学に行って、実際に昔はこう作ってたってコーナーの見学も真面目にして、図書館で色々調べたからね。

わたしは麗乃時代の工場見学を思い出す。一生懸命に味噌と醤油の作り方をまとめたものだ。図書館で調べたことまで書き足して、先生に褒められて、教室に展示されていたのだ。

……でも、この世界で大豆と麹ってどこにあるの？　豆はもしかしたら他の豆で代用できる可能性があるとしても、麹って、どこに売ってるの？

さすがに、自然界にあるものから麹を作るのは、怖くてできない。だって、麹は黴《かび》だ。ちょっと失敗したら、家族全員巻き込んで食中毒一直線である。たとえ、麹がたまたまあったとしても、雑菌だらけのあの家で醸《かも》すなんて怖いことはできないし、臭いもするので、できあがる前に捨てられるに違いない。

調味料を自作するのは諦めて、調味料を使わない和食がないか、これでも一生懸命考えた。

……刺し身ならどう？　醤油はないけど、塩と柑橘系の果汁で食べてもおいしいじゃない？

でも、ここ、どうやら海が遠いらしい。市場に行っても新鮮な魚なんていなかった。ワカメや海藻だって売ってない。刺し身どころか、海藻サラダさえできなかった。

海がないということは、当然、昆布だってない。干しエビも鰹節もない。和食を作りたいのに、出汁が取れない。これがホントに致命的だった。

……粉末出汁が欲しいなんて言わない。せめて、昆布と鰹節をください。

きゅうりもどきとワインビネガーで酢の物らしきものを作ってみたが醤油も砂糖もない状態じゃ、風味が違いすぎて満足できない。一応作ってみたものの、すっぱさがえぐい感じになって、わたしが思った酢の物とは全く違う物になった。

全然できないのが悔しかったので、子供のわたしでもできる簡単料理、きゅうりもどきを塩揉みして食べた。塩でちょっと水分が抜けて、くたっとなった程良い塩味のきゅうりもどきが、ちょっと漬物っぽくなっていた。和食っぽい物で満足できると思ったら、逆に、白米が恋しくなりすぎて泣けた。ちなみに、雑穀パンと塩もみきゅうりもどきは、これじゃない！　という思いが強すぎて、あまり相性が良くなかった。

……米、米、和食！　誰か和食を！　和食を恵んでください！

きゅうりもどきのせいで、あまりにも和食が食べたくなったので、川で魚でも釣って、和食っぽい物を自作してみようと考えた。火が使えないわたしには、天日で干す以外の選択肢がない。川で魚を釣って、干物を作ってみるのはどうだろう。塩を振りかけて干せば何とかなるかもしれない。何とかなってほしい。


「ねぇ、ルッツ。魚を釣ってみたいんだけど、この川って釣れる？」

森へ採集に行った日、わたしは河原でルッツに尋ねてみた。

「マインには無理だと思う」

ルッツの言った通り、結果は惨敗。魚を釣ること自体が難しい。しょぼくれるわたしの前に、ルッツが釣った魚を持ってきた。

「ほら、釣れたけど、これ、どうするんだ？」

「もらっていいの？」

「いいよ。オレはこんなのいらないから」

「ルッツ。ルッツは火、おこせる？　これ、塩焼きにしたいんだけど」

ルッツが釣ってくれた魚を、我慢しきれず、鮎のように塩焼きにして食べてみる。

……臭ッ！　苦ッ！　まずッ！

一口食べて、思わず顔をしかめた。おかしい。わたしが思ったのと違う泥臭い味がする。どうしてこんなに臭いのだろうか。焼き方が間違っていないか、記憶を探って首を傾げていると、ルッツが眉根を寄せていた。

「ちゃんと料理しないと、そんな食べ方で臭くないか？」

「……臭い」

……この魚、臭いんだ。もっと早く教えてくれたら嬉しかった。

もう一尾はナイフで捌いた。日本の包丁と勝手が違って、少々ボロボロになってしまったけれど、味に問題はないはずだ。木を削った棒で刺して、干してみる。

干物ならできるかもしれない。天日干しだ、と放置しておいて、薪を拾っていたら、いつの間にか食べられないくらいカチンカチンになっていた。どうやら、水分が蒸発しすぎたようだ。

「マイン、これ、何だ？」

「……干されすぎた干物。もう干物としては食べられないね」

「そうだな。どう見ても食べ物には見えない」

「でも、出汁は取れるかも。持って帰って使ってみる」

干物としては食べられなくても、出汁は取れるかもしれない。わたしは家にカピカピの干物を持って帰って、出汁として使ってみようとした。

「マイン、何これ⁉　気持ち悪い！　ちょっと、鍋に入れるのは止めてちょうだい！」

「あの、母さん。出汁をとるのに使いたいんだけど」

「ダメよ！　鍋に入れてもいいのは食べ物だけよ」

……一応食べられるものなんだけどな。

干物を気持ち悪がる母さんの強硬な却下により、出汁として使うことは却下された。もしかしたら、普段の生活であまり魚を見ないから、捌かれて干からびた魚は気持ち悪いのかもしれない。半分にかち割られた豚の頭は「おいしそう」って言うのにね。

……お魚さん、ごめんなさい。

結論、わたしに和食は作れない。ひとまず、今使える材料でちょっとでも和食っぽく、せめて、日本で食べてた味に近づけて食べる方法を考えよう。その方が有意義だ。うん。

なんと、本日は鳥を一羽頂いた。ご近所さんが森で五羽ほど仕留めたらしい。傷む前に全て食べるのは季節柄難しいので、お裾分けにあずかった。前に父さんが仕留めすぎた時のお返しだそうだ。名前も知らない鳥を捌くのは母さんだ。肉を捌くための包丁は重くて、わたしもトゥーリもまだ使えない。

「マイン。ほら、羽を毟《むし》っていって」

「う、うん……」

でろっと横たわる鳥の羽を握って引っ張る。ブツブツッと羽が取れる感触に、ぞわわっと鳥肌立った。食べるためには仕方がないことだと自分に言い聞かせ、泣きながら毟る。単純作業としてできるようになるまでにはまだ時間がかかりそうだ。でも、内臓を抉りだしても、気絶したり、逃げだしたりせずに立っていられるようになったのだから、我ながら成長したと思う。

「さぁ、マイン。料理するわよ」

「わかった」

せっかくなので、鳥ガラで出汁をとろうと考えた。鳥ガラスープがあれば、料理の幅が変わってくる。昆布や鰹節はないけれど、干し椎茸もどきの干し茸の出汁と合わせればどうだろう。

しかし、鳥ガラスープをとるのが大変だった。鳥ガラスープを母さんが理解できなくて、最初、手伝ってくれなかったのだ。焼いて肉をほじくりだして食べるのがいいらしい。

今日はわたしが料理番だよ、と説得して、鳥ガラのぶつ切りだけはしてもらった。後は自分で何とかするしかなかった。

一番大きな鍋に水と鳥ガラとささみとハーブをどんどん放り込む。見た目が違っても、匂いや味や使い方が似ているものを選んでいく。ネギっぽい匂いのもの、ショウガっぽい味がするもの、ニンニクっぽい匂いがするもの、ローリエっぽい葉っぱ、とにかく、肉の臭み消しに使われる薬草は全部入れてみることにした。

「マイン！　待ちなさいっ！　それはマインの手には負えないわ。凶暴よ！」

ニンニクっぽい味がする、白いラディッシュの葉っぱ部分をナイフで切ろうとしたら、母さんに取り上げられた。母さんは、まるで逃げられたら困るとでも言うように、むんずと葉っぱ部分を握って、まな板に置く。キッと白ラディッシュを睨んで、包丁で半分に切った瞬間、「ぎゃっ！」と叫ぶような声が聞こえた。白ラディッシュから。

「え？　何？」

空耳だろうか、と瞬きするわたしの前で、母さんが葉っぱから手を離して、今度は包丁の側面をバン！　と叩きつける。ニンニクを潰す時と同じ動作だ。わたしがちまちまとみじん切りにするより速いので、助かったと思っていたら、包丁の下から出てきた白ラディッシュが何故か赤ラディッシュになっていた。血がにじんだように赤くなっているのが、怖い。

「もう大丈夫。ちゃんと洗ってから使うのよ」

……ラディッシュより母さんの方が凶暴に見えたのはわたしの目の錯覚でしょうか？　錯覚ですね。錯覚ということにします。

ここでは、たまに自分が知っている野菜と似たような見た目に見えても、よく理解できない不思議食材がある。こういう変わった野菜に遭遇すると、あぁ、ここは自分の知っている世界ではないんだな、と実感するのだ。

少しハプニングはあったものの、臭み取りのハーブを入れてしまうと、気を付けるのは灰汁とりだけだ。一度沸騰したら、とりあえず水を全部捨てて、水をはりなおすなんて、よく聞くけれど、特にスープの味が悪くなったりしたこともないし、面倒くさいのでそのままトロ火で煮続ける。

沸騰した後で、ささみだけは頃合いを見て取り上げた。さっと水にさらした後、ほぐして、サラダに添えるとおいしいのだ。

スープを煮込む間に他の部分の肉を下処理していく。心臓部分とか砂肝っぽい部分などの傷みやすい部分を食べやすい大きさに切って、塩と酒をふっておく。こういうのはシンプルに塩で焼いて食べる。それが家族にとって一番受け入れやすい調理法らしい。一瞬、炭火焼という単語が頭をよぎったが、他の処理があるので諦めた。

今日食べるのは内臓系とモモ肉だ。モモ肉は母さんが腕によりをかけてローストチキンにするようで、わたしの手出しは禁止された。

わたしはムネ肉に塩と酒をふって、冬支度部屋に入れておく。これは明日の料理に使うためだ。ここに冷蔵庫と密閉できるビニール袋があれば、鳥ハムを作ったけど、ここではできない。残念、無念である。

「……いい匂いね？」

「味はまだまだだよ」

スープの匂いが漂い始めると、気味悪そうに遠巻きにしていた母さんがちょっとずつ鍋に近付いてくる。鳥ガラスープは気長に煮込むしかないので、灰汁にだけ気を付けて、少しずつ野菜を刻み始めることにした。何をするにもこの体では時間がかかるので、早目に取りかかっておくに越したことはない。

和食っぽく食べよう計画第一回目として、鍋だ。出汁があれば、鍋ならできるんじゃない？　と思ったのだ。馴染みのある出汁は取れないが、今回は鳥ガラスープがある。

ポン酢もごまだれもないので、黄色いパプリカみたいな見た目で、味はトマトであるポメとハーブで味をつけて煮込んで、トマト鍋っぽくしてみる予定だ。

ポメ鍋には、母さんが骨ばかりで使いにくいという手羽先を使うことにして、名前がよくわからない旬の野菜を適当に切っていく。煮込んでしまえば大体おいしく食べられるのが、鍋の魅力だと思う。

「あ、そろそろいいかも。母さん、手伝ってくれる？」

二番目に大きい鍋の上にざるをセットして、わたしは母さんを呼んだ。

「何をすればいいの？」

「ここにスープをザーッと流してほしいの。中のいらない部分を出すから」

「……これを食べるわけじゃないのね」

何だか安心したように母さんが言って、鳥ガラスープをざるで濾《こ》してくれたので、わたしは一番大きな鍋の汚れを洗って、濾したスープをまた移してもらった。二番目に大きい鍋は使用頻度が高いので、スープストックを入れておいたら邪魔になるのだ。今からポメ鍋を作るのも、二番目に大きい鍋である。

できあがったスープに刻んだ干し茸を入れて、ポメ鍋を作り始めた。手羽先を煮込みながら、さっき濾した鳥ガラから食べられる肉をほじっては投入していく。骨が鋭いので、指を切らないように、肉の中に骨が残らないように気を付けて、ちょびちょびと肉をとった。

母さんが作るローストチキンのいい匂いが立ち込めてきたので、煮込む時間を考えて、こちらも鍋に野菜を投入する。

「マイン！　何してるの⁉」

「……野菜、入れただけだけど？」

「ちゃんと湯がかなきゃダメじゃない！」

……ここではそうするのが普通みたいだけど、灰汁抜きならともかく、野菜をくたくたになるまで別の鍋でゆでて、そのゆで汁を全部流して、ゆで上がった野菜だけ料理に使ったら、おいしさ半減しちゃうから。栄養もかなり溶けだしちゃうから。

母さんが作る料理に文句は言わないけど、わたしの料理に同じ調理法を強制されても困る。

「この料理は、これでいいの」

「せっかくおいしそうな料理が台無しになっちゃうでしょ？」

「大丈夫だよ」

灰汁とりしながら煮込めば、ポメ鍋は完成だ。ちょっと味見したけど、おいしい。野菜を先に湯がいていなくても大丈夫。

「ただいま。あ～、ウチだったんだ」

「お帰り、トゥーリ。どうしたの？」

「大通りの方までおいしそうな匂いがしてて、歩きながらすごくお腹空いてきちゃったの。道を歩いている人が、匂いがどこからしてるのか探してたよ。ウチの匂いだとは思わなかった」

中華料理やラーメン屋の近くを通ったら食べたくなるような感じだろうか。鳥ガラスープの匂いは結構強力だから。

「ただいま。お、ウチの匂いだったのか」

昼番だった父さんも帰ってきた。かなり広範囲に鳥ガラスープの匂いがしていたらしい。期待に顔を輝かせて、テーブルに着く。夕飯に丁度よく家族が揃った。

「今日はアルさんから、鳥を一羽頂いたのよ。前にギュンターが分けたから、そのお返しにって。それをマインと一緒に料理したの」

「じゃあ、この見慣れない料理がマインの作ったやつか？」

「そうだよ」

テーブルの真ん中には、母さんが作ったモモ肉のローストチキンが置かれ、その隣にはほぐしたささみを少し上に乗せたサラダ。父さんのそばには内臓系の塩焼きが、おつまみとして並び、それぞれの器にポメ鍋が入れられる。こうして並べられると、もう鍋じゃなくて、ただのポメスープだ。

「これ、何？　すごくいい匂い。食べていい？」

「ポメスープ。頑張って鳥ガラスープを取ったから、おいしいはずだよ。食べてみて」

わたしがそう言うと、ポメスープに顔を近付けていたトゥーリが目を輝かせて、スプーンを手に取った。

「うわぁ、おいしい！　なんで？　すごくおいしいよ」

「あら、ホント。鳥の骨なんて煮込みだすし、野菜も洗っただけで直接入れちゃうからビックリしたけど、おいしいわね」

母さんも一口食べて、しみじみとした口調でそう言った。料理過程を知っている母さんにとっては、おいしそうに見えても不安の塊だったのだろう。

「すごいぞ、マイン。料理の才能があるな」

父さんが大喜びしながら、すごい勢いで料理を平らげていく。わたしもポメスープを食べてみた。鳥ガラスープがとても良い味になっていて、野菜のうまみも出ていて、おいしかった。

おいしかったけど、和食にはならなかった。


翌日は森での薪拾いを早目に終わらせて、帰ってきた。小さい子達は行きも帰りも固まって行動しなければならないが、洗礼式を終えたトゥーリは先に一言断っておけば、自由に動けるらしい。トゥーリと一緒に、わたしも早目に帰宅した。

鳥肉の残りを使いたいので、今日の料理番はトゥーリだけではなく、わたしもいる。和食っぽく食べよう計画第二回目として、鳥の酒蒸しに挑戦することにした。酒なら、日本酒じゃなくても似た感じになるんじゃない？　と思ったのだ。

「残りのお肉を使いたいってことは、何を作るか、決まってるの？」

「鳥の『酒蒸し』と『ニョッキ』とサラダの予定なんだけど、どう？」

「うーん、よくわからないから、マインに任せるよ」

まずはニョッキ作りだ。芋を茹でて、潰して、少しの塩と雑穀粉を混ぜる。小麦粉を気軽に使えない懐事情の市民が使うのは雑穀粉だ。ライ麦や大麦やえん麦が中心になっている。

耳たぶくらいの固さになった生地を丸く棒状に伸ばして、一センチくらいで切り分ける。

「わたしがナイフで切ったのを、こうやって伸ばしていってほしいんだけど」

「わかった」

わたしが少しばかり苦労しながら、生地をフォークの背にのせて親指でこすり付けるようにのばすのを見て、トゥーリが大きく頷いた。生地の表面にフォークの痕がギザギザにつき、裏面は指の形にくぼみができるのでソースが絡まりやすくなるのだ。

わたしが切る生地をトゥーリが次々にのばしていく。わたしよりも力があるので、速くて、形が揃っている。

「トゥーリ、わたしより上手だね」

「そう？……マイン、こっち見てないで、さっさと切って。なくなっちゃうよ？」

トゥーリにお湯を沸かしてもらい、沸騰したお湯で湯がいて、浮かんできたらできあがりだ。

昨日のポメスープの残りに、さらにポメを加えて、煮詰めたポメソースを作る。食べる直前にニョッキを絡めればいいので、今できるのはここまでだ。

「今はこれくらいかな？　サラダもすぐにできるし……」

「そろそろ母さんが帰ってくるから、サラダを作り始めてもいいんじゃない？」

トゥーリとサラダを作っていると、母さんが帰ってきた。母さんの姿を見つけたわたしは、酒蒸しを作り始めるために、昨日のうちに下準備していたムネ肉を冬支度部屋から取ってくる。

いくら涼しい部屋の冷たい石の上に置いておいたにしても、季節柄怖くて、クンクンと匂いを嗅いでみた。

……うん、腐ってない。大丈夫。

「マイン、この鉄鍋でいいの？」

「うん。ありがと、トゥーリ。昨日のうちに塩と酒をふって下味付けたから、すぐにできるよ」

下味に胡椒がないのが辛いが、それは諦めるしかない。

作り方はいたってシンプル。塩と酒で下味をつけたムネ肉を皮の方だけ炙って焼き色を付けたら、ひっくり返して、お酒を入れて、蓋をするだけだ。

せっかくなので、今日森で採ってきた茸も入れて風味を出そう。茸を洗って、ナイフで切ろうとしたら、トゥーリが目を釣り上げた。

「マイン、ダメ！　その茸は一度火であぶらないと踊るよ！」

そう言うやいなや、トゥーリが茸の石づきを全て串刺しにする。そして、パラリと塩をかけて竈の炎で炙りだした。

……踊る？　茸が？　鰹節が湯気でゆらゆらする感じ？　意味がわからないんだけど。

茸が踊るというのがよくわからずに首を傾げるわたしの前に、トゥーリが炙って少し焼き目のついた茸を差し出す。

「これで大丈夫」

「あ、ありがと……」

変な表現だとは思ったが、もう大丈夫ならそれでいい。これも不思議食材の一つなのだろう。一見しめじは要注意らしい。熱い茸で火傷しないように気をつけながら、茸を切った。

「母さん、料理に使っていいお酒ってどれ？　お酒をけちったらおいしくないから、コップに半分くらい欲しいの」

「そうね。……これがいいわ」

母さんがコップに半分ほど入れてくれた酒を、台に乗ってやや背伸びした状態で、わたしは鉄鍋の中にダパッと回し入れた。ジュワ～という音を立てる鉄鍋に蓋をして、鍋がジュワジュワと言い始めたら、火から下ろして放置。余熱で火が通るのを待つだけだ。

「もう鍋を下ろしちゃうの？」

「あとは余熱で十分火が通るよ。ムネ肉は火を通し過ぎるとパサパサして食べにくくなるから」

残り物スープで作ったポメソースとニョッキを火にかけて温めながら、絡める。

トゥーリが作っていたサラダも完成した。サラダの上には昨日と同じように、ささみがのっている。昨日のささみが非常に気に入ったらしい。

「今日のご飯も豪華だね」

「アルさんに感謝しなきゃ」

懐事情を考えると、これだけの食事が食卓に並ぶことは滅多にない。鳥を譲ってもらえたのは、とても大きいのだ。

「ただいま。今日もうまそうだな」

今日のご飯にも期待していたらしい父さんが、満面の笑顔で帰ってきた。職場で昨夜のご飯を自慢してきたと胸を張って言っている。親馬鹿フィルターで、ものすごい誇張されて自慢されている気がする。気のせいじゃなかったら、ちょっと門に行きにくい。

「いただきます」

「あ、すごい！　おいしいよ、マイン！」

切り分けた鳥の酒蒸しを食べたトゥーリが目を丸くして喜んだ。母さんも一口食べて、ニコリと笑う。

「手軽なのに、ムネ肉が柔らかくていいわね。茸も味が染みてすごくおいしいわ。イイお酒だからかしら？」

「そうかも。蜂蜜酒の甘みで味に深みが出てるよね」

わたしがそう言った途端、顔色を変えた父さんがガタッと立ち上がって、棚のところに走ると酒瓶を手に取った。かなり量が減ったそれほど大きくない瓶を見て、ガクンと項垂れる。今にも泣きそうな顔だ。

「……お、俺の秘蔵の酒が……」

……ごめん、ごめん。だって、「父さんが隠れてこっそり買ったお酒よ。せっかくだから、皆でおいしくいただきましょ」なんて、母さんにちょっと凄味のある笑顔で言われちゃったんだもん。わたし、珍しく空気読んでみました。

蜂蜜酒だったので、日本酒とはまた違った甘みがあっておいしかったけど、やっぱり和食っぽくはなかった。完全に別物だった。

……あぁ、和食が恋しい。

時々「踊る」とか「暴れる」とか「危険」とか言われる食材があって驚くけれど、大体はわたしが知っている調理法で問題なく料理できた。他の日に作った芋グラタンも、蕎麦っぽい穀物を使ったリゾットもどきも、固くなった雑穀パンの生地を敷き詰めて作ったキッシュもどきも好評だった。家族には好評だが、自分としては全く納得できない出来だ。洋食を作るにしても調味料や香辛料がろくにないので、似たような味で飽きてくる。

……せめて、胡椒くださいっ！　カレー粉もあるとなお嬉しい！

わたしの食生活改善への挑戦はまだまだ続く。

## 木簡と不思議な熱

一生懸命作った煤鉛筆は、しばらく放置して、乾燥させると段々固まってきた。

煤鉛筆にぼろきれを巻いて、手が汚れないように持つところを作る。その後、ナイフで先を削って尖らせて文字を書いてみた。

……書けた！　ちょっとぼろぼろに崩れやすいけど、一応書けてる。本というより、古代の記録媒体だけど、成功だ。

「やった！　書けたよ、ルッツ！」

「おぉ、やったな」

筆記用具が作成できたわたしは、うきうきしながら木簡を増やし始めた。木簡は薪拾いのついでに材料が確保できるので、かなりお手軽に増やすことができる。自分だけの力でもちょっとずつ増やしていけるのが何よりの魅力だ。嵩張るので増えると置く場所に困るが、それは粘土板でも同じことだった。大人になって独り立ちするまでの辛抱だ。

わたしはできあがった木簡におおむね満足していたが、ある日忽然と木簡が姿を消した。森から帰ってきたら、置いてあった場所にないのだ。

「ないっ!? ないよ？ あれっ!?」

「どうしたの、マイン？」

わたしが木簡を探していると、母さんが物置に顔を出した。どこかに移動されたのかもしれない、と思って、わたしは母さんに尋ねた。

「母さん、ここに置いてあった『木簡』知らない？」

「モッカン？ さぁ？ どんなもの？」

首を傾げる母さんにわたしは自分が作った木簡について、なるべく詳しく説明する。

「えーと、細いのや太いのでサイズは違うけど、全部表面を削って、字が書いてある木なんだけど……」

「あぁ、マインが拾ってきた薪でしょ？ それなら使ったわよ？」

「え？ え？ 使った？ なんで？」

頭が一瞬で真っ白になった。

「やっとお手伝いができるようになったマインが一生懸命森で拾ってきた薪だもの。ちゃんと使ってあげないといけないと思ってね」

「でも、薪はこっちに積み上げてる分でしょ？　なんでわざわざ除けてある分、使っちゃうの？　それ、わたしが作った、母さんが寝る時に話してくれた物語集だったんだよ！」

「あら、寝る前にお話してほしいなら、またしてあげるわよ」

いつまでたってもマインは甘えん坊ね、なんて嬉しそうに笑って、頭を撫でられた。

「そういう意味じゃない……」

……一つも残ってないよ。

木簡があった空間を目にして、気力が全部抜けていく。木簡はいくら頑張って作っても無駄だ。また燃やされる。そう考えると、もう何もやる気になれなかった。

体から力が抜けた瞬間、体の中で今まで抑えられていた熱量がぐんと増したように暴れ出した。興奮や疲れから熱を出す時間を一瞬に縮めたような感覚で、手足が痺れて体が動かせなくなる。

「何これ……？」

自分の中で何が起こっているのか把握できないまま、わたしはいきなり倒れ、突然の高熱にうなされることになった。

自分の中をぐるぐる回っている熱に自分が段々呑みこまれていくようで、意識がゆらゆらと揺れる。熱に食われて自分が少しずつなくなっていく感じだ。

この状態になって初めて、本当のマインはこの熱に呑みこまれてしまったのかもしれないと理解した。熱くて、苦しくて、辛い。抗うだけの気力もなくわたしも少しずつ呑みこまれていく中、心配そうに家族が覗きこんでくるのが時々目に映る。その中で何故かルッツの顔が見えた。

……なんでルッツが？

ルッツに視点を合わせようと力を入れると、呑みこまれかけた意識がふわっと浮上した。

こめかみのあたりにさらに力を入れて、よく見ようとすると、ぼんやりと浮かぶのではなく、自分の意思できちんと視界にルッツが入ってきた。

「マイン？」

「……ルッツ？」

「エーファおばさん！　マインが目ぇ覚ました！」

ルッツの声に母さんが寝室に飛び込んでくる。

「マイン。いきなり物置で倒れて、全然意識が戻らないから心配したのよ」

「うん。時々、顔が見えてた。心配かけてごめんね。……母さん。喉が、ひりひりする。それに、すごくベタベタするから、体を拭きたいの。水、持ってきてくれる？」

「えぇ、すぐに持ってくるわ」

母さんが踵を返したのを見て、ルッツの手をぎゅっと握った。寝転がったまま、まだ頭を上げることもできない。

「……ルッツ、またダメだった。母さんに木簡、燃やされた」

「あぁ～……。まぁ、変な模様のついた木切れにしか見えないからなぁ」

「せっかく作って、わざわざ別に置いたのに……もうやだ。わたしの本は、絶対に完成しない運命にあるんだ」

ハァ、と溜息を吐くと、体の中の熱が勢いを持った。意識が沈んでいきそうになるのを、わたしは首を振って、振り払う。

「そんなに落ち込むなって。だったら、燃やされない素材にすればいいだろ？」

木製だから、薪にされてしまう。それなら、燃やされない素材にすればいい。わたしはルッツの言葉に一条の光を見出した。

……熱を出している場合じゃない。何かいい素材がないか考えなきゃ。

全身に力を入れると、体の中の熱が中心に向かって集まるように小さくなっていく気がした。

「……何で作れば燃やされないと思う？」

考えてみても、燃やされない素材が全く思い浮かばない。熱のせいで頭がぼんやりするせいか、この辺りで採れる素材をあまり知らないせいか。

「えーと、ほら、竹、とかさ」

「……ルッツ、天才」

竹は燃やすと爆ぜるので、危険だから簡単に燃やされないだろう。希望が湧いてきた。すると、何故か熱が少し小さくなって、呼吸が楽になる。

「あら、何の話？」

母さんが水の入った桶を持って、入ってきた。ルッツと顔を見合わせて、小さく笑う。

「母さんには秘密」

「オレが採ってきてやる。だから、絶対に元気になれ」

「ありがとう、ルッツ。優しいね」

「こ、これは、オットーさんに紹介してもらうためだからな！　先払いしてるんだから、マインは絶対に元気にならないとダメだ！　いいな？」

ルッツがそう言って飛び出していったので、わたしは母さんが持ってきてくれた水で体を拭くことにした。


……なんか、今回の発熱は、おかしい。

突然体の中から襲い掛かってくるような感覚がして、ゆっくりと意識が食われていくような熱は、わたしが知っている病気ではない。いきなり広がったり、集中したら小さくなったりする熱をわたしは知らない。今も体の中をうごめいているこの熱は一体何だろうか。

わたしがここに来たばかりの頃は、熱が出ているのが普通だったから、それほどおかしく思わなかった。けれど、最近は少し体を鍛えて動けるようになってきていたから、おかしさが明確になった。この体、一体何の病気なのだろうか。

しかし、この世界の医者に診てもらえるほど裕福じゃないし、家庭の病気百科みたいな本があるはずもないので、すぐに調べることはできないだろう。

……意識を集中して小さくしようと思えば、小さくなっていくから、しばらくは様子見かな？

熱との付き合い方を考えながら二日たった夕方、ルッツは本当に竹を竹簡にするのにちょうどいい大きさに切って持ってきてくれた。表面の皮も削り取られていて、すぐにでも書ける状態になっている。

「熱が下がるまでは絶対に触るなよ。この約束は破ったら、これから手伝わないからな」

「うん。ありがと、ルッツ」

急いで帰るルッツを見送って、わたしは一本だけ手に握った。それ以外は母さんに頼んで、物置に置いてもらった。まだベッドから出られないけれど、完全に熱が下がったら、これに文字を書いていって、完成させるんだ。

……まずは元気にならないと。

ルッツが持ってきてくれた竹を握ったまま、うとうとと瞼が下がってくる。このまま眠ろうと意識が途切れかけた時、パパパパン！　とけたたましい音が響いた。

「きゃあっ⁉」

「な、何っ⁉　何があったの⁉」

台所の方から、パパン！　パパパン！　と断続的に何かが爆ぜるような音が続いている。顔を引きつらせた母さんが寝室に飛び込んできた。

「マイン！　ルッツは何を持ってきたの⁉」

「……竹、だけど？」

「まぁっ！　紛らわしい！　マインの代わりに薪を集めてきてくれたんじゃなかったのね⁉」

母さんの言葉で破裂音の原因を理解した。薪として竹を焼いたらしい。わたしが知っている竹より、ずいぶんと勢いよく爆ぜている気がするけれど、世界差だろうか。

「もしかして、表面が削られていたから、薪と間違えたの？……あれ？　木と竹って、見てもわからないものなの？」

「竹とバニヒツの木は繊維がよく似ていているでしょ？」

「わたし、その木、見たことないからわからないんだけど……」

名前を上げられてもわからない。少なくともわたしが森に行った時に、竹やそれに似た木を見たことはない。

「何言ってるの？　冬の手仕事でトゥーリが籠を作るために使っていた木よ。マインも籠を作っていたじゃない」

「あ、思い出した。確かに皮を剥いちゃうと紛らわしいね」

トゥーリが手仕事の準備をしているのを見たから、知っている。皮が付いている時は普通の木に見えるのに、皮をむくと竹のように見える木だった。

「とにかく、危険だから、竹は家の中に持ち込まないで。わかったわね？」

「……うん」

小さく返事をした後、ただ一本だけ残った竹を握ったまま、わたしは高熱に呑み込まれ、うなされて、またうごめく熱の中にいた。

自分が作った物を燃やされた怒り。

怒りを全く理解してくれなかった悔しさ。

何度挑戦しても、わたしの手に本が残ることはない現実への絶望。

全てを突き抜けた向こう側には、何もかもを手放したくなる無気力が広がっていた。何もする気になれず、熱に抗う気力もなかった。母さんに木簡を燃やされ、ルッツが持ってきてくれた竹簡になるはずのものを燃やされたのに、もう怒りさえ湧いてこない。

……この体が健康で腕力も体力もある大人だったらよかったのに。

わたしが大人だったら、パピルスも粘土板も木簡も全部すっ飛ばして、和紙が作れた。

せめて、トゥーリやルッツのように健康で、ある程度の仕事ができる腕力と体力があれば、挑戦できた。こんな病弱で貧弱な子供の手では、紙を作るのに必要な木を切ることさえできやしない。水を汲むことも火をつけることもできない。

もしかしたら、大人になるまで待てば、解決する問題かもしれない。でも、それはあまりにも長い時間に思えた。それに、大人になったからと言って、わたしが人並みに成長するだろうか。腕力や体力が付いて、体は大きくなるのだろうか。

……希望なんてないよ。

何もかも無駄なら、もういっそ、体の中で暴れる熱に身を委ねてしまってもいいんじゃないだろうか。努力しても本が手に入らない場所で、不便で汚い環境と折り合いをつけて、我慢を重ねながら、生きていくことに、何か意味はあるんだろうか。

……もう、消えちゃってもいいんじゃないかな。

ちらっと考えただけでも、体の中の熱はわたしを呑みこもうと動きを活発にする。何もかも考えるのを止めて、呑みこまれてしまえ、と熱が誘うように広がっていく。

わたしの心残りはひとつだけだ。ルッツに謝ってない。せっかく燃やされない素材を一生懸命考えて準備してくれたのに、竹簡がダメになったことを謝ってない。竹を取ってくると言っていた時のルッツの声が脳裏に蘇る。

「これは、オットーさんに紹介してもらうためだからな！　先払いしてるんだから、マインは絶対に元気にならないとダメだ！　いいな？」

そんな約束が残ってた。あれだけ手伝ってもらって、約束したのに、しらばっくれて、この熱の中に逃げ込んでもいいのだろうか。

確かにルッツは前払いしてくれた。熱に呑まれて消えるのは簡単だけれど、竹簡を受け取ってしまったわたしは、元気になってオットーを紹介する約束を果たさなければならない。

ルッツのためだ、と自分に言い聞かせて、わたしは熱を押し込めていく。熱に食われるにしても、ルッツとの約束は果たしてからの方がいい。身辺整理は大事だ。前は突然過ぎて、そんな時間はなかったのだから。

……そうそう、地震で死んだ時は、全然整理できてなかっ……あぁぁぁぁ！　あの黒歴史の固まり、どうなったんだろう⁉　のおおおぉぉぉっ！　気になる、気になるよ！　やばい！　死んでる場合じゃない！

きっちりと処分しておきたかった前世での黒歴史が次々と浮かんできて、「死んでも死にきれないっ！」と飛び起きた時には、何故か体の中の熱がかなり小さくなっていた。

## 会合への道

黒歴史を頭の隅に押しやって、考えないようにしようと心に決めてから二日後。やっと父さんを同伴して門までなら、と外出を許されたわたしは、宿直室でオットーと顔を合わせていた。

「オットーさん、すみません。こちらからお願いしたのに、熱出しちゃって……」

そう、熱を出して倒れている間に、約束していた休日は過ぎてしまい、オットーとルッツを会わせることはできなかったのである。

「五日も熱が下がらなかった、って班長から聞いたよ。もう大丈夫なのかい？」

「はい、おかげさまで」

笑って見せても、オットーは少し眉根を寄せたまま、じっとわたしの顔を見る。

「本当に大丈夫か？　顔色、よくないぞ？」

顔色が悪く見えるのは、熱のせいではない。むしろ、頑張っても作れそうにない紙のことだ。

「解決しない悩み事がありまして。オットーさんならどうするか、聞いてもいいですか？」

「え？　その悩みごと、俺が聞いていいの？」

オットーが目を丸くして、わたしの顔を覗きこんだ。わたしはコクリと頷く。

旅商人として、わたしには想像もできないような経験を積んでいるだろうオットーなら、わたしには考えつかない答えを返してくれないだろうか。

「はい。わたし、今すぐに欲しい物があるんですけど、力も体力もない今のわたしじゃ作れないんです。大人になったらできるかもしれないけど、こんな体じゃあ、本当に健康になれるかわからないし、人並みに大きくなれるかわからない。そもそも、そんな長い時間待てない。オットーさんなら、こういう時どうしますか？」

ふんふんと頷きながら聞いていたオットーは、ほとんど考えることもなく、軽く眉尻を上げて答えを出した。

「自分でできないなら、できるヤツを雇えばいいだろ？　悩みってそれだけ？」

「!?」

目から鱗がポロポロ落ちた。自分が欲しい物を手に入れるために他人を雇うという発想はなかった。さすが元商人だ。わたしが誰かに雇われて働くことは考えられても、自分が誰かを雇うことを考えたことはなかった。

「……すごく名案だと思うんですけど、先立つ物がないんですよ」

「まぁ、その年で持ってるはずがない。そうだな。俺なら、できるヤツを誘導して、自主的にやるように仕向ける。簡単なことじゃないが、相手が自分からやればこっちの懐は痛まない」

……さすが、元商人さん。爽やかで柔和な笑顔なのに、黒くて素敵です。わたしも間違いなく誘導されてますよね？　計算能力が高いのに、石筆で雇える助手は予算に優しいって言ってましたもんね？

「……参考にしてみます」

やってくれそうな誰かを巻き込んで、自主的にやらせる。わたしにはかなり難しそうだ。

ふんぬぅ、と悩んでいると、オットーがポンと肩を叩いて、石板を差し出してきた。お喋りは終わり。黙って勉強しましょう、の合図だ。

「あ、そうそう。マインちゃんが元気なら、旅商人を紹介してほしいと言っていた例の子との会合を明後日の休日にできないか？　場所は、そうだな……。中央広場がいい。中央広場で三の鐘の頃でどうだい？」

「ルッツのことですね。こちらからお願いしようと思っていたんです。わざわざありがとうございます」

忘れるとは思わないが、何となく癖で石板の隅に中央広場で三の鐘とメモしておく。

視線を上げると、オットーが顎をゆっくりと撫でながら、目を細めてニコリと笑っていた。何故か背筋がぞわりとするような危険を感じさせる笑顔で、思わず背筋を伸ばしてオットーを凝視する。

「あぁ、マインちゃんが紹介してくる子だから、面白い子だろうな。楽しい会合になるのを期待してるよ」

……今の言葉、わたしには「つまらんヤツを紹介するなよ。貴重な休日を潰すんだからな」って聞こえたんですけど、気のせいですよね？　あれ？　旅商人の話を聞くって気軽な会合じゃないんですか？

わたしは内心の動揺を抑え込んでニッコリと笑って頷くと、石板に視線を落とした。

ぶわっと冷や汗が吹き出してくる。まずい。時間がないのに、会合の意味がわからない。ルッツを紹介するわたしが、会合の意味を理解していないなんて、今更言えない。

石板にカツカツと単語を練習しながら、必死で意味を考える。

「マイン、今日はもう帰れ」

帰るには早い時間だったが、父さんが呼びに来たので帰り支度をして、宿直室を出た。

「ねぇ、父さん。ルッツがオットーさんに紹介してほしいって言ったんだけど、この紹介って、何か意味がある？」

「今の時期なら、見習い先を探してるってことか？　兄達と同じような仕事につくと思っていたが、ルッツは商人になりたいのか？」

……就職の斡旋《あっせん》!?　いやいや、そんな重大なことじゃないはず！　だって、わたしみたいな子供がコネになるはずがない。

「ちょっと話を聞きたいって会合をすることになってて……」

「じゃあ、間違いなく見習い先を紹介してほしいってことだな。マインの友人じゃあ、どう考えても厳しいだろうが」

「厳しい？」

「当たり前だ。見習いを抱えるっていうのは、一人の面倒をずっと見るっていうことだ。独立しても完全に縁は切れないんだからな」

思っていたより大変な事態だった。話を聞くだけではなかった。ルッツは旅商人になりたくて、元旅商人だったオットーに誰かを紹介してほしいということらしい。

……あ～、つまり、明後日の会合って、就職の面接みたいなものってことだよね⁉　そんな重大な会合のセッティングをわたしがしていたなんて！


家に帰ってから父さんや母さんに仕事見習いの話を詳しく聞いて、事の重大さを理解した次の日、わたしは大量の荷物を籠に入れて、森へとやって来た。

森までの道中でルッツにはバニヒツと間違われて燃やされた竹簡の末路を話して謝罪し、会合の日が明日に決まったことを伝えておく。竹簡についてては「バニヒツか。間違えることもあるよな」と溜息を吐き、会合についてては「ありがとな、マイン」と素直に喜んでいた。

森に着くと、皆が採集に散っていく。わたしはルッツの手を取って、川へと向かった。

「じゃあ、ルッツ。ここでいいから、全身綺麗に洗おうね」

「は？」

オットーは元商人だったせいか、結構身綺麗にしている。初対面の相手に与える印象の大切さを知っているせいだと思う。仕事を手伝っている間にちょこちょこ見えるオットーの商人らしい計算高さを知っているわたしとしては、万全の状態で臨みたい。一度会う価値がないと判断されてしまえば、ルッツは旅商人どころか、商人へ紹介されることもないはずだ。

「人と会うのに第一印象って大事なんだよ。準備する時間があるなら尚更ちゃんとした方がいい。わたし、見た目だけでルッツが低く見られるのは嫌なの」

「洗ったところで、大して変わらないと思うけどな」

ラルフの晴れ着を借りることができれば、一番だけど、貸してもらえるかどうかはわからない。大した服なんて、わたしもルッツも持っていないので、普段のままでも仕方がないけれど、整えることができる部分だけでも整えたい。

見た目のもたらす影響について諭しながら、往生際の悪いルッツを、簡易ちゃんリンシャンで洗っていく。ピカピカに磨き上げるつもりで、重たい思いをして、桶や布や櫛を持参したのだ。桶に川の水と簡易ちゃんリンシャンを入れて、普段トゥーリにしているように何度も何度も髪にかけて、洗っていく。もちろん、頭だけじゃなくて、絶対に全身洗う。

「ねぇ、ルッツ。旅商人の話が聞きたいってことは、旅商人になりたいってことでいいんだよね？旅商人の見習いになりたくて、紹介してほしいんだよね？」

何となく美容師気分で、わたしは髪を洗いながらルッツに話しかけた。

「ん？　あぁ」

ルッツの髪は布で拭けば拭くほど、金髪の艶が増していく。髪の色を取り変えてほしいくらい綺麗な金だ。櫛を入れて、さらに輝きが増すのを、少しばかり妬ましく思いながら、わたしは質問を重ねた。

「じゃあ、ルッツは旅商人になって、何がしたいの？　あちこちに行くだけ？」

「何だよ、急に」

「ちゃんと考えないとダメだよ」

「なんで？」

「オットーさんは、ルッツのことを全く知らない人だよ。親とか親戚みたいによく知っている人が紹介してくれるわけじゃないから、自分で全部考えておかなきゃ」

昨日、両親に話を聞いたところ、この街の子供達は基本的に親や親戚の紹介で、見習い仕事を始めるらしい。そのため、大体は親の仕事に関連した職種につく。例えば、トゥーリが染色をしている母さんの紹介で、母さんの友人の職場で針子見習いになったように。

甘えが出やすいので、同じ職種でも親の仕事場に行くことは少ないらしい。ただ、似たような職種の仕事について、目の届く範囲にいれば、親も安心だし、周りに縁者の目があるので、子供達も真面目に取り組む。ルッツのように親から反対される職業につきたくて、他の人に紹介してもらうことは、かなり少数だそうだ。

「オットーさんは今回義理で会ってくれるけど、そんなに優しくないよ。元商人だから、損得勘定をしっかりする人なの。ルッツが何も考えてなかったら、二度目は会ってくれないと思う」

明日の会合は、就職活動の面接だ。就職活動なら、身だしなみを整えて、志望動機と自己アピールの内容くらいは考えておかないと、相手にされない可能性もある。

「……マインは？」

「え？」

「マインは商人になって何するかって、そんなこと聞かれて、すぐに答えられるのかよ？」

すぐに答えが浮かんでこなかったのか、悔しそうに唇を尖らせたルッツが翡翠のような瞳で睨んできた。わたしは即座に頷いて答えを返す。

「うん。紙を売りたい。商人見習いになったら、誰かに紙の作り方を教えて、作ってもらいたいと思ってる」

本は自分が欲しい、自分のための物だ。なるべく他人に頼まないで、自分でできる範囲内で本の代わりになる物を作ろうと思っていた。けれど、もう限界だ。何やっても全部ダメになる。もう、知識だけ出して、作るのは最初から最後まで誰かに丸投げしたい。情報料を取って利益を譲ったら、作ってくれる人はいると思う。

「紙？　本じゃないのか？」

「本を作るのに必要なの。本はね、ここではわたし以外欲しいって思う人がいないんだよね」

「欲しいのがマインだけなら、それ、売れないだろ？」

呆れたようにルッツが言った言葉をわたしは笑って肯定した。

「うん、本はそう簡単に売れないと思う。でも、紙なら羊皮紙より値段抑えられると思うし、売れると思う。少なくとも作り方を知ってるわたしを拾ってくれる、利に敏《さと》い商人はいるよ」

「……そっか。マインはちゃんと考えてるんだな。オレもちょっと考える」

「オットーさんの助手の友人って繋がりは、断られる方が多いんだって。でも、ルッツが自分のしたいことをはっきり言って、それが相手にとって利益になると思えば、商人はルッツの面倒を見てくれるんじゃないかな？」

水面を睨んで考え込むルッツを川に追い立てて、全身を綺麗に洗わせた。

……考えながら手も動かさないと、時間がないよ、ルッツ。


できるなら、ラルフの晴れ着を借りておいで、と話をしておいたが、汚されたら困ると晴れ着は貸してもらえなかったらしい。三の鐘が鳴るよりもずっと早い時間に、わたしは普段通りの服で、しかし、いつもよりずっと綺麗になったルッツと二人で中央広場へと向かって歩いた。

「おい、三の鐘だろ？　早すぎねぇ？」

「いいの。遅れる方が致命的だから。座って話でもしていれば、時間なんてすぐにすぎるよ」

時間は二～三時間くらいの間隔で響く神殿の鐘で判別する。時計がないこの街では、遅刻にそれほど厳しくないのかもしれないが、お願いする立場のわたし達が遅れるのは、相手の心証を考えるとどうしても避けたい。

「そういえば、昨日、母さんにこの髪、どうしたんだ？　って聞かれて大変だったんだぞ」

ルッツは艶々になった金髪を情けない顔で引っ張った。カルラの気持ちはわかる。息子の髪がたった一日でつるつる艶々になっていたら、気になるだろう。

「女にとって美容は一番心惹かれる話題だからね」

「マインにしてもらったって、言っておいたからな。聞きたいことはマインに聞けって」

「えぇ⁉」

押しが強くて、声が大きくて、一度捕まったら放してくれない肝っ玉母ちゃんという感じのカルラの質問攻めに遭うことを考えたら、頭が痛い。

「作り方教えるから、自分で作ってよ。わたしもあまり持ってないんだから」

「……あ、悪い。大事なもん、使わせたんだな？」

「いいよ。ルッツにはお世話になってるから」

ずっとわたしを手伝ってくれたルッツに使う分は惜しくない。けれど、量が限られているし、トゥーリが一生懸命に作ってくれる物なので、カルラにあげるのは惜しい。わたしだって、基本は水洗いで、簡易ちゃんリンシャンを使って頭を洗うのは五日に一度で我慢しているのだ。

「でもさ……」

「そんなに気になるなら、わたしの分も作ってくれればいいよ。わたし、力がなさ過ぎて、油がうまく搾れないんだよね」

「なんだ、そんなことか」

そんな話をしているうちに、オットーが中央広場に現れた。入口に立ったオットーがぐるりと広場を見回し、わたし達の姿を見つけて、ニヤッと笑ったのが遠目からでもはっきりとわかった。

……あぁ、やっぱり試されてた。

鐘が鳴る頃という曖昧な指定に、あの危険そうな笑顔を向けられた時から用心していたが、やはり鐘が鳴る以前に来られるかどうか、試されていたらしい。

ほぅ、と小さくオットーの口が動いた後、別方向に向けて手を振ると、もう一人男性が現れて、オットーと一緒にこちらに向かって歩いてきた。たらりと冷や汗がわたしの背筋を伝う。無意識に隣のルッツの手をぎゅっと握った。

「来たよ、ルッツ。まずは挨拶からね」

「お、おう」

話をしながら歩いてくる二人の親しげな様子から、オットーの友人の商人だとわかる。その友人がちらりとこちらを見た目が、値踏みをするように鋭く光った。

……面接官がオットーさん以外にもいるなんて、聞いてないよ！　うぅ、ルッツの面接なのに、わたしの方が緊張してきた！

## 商人との会合

ルッツが嫌な顔をしても全身洗って、付け焼き刃にせよ、面接の心得を教えておいて正解だった。オットーもその友人も、中央広場を行き交う人達の中で上等な部類に入るようなきちんとした身なりをしている。やはり、わたし達は晴れ着でも着てきた方がよかったようだ。

デザインは変……いや、わたしにはちょっと見慣れないデザインの服だけれど、使う布が多くなるドレープが多くて、汚れや継《つ》ぎ接《は》ぎが全く見当たらない服は、布も糸もできるだけ節約するのが当然だというわたしの生活圏内では滅多に見られないものだった。服装から察するに、オットーの友人はかなり儲けている人だと思う。服装、物腰、眼光、どれもが、わたしが見たことがある市場の商人とは全く違う。

儲けている商人とは言っても、どっしり構えた老舗の社長ではなく、どんどん伸し上がっているベンチャー企業の社長に通じる迫力があった。一見、ミルクティーのような淡い色の癖毛に優しげな容貌をしているのに、赤褐色の瞳が自信に溢れていて、ギラギラしていて、肉食獣のような獰猛《どうもう》さを感じさせるのだ。

「やぁ、マイン。そっちがルッツで間違いないか？」

「おはようございます、オットーさん。わたしの友人のルッツです。今日はお時間いただいてありがとうございます」

どう挨拶をするのが適当かわからなかったので、いつもどおり胸を二回叩いて敬礼しておく。オットーも同じように返してくれたので、大きく間違ってはいなかったと思う。

「はじめまして、ルッツです。よろしくお願いします」

ルッツも緊張しているようだが、二人の眼光や見下ろしてくる威圧感に負けず、言葉につまることもなく、声が震えることもなく、慣れない挨拶ができた。第一関門はクリアだ。

「ベンノ、俺の助手をしてくれているマイン、班長の娘さんだ。マイン、こちらはベンノ。俺が旅商人だった頃の知り合いだ」

「はじめまして、マインです。どうぞよろしくお願いします」

頭を下げる習慣のないこの世界で、頭を下げないように気を付けて、とりあえず笑顔だけは忘れずに挨拶する。

「これは、ご丁寧に。ベンノといいます。どうぞよしなに。……小さいのにずいぶんしっかりと躾をされたお嬢さんだな」

「見た目ほど子供じゃない。六歳だ」

おそらく四歳くらいに見えているだろうわたしについて、オットーがベンノに言い添えた。

ベンノは軽く目を見張った後、面白がるようにオットーを見て、唇の端を上げる。

「……まだ洗礼前の子供が助手か？」

「あぁ、いや、そうだな。助手になれるように、俺が読み書きを教えているところだ」

「お前の言い方なら、既に助手として活躍していそうだけどな？」

「……余計なことは言うなよ」

言葉の端々から情報を読みとる二人のやりとりに背筋が冷たくなる。わたしとルッツでこの人達を納得させるような面接ができるだろうか。何だろう。洗礼前の子供だからといって、容赦なんて全くしてくれない気がひしひしとしている。

ベンノが怪訝そうに、わたしの視線の高さよりやや上をじっと見つめながら、口を開いた。

「ものすごく気になるから、先に聞きたいんだが、いいか？」

「はい、何でしょう？」

「その頭に刺さってる棒は何だ？」

……なるほど。不合格出したり、出されたりした後で、他愛ない質問ってしにくいですよね？　もしかして、不合格にする気満々ですか？

愛想笑いを張り付けたまま、ベンノの一挙手一投足に注意して少しでも多くの情報を得ようと凝視しながら、わたしはするりと簪を外して、ベンノに差し出した。

「これは『簪』です。髪をまとめるためのものなんです」

オットーも気になっていたのか、ベンノと一緒にしげしげと簪を調べる。上下にしたり、裏返してみたり、じろじろを見ている。

……ただの棒だよ？　種も仕掛けもないよ？

「ただの棒に見えるな」

「えぇ、父が作ってくれた、木を削っただけの棒です」

「これだけで、髪をまとめられるのか」

「はい」

わたしは返してもらった簪で、いつも通りの髪型にする。

ハーフアップにする分の髪をすくって、簪にねじって巻き付けて、ぐるりと回転させて、グイッと差し込んで固定する。毎日しているので、手慣れたものだ。

「ほほぉ……。すごいな」

他の人に髪を結うところは初めて見せたので、ルッツもオットーも目を丸くして、わたしの髪を見ている。

ベンノが不意に手を伸ばし、わたしの髪を触って、眉根を寄せた。

「なぁ、嬢ちゃん。この髪もすごいな。一体何をつけているんだ？」

わたしの髪を品定めするように触る指の丁寧さと違って、向けられる眼光は息を呑むほど鋭い。価値を見出してギラつくベンノの目と、洗礼式のおばさま方の食いつき具合からも、簡易ちゃんリンシャンには結構商品価値があると見た。

「わりとありふれた物の組み合わせですが、詳しくは秘密です」

「坊主も同じ物をつけているのか？」

「昨日マインが綺麗にしろって、付けてくれたから……」

……あ、ベンノさん。今、軽く舌打ちしましたね？　子供だから簡単に教えてもらえるかもしれない、と甘く見てましたね？　残念でした。まだルッツとの面談が始まっていないのに、こんな前哨戦で利用価値のありそうな手札は切れません。

ニッコリと引きつった笑顔の応酬をわたしがベンノと繰り広げていると、オットーが軽く溜息を吐いて、髪をぐしゃっと掻き上げた。

「それで、ルッツが旅商人になりたいということだったか？」

本題が来た。ルッツが隣でゴクリと息を呑んだのが聞こえた。

……昨日から頑張って考えたんだよね？　さぁ、今こそ踏ん張りどころだ。志望動機を並べて、合格を勝ち取れ！

応援する気持ちが伝わればいい、とわたしはルッツの手をこっそり握って力を入れる。

「あ、はい。オレ……」

「止めとけ」

志望動機を口に出す前に止められた。せっかく考えてきたんだから聞いてあげて、と心の中で叫んでいると、オットーは苦虫を噛み潰したような顔で、ルッツを見下ろした。

「市民権を手放すのは馬鹿のすることだ」

「……オットーさん、市民権って、何ですか？」

ついつい、疑問が声になって口から飛び出した。

そんな言葉、初めて聞いた。市民権というくらいだから、この街に住む人の権利だということはわかる。けれど、日本国憲法で保障された権利を勉強するまで知らずに享受していたように、わたしはここの街に住む住人が当たり前に持っているらしい権利というものが、一体どんなものか知らない。

「この街に住むことができる権利だ。同時に身元を証明するものでもある。七歳の洗礼式で神殿に街の人間として登録され、仕事につくにも、結婚するにも、家を借りるにも市民権のある者とない者では対応が変わってくる。余所者が神殿に登録してもらって、市民権を得て、街に定住しようと思ったら、とんでもない金がかかるんだ」

「オットーさんも、お金、払ったんですか？」

「あぁ、そうだ」

当時を思い出したのか、苦い顔でオットーさんが頷いた。ベンノが隣で苦笑しながら、オットーを指差した。

「こいつはコリンナと結婚するために、全財産をはたいたんだ」

「できれば、店を持ってここで商売したかったが、俺の金じゃあ市民権を得るだけで精一杯だったんだよ」

旅商人が貯めたお金が一体どれだけあったのか知らないが、市民権に、結婚資金に、開店資金では、いくらあっても足りない気がする。

「それに、街の暮らしと旅の暮らしは全く違う。なぁ、ルッツ。生活のほとんどを馬車の上で過ごすっていうのが、いったいどんなものかわかるか？」

「……いえ」

ふるりとルッツが首を振った。街を端から端まで歩いても二時間ほどなのだから、街の子供の移動方法は基本的に全て徒歩だ。荷車ならともかく、馬車に乗ったことさえないだろうルッツに馬車での旅なんてわかるはずがない。

「例えば、水。お前は必要になったらどうする？」

「井戸から汲む」

「そうだよな？　でも、旅の間は決まった井戸なんかない。まず水場を探すところから始まる」

「川なら……」

森に行った時に利用している川が水場としてルッツの頭にはすぐに浮かんだようだ。しかし、旅をするうえで常に川の傍を移動するわけがない。そして、紙が高価で手に入らないのに、地図を持っている旅商人が一体どれくらいいるだろうか。

「旅商人として初めて外に出た時は、多分、その川もどこにあるかわからないんだよ、ルッツ。ずっと川に沿って移動するわけじゃないだろうし……」

「マインちゃんの言う通りだ。だから、大体同じルートをたどって商売をする。年を重ねるごとに知人が増え、情報をやり取りして、使える水場や安全な道がわかってくる。それを子供に教えて、子供はそのルートを継いでいく。狭い馬車の中での生活に他人が入れる余地はない。そして、一番重要なのが、旅商人の行く末だ。旅商人が望む物が何か、お前はわかるか？」

ルッツは黙り込んで緩く首を振った。

「市民権だよ」

「え!?」

「厳しい旅の生活を止めて、いつかは街で暮らしたい。街で店を持って安全に商売がしたい。そのために金を貯めたい。それが旅商人の夢だ。すでに市民権を持っているお前が旅商人に受け入れられることはない。どうしてもやりたいなら自分で始めるしかない。旅商人には見習いなんて制度はないんだ」

市民権が旅商人の夢なら、オットーはすでに夢を叶えたことになる。本当はこの街で店を持ちたかったらしいけれど、商人が兵士になった理由がわからない。

「どうして、オットーさんは兵士になろうと思ったんですか？」

「待て、止めろ。聞……んぐっ！」

何か言いかけたベンノの口を押さえて、オットーさんが堂々ときっぱりと言い切った。

「コリンナと結婚するためだ」

「く、詳しく聞きたいですっ！」

「長くなるうえに、面倒だから俺は聞きたくないぞ、嬢ちゃん」

ベンノが慌てたように止めたが、オットーは目を輝かせて語り始めた。

「そう、あれは、俺が成人して間もない頃だった。この街に来た時に、コリンナに一目惚れしたんだ。心臓を貫かれたというか、天啓がひらめいたというか、とにかく、コリンナしか見えなかった。結婚するなら彼女しかいない、そう思って、即座に口説いた」

「……オットーさんって、意外と情熱的だったんですね」

爽やか柔和笑顔の裏で黒いことを考える計算高い元商人は、恋に突っ走る情熱家でもあったらしい。焦げ茶の髪に茶色の瞳というとても落ち着いた色彩で、誠実そうに見える外見からは、恋に情熱を注ぐ姿が想像できなかった。

「それだけコリンナが魅力的だっただけだ。まぁ、果敢にアタックしたが、最初は断られたな。彼女は腕の良い有名な針子で、仕事をするうえで地縁は大事にしたい。旅を続ける生活なんてできない、と言ったんだ」

……確かにお得意さんって大事だし、腕が良いってことはある程度満足するくらいは稼げていたのだろうし、安定した生活を捨てて、不安定な旅生活はできないよね。

それに、コリンナからすれば、いきなり口説きに来た旅商人なんて、結構胡散臭い相手ではないだろうか。騙されてるかもしれない、と思っても不思議ではないと思う。

ほぅほぅと頷きながら聞いているうちに、オットーの恋物語はどんどん加速し、加熱していく。声に力が入り始めて、手振り身振りが大きくなり始めた。

「コリンナに結婚はこの街の男とするつもりだ、と言われた時は雷が落ちたと思ったほどに衝撃を受けた。俺はコリンナが他の男と結婚するなんて考えられなくて、どうすればいいか必死で考えた結果、その足で神殿に行って、市民権を得た」

「え？　ちょっと待ってください。恋心が暴走しすぎてませんか？」

この世界ではオットーの行動が普通なのか、わからなくてベンノを見上げると、疲れきったような表情でこめかみを押さえていた。

「……子供の嬢ちゃんでもそう思うよな？　しかも、オットーがこの街の市民権につぎ込んだ金は、親が市民権を得た街まで行って、開店資金にする予定だった金なんだ」

「えぇ!?」

親が市民権を得ている街なら、半額ほどで市民権を得られるから、残りを開店資金にするはずだったとベンノが言う。厳しい旅商人の生活で溜めてきた大事な開店資金を、一目惚れにつぎ込んでしまうなんて、計算高い商人じゃなくて、恋する相手しか見えていない暴れ馬だ。

「この街に店を持ちたいが、店を持つには金がかかるし、融通してくれるだけの縁もその頃はまだなかった。商人を辞めて、この街に居続ける覚悟をコリンナに見せられる仕事が兵士だったから、この街に来るたびに仲良くしていた班長に頼みこんで、書類仕事を主にする兵士として雇ってもらったんだ。……そういえば、市民権を買って、兵士になって、プロポーズしたら、コリンナは驚いていたな」

……いや、そりゃ、驚くでしょ。旅の生活はできないって断ったら、全財産はたいて市民権買って、兵士になったなんて聞いて、驚かない年頃のお嬢さんはいないでしょ。

ちゃんと手綱握っておかなきゃ、って思ったのか、こんなにも私のことを想ってくれているなんて、ってキュンとしちゃったのか、コリンナさん視点の話が聞いてみたい。オットーさんとは全然違う話が聞けそうだ。

「何日も口説き続けて、コリンナのところに婿入りって感じで結婚したんだ。もう仕方がない人って笑ったコリンナの可愛さと言ったら！　それで、今は……」

そこからは自分の嫁がどれだけ可愛いか、延々と語り始めた。オットーの口は止まらない。商人として培った一流の営業力とプレゼン力を嫁自慢に使わないでほしい。ルッツも立て板に水の嫁自慢に圧倒されて、ポカンとしている。妻しか目に入らない愛妻家だとは聞いていたが、父さんが誇張しているのだと思っていた。けれど、誇張でも何でもなかったらしい。

……どうしよう、オットーさんがこんな人だったなんて知らなかった。

助けを求めてベンノを見ると、目が合った瞬間、慣れているのか、軽く肩を竦めた。

「オットー、もう旅商人の話じゃないだろう。嫁の話はそれくらいにして、本題に戻れ」

「コホン！　悪い。そういうわけで、旅商人は諦めろ」

どういうわけだよ、とつっこみを入れたかったが、そこはグッと我慢する。かなり脱線したが、旅商人には見習い制度がないことと、旅商人になった時の苦労と、わたし達が持っている市民権の大事さと、恋に溺れる怖さはよくわかった。

諦めろ、とはっきり言われてしまったルッツは項垂れて、可哀想なほど落ち込んでいる。せっかく志望動機も考えてきたのに、発言する前に無理だと言われて、旅商人の厳しさと嫁自慢を叩きこまれては、落ち込むのも仕方ない。

「……ルッツ、これはマインからの提案だが、旅商人ではなく、商人見習いになればどうだ？　買い付けで街を出るくらいなら、できるようになる」

「マイン⁉」

バッと顔を上げて、ルッツがわたしを見た。怒りに燃える緑の目が「旅商人になれないって、知っていたのか？」と雄弁に語っている。

「ちゃんと旅商人の話を聞いた方がルッツのためだと思ったの。同じ街で過ごしてきたわたしの言葉より、素直に聞けるでしょ？」

「……あ」

ルッツは図星だというような表情で、バツが悪そうに視線を逸らす。

「オットーさんに話を聞いた時、旅商人は難しそうだと思ったから、できれば、親に反対されず、お仕事で街の外に出られる機会がないかな、って考えたんだよ。それに、わたしも今まで知らなかったけど、市民権を手放してまで旅商人になるのは止めた方がいいと思う」

「……そうだな」

オットーの話を聞いて、やはり、考えることはあったのだろう。外からやって来た人たちの土産話を聞くのと、現実の生活を聞くのでは全く違ったはずだ。

「オットーさんはこの街の商人さんとも繋がりがあるって、父さんから聞いたから、ルッツにやる気があるなら紹介してもらえないかなって、相談しただけ。断るのはルッツの自由だよ？」

「……そっか。色々考えてくれたんだな」

ハァ、と息を吐いたルッツが顔を上げて、ベンノを見上げた。わたしも顔を上げて、ベンノを見つめる。商人見習いになりたいなら、乗り越えなければならない相手はオットーではなく、ベンノだ。

「それで、俺が紹介されたわけだが……お前、商人になりたいのか？」

「はい」

ルッツが頷くと、ベンノがすぅっと赤褐色の目を細めた。オットーの嫁自慢を聞いていた時のような緩い雰囲気はもう微塵《みじん》もない。屈服させる相手を見つけた肉食獣のような酷薄な目でルッツを見下ろす。

「ふぅん。それで、何が売れる？　商人になって何を売りたいんだ？」

「え？」

就職の面接に志望動機を聞くのは当たり前だが、ルッツが昨日考えてきたのは旅商人の志望理由だ。いきなり商人見習いの志望動機をひねり出せと言われても、そう簡単にできるものではない。

「商人になって何がしたいか、やれるかを聞いてるんだ」

「それは……」

……ひぃぃ！　洗礼前の子供相手に圧迫面接ですよ！

そんな意地悪しないで、と言いたいが、商人にとっては見習いが一人増えるということは、出費が大きく増えるということだ。オットーの助手の友人という繋がりならば、損を覚悟で抱え込まなければならないような義理もない。よほどの根性とか、やる気とか、売れそうな商品の情報とか、ベンノにとって利になるものがなければ、即刻切られても文句は言えない。むしろ、会ってもらえただけでも感謝しなければならない立場なのだ。

「ないなら、話は終わりだ」

ベンノの言葉にルッツがわずかに俯いて唇を噛んだのがわかった。

わたしが今から言う言葉がルッツの助け船になるのか、しなくていい苦労への一歩になるのか、わたしにはわからない。選ぶのはルッツだ。わたしはルッツだけに聞こえるくらいの声で、こそっと小さく問いかけた。

「……わたしの紙、ルッツが作る？」

「やる」

ルッツがグッと顔を上げた。ぎゅっとわたしの手を握る手に力がこもる。その手が震えているけれど、ルッツは片眉を上げて獰猛な顔をしているベンノをキッと睨んだ。

「オレにだってやりたいことはある！　マインが考えたものは全部オレが作るんだ！」

「うん。ずっとそうしてきたもんね」

「マインはすぐに無茶するから、オレがやる」

……ルッツ、よく頑張ったね。ちゃんと言えたね。ベンノさんが目を丸くしてるよ。

わたしがルッツを巻き込んだのか、ルッツがわたしを巻き込んだのか、よくわからない結果になったけれど、ルッツがわたしにできないことを引き受けてくれるなら、ルッツにできないことはわたしが引き受ければいい。

……ルッツと違って、わたしは入試の面接も就職の面接も経験してるんだよ。

わたしは、ベンノさんを見上げたまま、ニコリと笑顔を浮かべる。すぅっと息を吸って、ゆっくり吐いて、呼吸を整えてから、口を開いた。

「動物の皮じゃない紙を作って売りたいと考えています。製作費が羊皮紙より安く抑えられるので、利益のでる売り物になると思います」

わたしの言葉にベンノが苦虫を噛み潰したような顔になる。ルッツに向けていたよりもずっと獰猛な光を宿す目で、唸るような低い声を出した。

「……嬢ちゃんも商人志望か？」

「はい。第二希望ですけど」

わたしが笑顔のまま頷くと、ベンノの隣にいたオットーが緩く首を傾げた。

「第一希望は門で書類仕事？」

「いえ、『司書』です」

わたしの言葉に三人が揃って怪訝そうな表情になる。やはり、言葉が通じなかったようだ。

「……聞いたことないな」

「本がたくさんあるところで本を管理する仕事をしたいんです」

司書の仕事を噛み砕いて説明すると、ベンノが吹き出して笑い始めた。

「ぶっ……ははは、それはお貴族様じゃないとできない仕事だ」

「……やっぱりそうなんですか」

……お貴族様め。

本を持っているのが基本的に貴族なら、それを管理する司書も貴族だろうとは思っていた。何となく予想していたことだが、やっぱり身分差が腹立たしい。

「それにしても、羊皮紙じゃない紙、だと？　現物はあるのか？」

ちらりとわたしを見る目に警戒が浮かんでいる。多分、ベンノの頭の中では、羊皮紙以外の紙が出てきた時の影響や利益がぐるぐるしているに違いない。

「今はないです」

「話にならんな」

話にならないと言っているが、興味を持っているのは間違いない。もう一言で落とし所に持っていけるだろう。わたしは笑顔を深めた。

「現物があればいいなら、作ります。わたしたちの洗礼式は来年の夏だから、春までに紙の試作を作るので、それが使えるかどうかで、判断してください」

「……いいだろう」

不合格にするつもりだったベンノから猶予をもぎ取れたのだ。これは立派な勝利だろう。

「ありがとうございます、ベンノさん」

「まだ決まったわけじゃない」

「それでも、挑戦できる機会をくれたわけですから」

あとはルッツが頑張るだけだ。自分の就職がかかっているのだから、必死でやってくれるだろう。

唐突に降って湧いた、紙が手に入りそうな状況に思わずにんまりしてしまう。

「ルッツ、頑張ろうね」

「あぁ」

「オットーさん、ベンノさんを紹介してくださってありがとうございました」

わたし達のやり取りをニヤニヤと笑いながら見ていたオットーにも感謝を伝える。オットーのお陰で、ルッツは旅商人を諦めて、商人見習いへの第一歩を踏み出した。これはわたしが考えていた中で最善の結果だった。

「なかなか楽しい休日になったよ。次に門に来る日を楽しみにしてる」

「はい」

どうやらオットーにも合格点をもらえたようだ。

ホッと胸を撫で下ろし、オットーのセリフから解散を促されていることに気付いたわたしはルッツと一緒に歩き出そうと足を一歩踏み出す。

……あ、忘れてた。

「あの！　オットーさんとベンノさんにお伺いしたいことがあったんです」

わたしは足を止めて振り返り、同じように歩きだそうとしていたオットーとベンノを呼びとめる。二人が揃って振り向いた。

「うん、何かな？」

「自分の中にある熱が急に広がったり、小さくなったりする病気に心当たりありませんか？」

あちらこちらに行っていたオットーか、色々なところに繋がりがありそうなベンノなら、わたしの中の熱のことを知っているかもしれない。

「熱に食べられそうになるような感じがしたり、必死で退けようと思ったら小さくなったりするんです。主観的で申し訳ないんですけど……」

「さぁ？　聞いたことないな」

オットーがゆるく首を振った。

ベンノに視線を移すと、一度目を伏せた後、ゆっくりと首を振る。

「……知らんな」

この二人が知らないということは、わたしの生活圏内で知っている人はいないと思っていい。わたしの病気はどうやら相当珍しいものらしい。

「……そうですか。ありがとうございました」

わたしはルッツと手を繋いで歩き出す。病気に関する情報は得られなかったけれど、条件付き採用は勝ち取れたし、紙作りの協力者も得た。一歩前進だ。

「一緒に紙作り、頑張ろうね、ルッツ」

「おぅ」

自分で道を切り開くことができたルッツも期待と希望に満ちた笑顔を見せた。

# エピローグ

マインとルッツとの会合を終えたオットーは愛する妻が待つ自宅へと帰った。

「ただいま、コリンナ。今帰ったよ。ベンノも一緒だ」

「おかえりなさい、オットー、ベンノ兄さん。……洗礼前の子供をいじめて、よくそんな笑顔で帰ってこられるわね」

「その唇を尖らせた顔も可愛いな」

オットーが可愛い妻であるコリンナの腰を抱いて、クリーム色の髪に何度も唇を落としながら、応接室へと向かえば、ベンノに「俺がいない時にやれ」とげんこつを落とされた。

妻至上主義のオットーとしては、夫婦の寛ぎ時間を邪魔するな、と文句を言いたいが、コリンナの前で言うと、兄さんの前でいい加減にして、と怒られるので、我慢するしかない。

オットー宅の応接室は、普段コリンナが客と商談をするための部屋になっている。部屋の中央に、食堂とは違って丸い形の木のテーブルがあり、椅子が四脚準備されている。右側の壁際には棚があり、コリンナが作る服のパターンがわかるような見本が飾られていたり、左側の壁には残った端切れを縫い合わせたタペストリーがかかっていたりして、色鮮やかだ。

「いやぁ、あの展開にはビックリしたな。まさか、ベンノが譲歩させられるとはね……」

椅子の一つに座ったオットーは、苦々しい顔で正面に座るベンノにニヤリと笑う。

「え？　ベンノ兄さんが？　詳しく聞かせてちょうだい、オットー」

コリンナがグレイの目を輝かせ、少しばかり椅子をオットーの方へと寄せながら、甘えるように話をねだった。コリンナがこんな風にねだってくることは滅多にないので、オットーは心の中でマインに称賛の拍手を送りながら、軽く今日の流れを話して聞かせる。

「……そんな感じでさ、マインちゃんのお陰で予想以上に面白い会合だったよ」

「マインちゃんって、班長さんのお嬢さんでしょ？　とても頭が良いって貴方が言っていた」

「あぁ、そうだよ。でも、俺の助手になって、半年以上がたったが、未だにつかみきれないんだ。どうすれば、こんな子供が育つんだろうと思うくらい変わった子だよ」

旅商人として、色々な土地で色々な階級の人間と接してきたオットーにはマインの異様さが際立って見えるのだ。それは本日同行したベンノにとっても同じことだったようだ。ベンノも商人として、色々な階級の人間を知っている。旅商人だったオットーが浅く広く知っているなら、街の大商人であるベンノは狭く深く知っているのである。

「なぁ、オットー。あれは本当に兵士の娘か？」

「それは間違いない。けど、俺だって変だと思っている」

「どういうこと？」

コリンナが不思議そうに首を傾げた。オットーはマインの異常さを思い浮かべて口を開く。

「まず、見た目がおかしい。マインちゃんはいつだって兵士の娘とは思えないくらい小奇麗だ。着ている服自体は継《つ》ぎ接《は》ぎだらけのぼろなのに、肌と髪の艶が綺麗過ぎる。班長はそこらの兵士と同じようなおっさんなのに、二人の娘は肌も薄汚れていないし、髪も艶があるんだ」

「お母様がお手入れされているんじゃない？」

裕福な商人の娘として育ったコリンナは、貧民の生活を見て知っていても、明確には理解できていない。肌や髪の手入れをするには、時間も金も品物もかかる。貧しいとそんなものにかける余裕などないことがわからないのだ。

「うーん、冬に見たことがあるけど、母親が率先して手入れをしているようには見えなかったな。マインちゃんとは似ていて、班長にはもったいない美人さんだったけどね」

冬の晴れ間にパルゥを採るため、マインは門に預けられていた。その時にオットーは引き取りに来た母親を見たが、特筆するほど小奇麗だった印象はなかった。

「……マインちゃんは、ベンノ兄さんから見ても変だと思うの？」

話を向けられたベンノは杯を置いて、天井の梁を見上げながら、ゆっくりと息を吐く。

「あぁ。光が浮き上がるように艶のある夜色の髪に、真っ白で汚れがない肌で、労働と生活感を全く感じさせない貴族の娘のような手だった。歯も白かったな。全てがぼろの服とちぐはぐな印象で、どう考えても不自然だった」

「光が浮き上がるほど艶がある……ですって⁉　何をしたらそうなるの⁉」

「え？　コリンナはそのままでも十分だよ？」

「オットーは黙ってて。ベンノ兄さんに聞いてるの」

あまりない剣幕にオットーは目を瞬いた。女性にとって、髪の艶はかなりの関心事になるようだ。

コリンナが裁縫以外でここまで興味を示すのは珍しい。

「何か付けて手入れしているようだが、何を付けているのか教えてもらえなかった」

ベンノの答えに、コリンナは期待に満ちた目でオットーの方を向いた。

「オットーは教えてもらえるの？」

「……多分、これから先は警戒されて、聞き出せないと思う」

マインの髪の艶の秘密を知りたがるコリンナのために、駄目で元々、今度会ったらマインに聞いてみよう、とオットーは決意する。愛妻のためならば手間を惜しまない男なのだ。

「まぁ、髪の艶はともかく、手が綺麗なのは、体が小さくて、腕力がないから、大した手伝いもできないせいだよ。それに、マインちゃんの肌の白さは病弱ですぐに寝込むから、外に出ることがなくて、日に当たることが少ないせいだと思う」

「……そういえば、前回は嬢ちゃんが熱を出したから、会合が流れたんだったな」

思い出したように呟いたベンノの言葉に、五日も熱が下がらなかったせいで、班長がピリピリして大変だったことを思い出したオットーはうんざりとした表情を隠せないまま頷いた。

「マインちゃんの外見が病弱なせいなら、変わっていると言うほどでもないんじゃない？」

コリンナは話を聞いて、大したことがないと判断したようだ。興味を失ったように、肩を竦める
コリンナにベンノが「それは違う」と首を振る。

「いや、外見だけじゃない。俺が気になったのは姿勢や口調だ。これは躾をされていないと身につ

くわけがない。まさか、親が落ちぶれた貴族で躾に厳しいってわけでもないんだろう？」

「班長にはもう一人娘がいるけれど、そっちは結構普通。髪に艶があって、比較的綺麗な肌をしているけど。それだけ。マインちゃんと違って周りから浮くほどじゃない」

オットーの言葉に軽く頷いたベンノは、コリンナを見据えて言った。

「コリンナ、あの嬢ちゃんの異常さは見た目だけじゃない。俺に睨まれても目を逸らさない胆力、髪の艶については情報を伏せて有利に事を運ぼうとする頭の回転、現物がなくてもハッタリかます度胸、条件つけてくる交渉……どれをとっても洗礼前の子供のものじゃない」

「ベンノ兄さんに睨まれても目を逸らさない子供なんていたの!?　その子、間違いなく、変よ」

目を見開いて、コリンナが叫んだ。ベンノが長男でコリンナが末っ子である上に、コリンナが幼い頃に父親を亡くしたことで、ベンノはコリンナの父親代わりでもあった。幼い頃から叱られてきたコリンナは、大人でも目を逸らしたくなるベンノの怖さを嫌というほど知っている。

「あ～、計算能力に記憶力もすごいぞ。石板を与えた時もビックリしたんだ。誰に教えられることもなく、正しく石筆を持って書いていたんだぜ。まるで、書き方を知っているように」

「貴方がお手本を見せたんじゃないの？」

首を傾げたコリンナはオットーの杯が空になったことに気付いて、お代わりを注いだ。オットーはコリンナが入れてくれた酒で口を湿らせながら、何と言えばいいか、逡巡する。

「そりゃあ、見せたけどね、見てすぐにすらすら書くのは、簡単にできることじゃない。石筆の持ち方を教えても、いきなり思ったように線を引ける子供なんていない。字なんて尚更だ」

「そういえばそうね……」

コリンナも見習いに物を教えているため、見せれば覚えるのではないことをよく知っている。

「マインちゃんは計算能力もおかしい。本人は市場で数字を母親に教えてもらったと言っていたけど、数字を教えてもらっただけで計算ができるはずがないだろう？」

「いや、ウチに来る見習いだって、少しの計算くらいはできる。親がしていれば多少は覚えているもんだ」

商人の見習いになるのは基本的に親が商人なので、洗礼式の頃に文字の読み書きや計算が多少できる子供も少なくはない。オットーも小さい頃から旅商人の親について回っていたので、計算も文字も教えられた。だが、マインができる計算は桁が違う。

「少しなんてもんじゃないんだ。会計報告なんて、南門で使われる備品の数や値段を計算するものだろ？　市場で使われているような小さい数字だけじゃなくて、合計していくとかなり大きな桁の数になる。それを当たり前のように、計算できるんだ。それも、計算機も使わずに、石板に数字を並べて書くだけで」

「……やっぱり助手として活躍してんじゃねぇか。あんな子供に会計報告を手伝わせるなんて」

面白がるベンノを軽く睨みながら、オットーは声をひそめて口を開いた。

「誰にも言ったことがないんだけどさ、書類仕事は七割方、任せられる」

「……はぁ⁉」

「……七割って、貴方……」

二人とも予想以上に驚いてくれたようだ。目を見開いて一瞬固まったベンノとコリンナの顔がよく似ていて、オットーは思わず笑ってしまった。

「まだ覚えている単語数が少なくて、それだからな。末恐ろしいぞ。俺の留守中に、貴族の紹介状に対して完璧な対応をしてのけたんだ」

あの時も驚いた。会議を終えたオットーは、留守を頼んでいたマインから報告を受けた。下級貴族の紹介状を持った商人が待っている、と。

本来、貴族から貴族へ紹介されている客は、確認が取れ次第、できるだけ速く城壁へと行けるよう便宜を図ることになっている。客が平民でも下級貴族のように扱うのだ。

その日はたまたま上級貴族によって招集された会議だった。どちらを優先するかと言われれば、当然上級貴族だ。しかし、対応を誤ると客が「無礼だ！」と怒りだしたり、下級貴族の紹介状を盾に高圧的に振る舞ったり、会議に押し掛けてきて上級貴族の怒りを買ったり、とんでもないことになる。

そんな中、マインは貴族ではない商人に下級貴族用の待合室を使うことで自尊心をくすぐり、上級貴族が招集した会議だ、と説明することで納得させた。そして、会議終了すぐに報告することで、士長と行き違いにもならなかった。速やかに処理することができた上に、右往左往していた兵士に子供から教えてもらうようでは駄目だ、と奮起させることができた。完璧だ。

「すごい子、なのね？」

「すごいというか……異常。おかしい。でも、多分、父親である班長はマインちゃんの特異性に気付いていないと思う。班長の接し方を見れば、病弱で可愛い娘に対するものでしかないんだ。俺が助手にしたいと言わなかったら、優秀さにも気付いていなかったんじゃないかな？」

「鈍い親でよかったじゃねぇか。気味悪がって捨てられてもおかしくないぞ」

ベンノの言葉にコリンナが悲しげに眉を寄せた。

「そんなこと、冗談でも言わないで。想像もしたくないわ」

「大丈夫だよ、コリンナ。たとえ、親が気味悪がって捨てたとしても、ベンノが拾ってくれるさ。マインちゃんはベンノを返り討ちにできるくらい優秀なんだから」

オットーがおどけるように笑ってそう言うと、コリンナがくすりと笑った。

「……なぁ、オットー。あの嬢ちゃんは本当に作ってくると思うか？」

ベンノが指先でテーブルをトントンと軽く叩きながら、オットーを見据える。ベンノの赤褐色の目が先を読もうとする商人の目になっていた。

「羊皮紙じゃない紙、だっけ？　確実にやるさ」

「ずいぶんと信頼してるんだな？」

「自分でできないなら、他の奴にやらせろって、俺がこの間焚きつけた。ルッツがマインちゃんの要求通りの手足になれたら、完成するさ」

力も体力もない、とマインは悔しそうに言っていたが、それはつまり、作り方自体はわかっているということに他ならない。マインは勝算があるからこそ、現物を作ると言ったのだ。ハッタリではないとオットーは思う。

「……実現したら市場がひっくり返るぞ。あの嬢ちゃん、どう扱うかな？」

「もしかして、マインちゃんを抱え込む気か？」

ベンノの言葉から、ルッツだけではなくマインまで見習いとして抱え込むつもりだと推測してオットーが問いかけると、くわっとベンノが目を見開いた。

「当たり前だ！　あんなもの、余所にやれるか⁉　あの嬢ちゃん一人だけで一体どれだけの商品が作れる？　あのカンザシ、髪の艶を出す物、羊皮紙じゃない紙……俺が今日知ったのはこれだけだが、絶対に色々隠し持っている。市場をひっくり返す災害になる」

「ちょっと待て！　アレは俺の助手だ。勝手に連れていくなよ」

ベンノの主張に間違いはないが、反論はある。マインはオットーが半年かけて、決算時期のために育ててきた貴重な戦力だ。横から掻っ攫《さら》われるのを黙って見ているわけにはいかない。

しかし、ベンノは鼻でフンと笑って、唇の端を釣り上げた。

「本人の第二希望が商人だ。助手に興味はないってよ。半年仕込んだだけだろ？　他を当たれ」

「半年であれだけ使えるようになるヤツが他にいるわけないだろ！　マインちゃんが考えて、ルッツが作るなら、マインちゃんは門で仕事していても問題ないじゃないか！」

特に決算時期だけは譲れない。オットーはそう思って力一杯睨んだが、ベンノも全く譲ろうとしない。杯を置いて、グッと身を乗り出してきた。

「駄目だ！　商業ギルドと契約させる。他に取られるような危険は冒せない」

「マインちゃんの体力を考えると、商業ギルドは無理だ！　ビックリするほど虚弱で病弱なんだぞ？　体を使うような仕事は絶対に無理だ！」

「……そんなに虚弱なのか？」

ベンノが虚をつかれたように勢いを失くしたのを好機とみて、オットーは畳みかけた。

「暖炉がある部屋だから大丈夫だろうと、鐘一つ分放っておいたら、熱出して倒れてたんだ」

「は？」

オットーは見張りに立たなければならないので、暖炉のある部屋に置いておいたのに、様子を見に行ったら、熱を出して倒れていた。迎えに来たギュンターが「気にするな。いつものことだ」と言っていたので、その虚弱さは家族にとって当たり前のものらしい。

「春になったばかりの頃はひどかったぞ。家から門まで歩けなかったんだ」

「え？　街のどこに家があっても、門まで歩くのってそれほど遠くないわよ？」

街の回りを外壁がぐるりと取り巻くのだから、街自体、それほど大きなものではない。子供の足でも西門から東門まで、鐘一つ分の時間があれば歩けるはずだ。

「そう、班長の家は南門から大して遠くない。でも、駄目だった。途中でへたれて、班長に抱えられてやってきた後、宿直室で倒れて昼まで動けない。ついでに、二、三日は確実に寝込む」

「おい、それ、本当に大丈夫なのかよ？　仕事させたら死ぬんじゃないのか？」

その恐れがないとは言えない。特に、今勢いがあるベンノの仕事場は活気に溢れている分、忙しい。マインの体力で務まるとはオットーには思えない。

「むぅ……」

病弱と言っても、そこまで虚弱だとは思っていなかったのだろう。ベンノが眉間を押さえて考え込んだ。

そこで一度、話題に決着がついたので、コリンナが食事の準備をするために席を立つ。

テーブルの上にはランプが置かれ、おかわりのための小さな樽と、つまみとして干し肉が乗った皿が残されている。少し塩気が強い干し肉をガニガニと噛みながら、オットーは酒のおかわりを入れているベンノを見た。

「なぁ、ベンノ。マインちゃんが言っていた体の中で熱がうごめく病気って心当たりあるか？」

マインから質問を受けた時の反応で、もしかしたら知っているのではないかとオットーは思ったが、やはり知っていたようだ。

言った方が良いのかどうか悩むようにベンノの視線が少しばかり上へと向いた。しばらく考え込んだ後、ベンノにしては聞きとりにくい声で、ぼそりとこぼす。

「身食《みぐ》い、かもしれないとは思った。ただ、確証はない」

「……身食い？　なんだそれ？　何の病気だ？」

「病気じゃない。魔力が自分の中で増加しすぎて、魔力に食われて死ぬんだ」

普段耳にすることもない単語が出てきて、オットーはぎょっと目を剥いた。

魔力というのは、平民は持たない、不思議で強大な力だ。滅多に見るものではないから、よく知らないが、魔力がなければ国を動かすことはできないと言われている。だからこそ、魔力を持つ貴族は国民の上に立ち、国を治めるのだ。

「……それほど数は多くないが、貴族以外にも魔力を持つヤツはいる。ただ、魔力を放出するための魔術具が高価だから、貴族以外はろくに魔力が使えないというのが正しいな」

貴族とも付き合いのある商会へと伸し上がっているベンノは、この国のことに関してはオットーよりも知識が深い。

「確証はないが、身食いなら、あの嬢ちゃんが年齢よりずっとちっこくてすぐに倒れるのも説明はつく。そして、本当に身食いなら、魔術具がないと、あの嬢ちゃんは……近いうちに死ぬ」

「なっ⁉」

マインを溺愛するギュンターの姿が脳裏に浮かび、オットーは冷水を浴びせられたような気分でベンノを凝視した。だが、ベンノの表情も真剣で、冗談やからかいを口にしているわけではないのがオットーにはわかる。

「成長と共に増えてくる魔力に食われるらしい。魔術具がない平民は洗礼式までもたないことが多いそうだ」

「何か方法はないのか？」

ベンノならば何か良い手段を知っているのではないか。すがるような気分でオットーが尋ねると、ベンノはぐしゃりと髪を掻き上げて、溜息を吐いた。

「貴族と契約すれば、魔術具を借りることができるから、死は免れる。……だが、一生飼い殺しだ。その貴族のためだけに力を使わされ、生きることになる。このまま家族のもとで死を迎えるのと、一生飼い殺しと、どちらがいいかはわからんな」

ベンノの言葉は救いでも何でもなかった。どちらがいいのか、オットー自身にもわからない。死にたくはないが、貴族に飼い殺しにされるのもごめんだ、と心底思う。

「オットー、あまり深刻になるな。まだ身食いだと決まったわけじゃない。だいたい、本当に身食いだったら、そろそろ死にかけている。あんな風に外を歩き回れないんだ」

「そう、なのか……」

わずかな安堵と多大な不安が同時にオットーの胸に押し寄せてきた。

マインは何度も死にかけている。外を歩き回れるようになったのは、春からの努力の成果で、それまではほとんど外に出られない子供だったと聞いている。

本当に大丈夫なのだろうか。ギュンターに報告した方がいいのではないだろうか。そんな胸の内をぐるぐると回る、何とも言えない感情を、オットーは酒で腹の奥に流し込んだ。

# マインのいない日常

「おい、ルッツ。先行くぞ」

「わかった、ラルフ。オレもすぐに行く！」

兄のラルフの声に、オレは慌てて自分の籠の中に、昼食にするためのハムを挟んだパンを布に包んで、狩りに使う道具と一緒に入れる。そして、背負子に籠をくくりつけて、引っつかむと家を飛び出した。

洗礼式を終えて、隔日で仕事になったラルフは、もうみんなと一緒に行動しなくても、個人で森へ行けるようになったし、仕事付き合いの友達と出かけることも増えた。最近、一緒に森に行く回数が減っているので、ちょっとだけ嬉しい気分でオレは階段を駆け下りる。

「うわぁ、今日は暑くなりそうだな」

肌に当たる太陽の熱から季節が変わっていくのを感じながら、オレは森へ向かう子供達の集合場所へ向かった。


集合場所には、ラルフと同じように洗礼式を終えたフェイやトゥーリの姿も今日は見えた。洗礼前と同じように、今日は小さい子供達と一緒に森へ行くようだ。集合場所に三人がいる姿にちょっとだけ懐かしい気分になる。

「おはよう。ラルフ、ルッツ」

こちらを向いたトゥーリがオレ達の姿を見つけて手を振った。

「おはよう、トゥーリ。マインの様子はどうだ？　三日目だし、そろそろ熱は下がったか？」

マインはここ最近ナイフで木を削って、モッカンという物を作っていたせいで、疲れが出たようで、この間から寝込んでいるらしい。

「……ううん、全然。物置で突然倒れてから、もう三日目なのに下がらなくて、すごく熱が高いから心配なの」

眉を寄せたトゥーリは俯いて頭を横に振った。一日や二日ならばいつものことだが、三日以上高熱が続くと心配になってくるようで、トゥーリの顔色は悪い。

「大丈夫だって。マインはまだホンを作ってないんだから、そう簡単に死なないさ」

マインは体力も腕力もなくて病弱だが、いつも自分の夢に向かって一生懸命だ。マインが欲しいと言っているホンという物が一体何なのか、説明されてもオレには全くわからない。でも、それを手に入れるためにマインが自分でできる限りの努力をしていることは知っている。マインが自分よりも小さくて貧弱な体で、自分が欲しい物を手に入れようと頑張っている姿を見ていると、負けられないと思うのだ。

……それに、オレを元旅商人に紹介してくれるって言ったんだ。

オレがなりたい旅商人は、街から街へと移動するので、この街で見習い先を探すのが難しい。門に通うマインの字の先生が、昔は旅商人だったと聞いたので、オレは紹介して欲しい、とマインに頼んだ。元旅商人ならば、知っている旅商人もいるだろう。お願いして、現役の旅商人に紹介してもらって、オレは旅商人見習いになるのだ。

紹介の約束をもぎ取ってきてくれたマインは「わたしもたまにはルッツの役に立たないとね」そ

う言って、ちょっと得意そうに、うふふん、と笑っていた。

「オレ、マインと約束したことがあるし、マインは元気になるさ」

「そうだね、ルッツ。マインは大丈夫だよね」

トゥーリの顔にちょっとだけ笑顔が戻った。


「出発するぞ！」

ラルフの号令と共に、十人ほどの子供達の集団が森に向かって歩き始めた。

「マインがいないと速く歩けるんだよな」

「ふふっ、マインは遅いもんね。でも、ルッツのおかげで助かってるよ」

子供達の集団と一緒に森へ向かえば、年かさで面倒見が良いトゥーリは皆の面倒を見ることになる。マインの様子だけをじっと見ているわけにはいかない。

「ラルフ、わたし、フェイと先頭に行くから、ルッツと後ろから来てね」

「おぅ！……それにしても、ルッツもよくやるよな」

トゥーリが先頭を歩き始めたのを見てから、ラルフが呆れたように小声でそう言った。オレはムッとしてラルフを見た。

「何が？」

「マインの世話だよ。傍から見ているだけで、すっげぇ大変そうだもんな」

面倒見がいいラルフ、と近所では評判だが、面倒見がいいのは、トゥーリに良いところを見せたいからだ。トゥーリがいる時といない時ではオレへの扱いが全く違う。

「オレはトゥーリと同じ年で良かった」

しみじみとした口調で言われて、オレは肩を竦めた。オレにはちょっとした打算もあって、マインの面倒を見ているので、別にいいのだ。

皆は知らないかもしれないけれど、マインは変わったお話をいっぱい知っているし、文字だって書ける。オレに旅商人を紹介することだってできるんだ。

「マインだって、良いところはあるさ」

思わず口から出た言葉に、ラルフが興味深そうにオレの顔を覗き込んでくる。

「どこだよ？」

オレの頭に一番に思い浮かんだ旅商人のことは言いたくなかった。ラルフも他の兄貴達もいつだって「旅商人になんて、なれるわけねぇじゃん。バカじゃないか」と言う。オレは秘密でこっそりと旅商人になって、家族を驚かせてやるんだ。

「マインはいつもオレに昼飯を分けてくれるし、美味いレシピを教えてくれるからな」

「飯ばっかりだな……」

ラルフは笑ったけれど、俺にとってはそれが一番重要で、マインの面倒を見ている最大の理由だ。マインが一緒の時は昼飯が増える。それに、マインに協力したら、美味い飯が食える。

「何だよ、ラルフだってガツガツ食ってるじゃないか」

「まぁ、美味いし、オレだって手伝ってるからな。食べるのは当然だろ？」

普段からオレは兄貴達に飯を盗られていて、採集の途中で木の実を食べて腹を満たしている。森に行けなくなる冬は最悪だ。木の実を食べることもできないし、いつまで吹雪が続くかわからないので、食事も他の季節より切り詰めなければならない。

そんな冬のある晴れた日にマインが腹の減ったオレのために考えてくれたパルゥケーキは、鳥の餌として持ち込まれるパルゥの搾りかすで作れる簡単料理だ。いくらでも作ることができるし、ビックリするほどおいしかった。

……しかも、一人に一枚ずつ皿にのせられるから兄貴達に取られる心配もない！

あの日以降、パルゥが採れる度に、マインはおいしい料理を教えてくれるようになった。マインの指示通り動いたら、美味い物が腹いっぱい食べられる。そうわかったオレは、力も体力もないマインを手伝って役に立ってやる、と約束した。その代わりに、オレはなるべくいっぱい飯を食べる。オレはおいしい飯のためなら、いくらでも頑張れるのだ。

「じゃあ、五の鐘が鳴ったら、ここに集合だ。いいな？」

「はーい！」

森に着いて、集合場所を決めると、子供達は散らばってそれぞれ採集を始める。オレは今日、ラルフやフェイもいるので、狩りをすることになっていた。

「そろそろシュミルが増える季節だからな」

ラルフが網を握ってニヤッと笑った。シュミルはオレ達でも狩れる小さな魔獣だ。

シュミルはオレの膝くらいまでの大きさで、肉・毛皮・油脂・羽毛・骨と使える部分は多く、肉が比較的柔らかくておいしい。夏の果実であるルトレーベを好んで食べるシュミルは、この時期に捕ると、肉がほんのりと甘いのだ。

シュミルを狩る時は、数人で組んで、獲物を追い立てる役と、獲物の逃げ道沿いに待ち伏せをして網を構えている役に分かれる。

「オレとルッツが追い役な。トゥーリとラルフで網を張ってくれ」

フェイがそう言いながら、どこからどのように追いかけるか、打ち合わせた。森の奥は少しばかり小高い丘になっていて、シュミルは追いかけると高い方へと逃げる習性があるので、下から追い上げて、網の方へと追い込んでいくのだ。

ラルフとトゥーリが網を持って、打ち合わせた場所へと向かったのを見て、オレとフェイは石を拾いながら、声が聞こえる程度に少し離れた状態でシュミルを探して歩いた。ルトレーベが生っている辺りを探せば、この季節はすぐに見つかるはずだ。シュミルを狩るのは、オレ達の分のルトレーベを確保するためにも必要なのだ。

「いたぞ！　ホウホーウ！　ホウホウホウホウ！」

口の周りを果汁で真っ赤にして、ものすごい勢いでルトレーベを口に放り込んでいるシュミルを発見したオレは、すぐにシュミルを狙う大きめの獣の鳴き声を真似て追いかける。シュミルはびくっとなって、灌木の陰を駆けだし始めた。

「ぷひーっ！」

「ぷひぷひ！」

同じあたりでルトレーベを食べていたシュミルも仲間の悲鳴に駆けだした。何匹ものシュミルが一度に駆け出し、少しでも生存率を上げようと、小高い丘の方に向かって走りながら、方々に散って行こうとする。

「ホウホウホーウ！」

フェイの声が別の方向から響き始めた。すると、そちらに向かって走ろうとしていたシュミルが慌てた様子で方向転換して逃げる。オレも走ってはシュミルの数を減らさないように声を上げて、ラルフとトゥーリがいる方へと追い立てていった。

最終的に六匹のシュミルが固まって走ることになり、網を張って待ち構えていたラルフとトゥーリがしっかりと逃がすことなく、捕まえる。

「やった！」

「よしっ！　川に行くぞ！」

網の中でジタバタともがくシュミルの首筋にナイフを入れ、前足の爪を取ってから、網から取り出し、後ろ足を引っつかんで河原まで運んでいく。シュミルは前足の爪に毒を持っているので、予め切っておかなければ危険なのだ。

獲物を殺すのは自分で持ち帰れる分だけだ。ラルフとフェイは二匹分持てるが、オレはまだ二匹になると辛いので、一匹だけ。トゥーリも一匹だけだ。

後ろ足をつかんで川まで運ぶ間も、まだ完全には死んでいないシュミルは前足で攻撃しようと必死に暴れる。オレはシュミルを逃がさないようにしっかりと手に力を入れた。

河原に着くと軽く解体作業だ。オレはまだシュミルが生きているのを感じて、ホッと安堵の息を吐いた。死んでしまったら、肉に血の匂いがついて臭くなる。なるべく早く血抜きをしなければならない。

「気を付けろよ」

ラルフの声にコクリと頷きながら、皆がナイフを構えた。シュミルは魔獣だ。丁寧に解体しなければ、体の中にある魔石と呼ばれる硬い石に刃物が触れた瞬間、解けて消えてしまう。

皆が同じように柄でシュミルの頭を何度か殴っておとなしくさせ、下腹部からナイフをぐさっと差し込み、のどの辺りまでぐぐーっと切り上げていく。

「きゃーっ！　失敗しちゃった！」

トゥーリが黒くでろりと解けた液体を見下ろして、情けない顔になった。トゥーリは黒い液体の中から魔石を取り出して川で洗うと、がっくりと肩を落として落ち込んだ。

「トゥーリ、一匹やるよ。こっちを解体して持って帰れ」

ラルフがそう言って、自分が持ってきたもう一匹のシュミルをトゥーリに差し出す。

「いいの？　ありがとう、ラルフ。じゃあ、せめてこの魔石をあげるね」

トゥーリが今度こそ失敗しないように、慎重にナイフを入れていると、フェイが意地悪く口を歪めた。

「このシュミルってさ、マインに似てないか？　毛の色とか」

「似てないよっ！　解体できなくなるから、そういうこと言わないで！」

フェイの妨害にも負けることなく、トゥーリは無事に解体を終え、内臓を取り出すと、川の水で血を洗い流した。

「でもさ、マインもシュミルもよわっちい癖に、怒ったら目を虹色にして襲い掛かってくるだろ？　似てるじゃん」

普段は逃げてばかりのシュミルだが、子供を殺した時は親が目を虹色に光らせて襲い掛かってくる。その様子がフェイは「怒ったマインにそっくりじゃないか」と言った。

マインが本気で怒ると、目が一度スッと細められて、ガラリと雰囲気が変わる。そして、金色の瞳がまるで油の膜が張ったように複雑な色になるのだ。

「あれは怒らせたフェイが悪いだろ？　マインが一生懸命に作ってたネンドバンを踏みつぶしたんだから」

自分の解体作業を終えて、オレは帰り支度をしながら二匹目の解体に取り掛かるフェイを軽く睨んだ。

「あんなに怒ると思わなかったんだよ。……あ！　くそっ、失敗した」

マインの怒りを思い出しながらナイフを扱っていたフェイは少し手元が狂ったようだ。黒い液体に成り果てたシュミルを見て、舌打ちした。仕方なさそうな溜息を吐いて、フェイは魔石を取り上げると、川で洗って、帰り支度を始める。

「おい、ルッツ。フェイと先に街へ戻って、石屋でこれを換金してきてくれ。オレはトゥーリと一緒にチビ達を連れて帰るからさ」

「わかった」

ラルフに投げられた魔石をパシッと受け取ったオレは、フェイと二人で先に帰り始める。魔石を換金してくれる店が閉まる前に街に戻らなければならないのだ。


適当な木の枝に血抜きを終えたシュミルを逆さ吊りにくくりつけて、オレはフェイと二人で皆より先に街へと戻った。そして、細い路地を通り抜けながら、西門の近くにある石屋へと急ぐ。門にたどり着く少し前に五の鐘が鳴ったので、気の早い店ではそろそろ店仕舞いの準備が始まってしまう。


石屋の隣の店が店仕舞いをしていて、ひやりとしながら、オレはフェイと一緒に店に滑り込んだ。

「おっちゃん、これ、換金してくれよ」

魔石を買い取ってくれる石屋で、オレとフェイは小指の先ほどの大きさの魔石をカウンターに置いた。店主は魔石を摘み上げて、ほんの少し目を細める。

「……この大きさはシュミルか?」

「そう。解体に失敗したんだ」

「ハハハ、そりゃ災難だったな。ほら、中銅貨一枚だ」

「ありがとな、おっちゃん」

使い道のない小さな魔石と中銅貨一枚を交換してもらうと、オレとフェイはすぐに店を飛び出した。フェイがピンと指先で中銅貨を弾いて、パシッと小気味よい音を立てて握る。

「ルッツ、このまま東に行こうぜ」

「これはラルフの金だからな。オレは金なんてないぜ」

「ちょっとくらいやるよ」

街の東側は旅人や宿屋が多くて、食い物屋も多い。旅人への呼び込みも始まり、飲み屋が開店し始めて、街の東側はこれから賑わうのだ。

フェイは街の東側へと行って、早速手に入れたばかりの中銅貨で手軽に食べられるランシェルという果物を二つ買った。そして、一つをオレに向かって「落とすなよ」と言いながら放り投げる。フェイが奢ってくれるというランシェルを落とすわけにはいかなくて、オレは果物に飛びつくようにして受け取った。


シャリシャリと音を立ててランシェルを食べながら、オレ達は家に向かって歩き始める。すぐにカラーンカラーンと閉門を伝える六の鐘が鳴り、あっちの店からもこっちの工房からも仕事を終えた人達が出てきた。あっという間に、通りは自分達と同じように帰途に就く人でいっぱいになる。

そんな人混みを避けるために、路地へと入って、家に向かってオレ達は近道することにした。日が沈み始め、人の少ない路地がどんどんと薄暗くなっていくのが目に見えてわかる。

「……ルッツはさ、ずっと一緒にいるけど、マインを怖いって思わないのか？」

薄暗がりの中、フェイが少しだけ声をひそめて、口を開いた。まさかフェイがそんなことを言うとは思わなくて、オレが思わず振り返ると、いつもの悪戯っ子な顔ではなく、微妙に怯えたフェイの顔があった。

「マインの虹色になった目で睨まれたら、オレ、まるで息ができなくなったみたいに苦しくなったんだ。あの時のことを思い出したら、今でもオレは結構怖いし、マインが薄気味悪い」

オレは、むーんと首を傾げ、少しばかり真剣にマインの怖さについて考えてみた。

「怖いって言うか、マインは頭の構造がオレ達と違うんだよ。武器持って殴ってくるなら、あんな弱っちいのにやられないけど、マインはそんな方法、絶対に使わない。何されるかわからないところが怖い。でも、怒らせなきゃいいんだ。マインが怒ることなんて、ホンに関することだけなんだからさ」

オレの言葉にフェイはちょっとだけ安心したように息を吐いた。

「そっか。じゃあ、オレ、なるべくマインに関わらないようにする。あいつが何で怒るか、オレには全然わからねぇからな」

誰に言ってもわかってもらえなかったから、対処方法がわかってちょっとホッとした、と呟いたフェイが食べ終わったランシェルの芯をぺいっと投げ捨てる。

……薄気味悪い、か。オレはあんまり思わないけどな。

オレも食べ終わったランシェルの芯を放り投げながら、どんどん青さが増す空を見上げる。マインの髪の色へと近付く空に、マインの目の色によく似た月が上がっていた。

# 変わらぬ日常

「じゃあ、修ちゃん。わたし、ここにいるから」

「おぅ。閉館時間までには迎えに来るから、麗乃は勝手に出るなよ」

「滅多に来られない図書館に来て、そんな時間の無駄遣いはしないって」

俺の注意に、麗乃は眼鏡の位置を直しながらそう言って、くるりと踵を返した。旅行だから、と母親達にさんざん言われて、手の込んだ編み込みのハーフアップにした麗乃が、弾んだ足取りで図書館へと駆けこんでいった。

……いくら見た目に手を加えたところで、麗乃の興味は本にしか向かっていないから無駄なのにな。

髪型に凝ろうが、旅行だからと新しい服を買い与えようが、麗乃がすることはいつも同じだ。旅行先で図書館に赴き、読んだことがない本を探して、俺が迎えに行くまで読み続ける。もしくは、俺を道案内兼荷物持ちとして本屋巡りだ。そんなことは長い付き合いの中でよくわかっている。

俺は旅行だというのに、一日中本屋ばかりに連れ回される買い物なんて行きたくない。図書館に麗乃を放り込んで閉館時間まで自由に過ごす方がよほどいい。

「閉館時間は……平日が六時半で、土日祝日は五時か」

俺はその場でアラームを設定して、図書館を後にした。図書館を出て、周囲をくるりと見回すと、広く公園が広がり、その先に大きな銀色の地球儀が見える。プラネタリウムの屋根に大陸が描かれ、地球儀となっているのだ。

「……十年ぶり、なんだよな」

十年前も俺は麗乃と一緒にここへ旅行に来ていた。正確には、麗乃の母親にはいつもお世話になっているのだが、「お礼なんていいの。お互い様よ」と言うばかりで碌にお礼も受け取ってくれないので、俺の母親が学会にかこつけて旅行をプレゼントしているのだ。

本を読むことしか頭にない麗乃はともかく、俺はもう一人で留守番くらいできるのだが、年に二回の学会旅行を二人の母親に対する親孝行だと割り切って付き合っている。

「麗乃がいたら、おばさんが休めないもんな」

さて、図書館の閉館時間まで何をして過ごそうか、と思いつつ、十年の年月がたって、少し古くなったプラネタリウムへと俺は足を向ける。中央公園と書かれた石碑の横を通り、小春日和というのに相応しい温かな日差しの中、芝生で転げまわるようにして遊んでいる子供達や池の鯉に向かって餌を投げ入れている家族連れを横目で見ながら歩く。

「今日は間違えないようにしねぇと……」

俺は十年前の失敗を思い出し、グッと拳を握った。

◆

十年前、小学校の高学年だった俺は、年に二回の学会旅行が楽しみで仕方がなかった。普段は忙しい母さんが一緒だということ、知らない土地に行けることが嬉しかったのだ。

今回は秋の学会旅行だ。駅に直結したホテルにチェックインし、荷物を置いて身軽になった俺は、すぐにハンカチとティッシュとお菓子を詰め込んだリュックサックを背負って、遊びに行ける格好になった。

資料作成で寝不足の母さんは「もう三時を過ぎているし、夕飯の時間まで寝かせて」と言って早速寝る準備をしているので、俺はすぐに隣の部屋へと突撃した。

「遊びに行こうぜ、おばさん、麗乃」

わくわくで胸をいっぱいにした俺の目に入ったのは、椅子に座ってぐてっとしたおばさんとその正面の椅子に座って、本を読んでいる麗乃の姿だった。

「修ちゃん、おばさんは無理。ぐったりなの。少し休憩させてちょうだい。明日は一緒に行くから」

そう言われてしまえば、強引に連れ出すことはできない。俺は肩を落としながら、自分の部屋に戻った。

「母さん、おばさんも動けないってさ……」

「ん〜、わかった。修にこれをあげるわ」

母さんは眠そうにあくびをしながら、自分の鞄から地図を引っ張り出した。その地図を広げて、赤ペンでキュキュッと地図を囲んでいく。

「ここはね、ペデストリアンデッキがすごく広くて、あっちにもこっちにも繋がってるの。ホテルの二階の受付前にある出入り口から出たら、ここに出るでしょ？　この範囲内なら車も来ないから、探検に行ってみてもいいわ。修の最終目的地はここ。プラネタリウムよ。地図を見ながら、プラネタリウムにたどり着けるか、挑戦してみなさい。たどり着いた証に入場券を持って帰ってきてちょうだい。健闘を祈るわ」

「サンキュ、母さん。探検してくるぜ」

地図と方位磁石とお金を渡された俺は、自分が勇者になった気がした。

……未知の土地で俺は一人、プラネタリウムまで行くんだ。

「修、おばさんにも出かけることを伝えてから行くのよ！」

「わかった！　おやすみ」

俺が隣の部屋に再び向かって、母さんにもらった地図を広げてここのプラネタリウムまで探検に行くと言うと、おばさんに麗乃も連れて行ってほしいと言われた。

……鈍くさい麗乃は探検の邪魔なんだけどな。

「うーん、俺はいいけど、麗乃はここで本を読んでいたいだろ？」

今までの経験から、麗乃は絶対にここで本を読んでいる方を選ぶと思っていたのだが、地図を見ていた麗乃はいそいそと出かける準備を始めた。

「よし、行こうか。修ちゃん」


珍しく外に出る気になっている麗乃と二人で、母さんに言われた通り、二階の受付前の自動ドアから外に出た。駅から直接ホテルに入ったので初めて見たが、ペデストリアンデッキがとても広く伸びていた。あっちにもこっちにも伸びているペデストリアンデッキの道から正しい道を選ばなくてはならないのだ。地図を広げた俺はにんまりと笑う。

しかし、早速俺の行く手を邪魔する敵が現れた。

「修ちゃん、あそこのデパートに行こう。絶対に本屋があるから」

ビシッと麗乃が指差したのは、ホテルのちょうど向かい側にある大きなデパートだった。だがしかし、そんなところに行っても、俺はちっとも楽しくない。

……この妖怪本スキーめ！

「ダメだ！　ダメだ！　今日はプラネタリウムに行くんだ」

「プラネタリウムより初めての本屋の方が絶対に楽しいよ！」

「楽しくねぇ！」

ぶーぶーと文句を垂れながら、いきなり本をバッグから取り出し始めた麗乃の手を引っ張って、本を出すのを阻止すると、俺は中央公園へと向かって歩き始めた。プラネタリウムは中央公園の奥にあるのだ。

……妖怪本スキーに邪魔はさせないからな！

ペデストリアンデッキを歩いていくと大通りを渡った直後から緩やかな下り坂になっていて、道の両脇に木立が並ぶ散歩道へと繋がっていた。散歩道へと入ってしまうと、途端に大通りを行き交う車の音も聞こえなくなり、風に揺れる葉擦れの音と奥の方で楽しそうに遊ぶ子供の声が聞こえるようになってきた。

「修ちゃん、図書館だ！　図書館があるよ！」

「ちょ、ちょっと待てよ、麗乃。今日はプラネタリウムに……」

いつも通りに止めようとした俺はハッとした。麗乃は図書館に入れておけば、絶対にそこから動かない。

……せっかくの探検に麗乃は元々邪魔だったんだ。閉館までに迎えに来れば、麗乃は好きな本が読めるし、俺は一人で探検できるじゃないか。

「よし、麗乃。俺が迎えに来るまで動くなよ」

「わかった。本を読んで待ってるね」

満面の笑みで麗乃は大きく手を振りながら図書館へと飛び込んでいった。

無事に妖怪本スキーを片付けた俺は、当初予定していた一人の探検が始まったことに心を躍らせて、地図を広げる。麗乃が入って行った図書館に背を向けると、正面に見える中央公園の更に奥、大きな銀色の地球儀に向かって駆けだした。

「あぁ、面白かった」

銀色のでっかい地球儀の中にあったのは、プラネタリウムだけではなかった。科学館のように体を使って色々と遊べる場所もあり、俺はプラネタリウムを見るのではなく、そっちで遊んでいた。

その場にいた見知らぬ子供と友達になって、一緒に磁石でどっちがたくさん砂を動かせるか競争したり、隕石の重さに驚いたり、自転車をこぎまくって発電する量を競争したりして、五時半の閉館まで楽しんだ。

外に出ると、日が落ちるのが早い秋なので、かなり暗くなっていて、一気に気温が下がってきていた。日が出ていた昼間は暖かかったのに、今は上着を着ていても肌寒い。

ざわざわと風に揺れる暗い影を落とす木立の中、俺は照明が照らす散歩道をやや小走りになりながら、図書館へと向かう。

「……あれ？」

正面玄関は明るく照明がついている図書館だったが、すでに閉館していた。窓には白いスクリーンのカーテンが下りていて、人の気配はなく、閲覧室は真っ暗だ。

出口付近で麗乃が本を読みながら待っているかもしれないと、俺は照明がついている部分を探して、図書館の周りを一周した。だが、麗乃の姿はない。

「さすがにホテルに帰ったかな」

ペデストリアンデッキで大通りを渡っただけの位置にあるホテルだ。旅行先の知らない場所で、いつ戻ってくるのかわからない自分を待つよりは、ホテルに戻るだろう。

俺はホテルに向かって走った。


「麗乃？　帰ってないけど？」

部屋に戻った途端、おばさんにそう言われて、俺はザッと血の気が引いた。

「修、麗乃ちゃんと一緒じゃなかったの？」

母さんに睨まれて、俺は図書館に麗乃を置いて、一人でプラネタリウムへ行った話をした。

「だって、俺はプラネタリウムへ行きたいのに、麗乃は外に出た途端、本屋に行きたいとか、図書館があったとか、好き勝手なことを言って邪魔してきたんだ」

俺の言葉におばさんが何かに気付いたように顔を上げた。オレもハッとした。

「……本屋か⁉」

麗乃はペデストリアンデッキで繋がったデパートの本屋に興味を示していた。本に関係することには突然アクティブになる麗乃のことだ。図書館が閉まったから、次は本屋に行こう、となったに違いない。

「探してくる！」

「待ちなさい、修。私も行くわ」

俺は母さんと一緒にデパートへと走り、案内板を見て、五階の本屋へと向かった。大きいとは言っても、デパートの一角だ。隅から隅まで見るのに、それほど時間はかからない。

「いないわね」

「……他にも本屋があるかな？」

俺の呟きを拾った母さんが、この近くに他の本屋がないか、と店員に尋ねる。「本屋で待ち合わせをしたのですけれど、見当たらなくて」と言って、地図を広げる母さんに、店員はペデストリアンデッキからは少し離れた本屋を二つ、教えてくれた。

「行ってみましょう」

「……母さん、多分、そっちに麗乃はいない」

「え？」

「麗乃は大きなデパートだから、本屋が絶対に入っているって考えたんだ。多分、小さな本屋の場所なんて知らないし、初めて来た場所で、目に入らないところまで、人に聞いて一人でわざわざ行くほどの行動力はない」

麗乃は目に付いた本屋にはバカみたいに飛びつくが、図書館が閉館になって辺りも暗くなっている見知らぬ土地で、店員に尋ねたり、見知らぬ人に本屋の場所を聞いたりしながら本屋を探して回ることはしない。

「あら？　でも、小学三年生の夏休みの自由研究で、市内の本屋巡りをしていたじゃない。あの時も暗くなるまで麗乃ちゃんは遠くの本屋に自転車で行って、皆を驚かせてたでしょ？」

「あの時は、事前に地図と電話帳を広げて本屋の位置を確認していたんだよ。今日はここに行くっておばさんに一言断っていたし、今回とは違う。それだったら、まだ図書館前でオレを待っていて誘拐された可能性の方が高い」

「そう……。一度ホテルに戻って、警察に連絡した方が良いかもしれないわね」

「うん」

いつも通り、図書館の前で待っていて、誘拐された可能性は高い。麗乃は「新しい本を買ってあげるよ」と言えば、ほいほい誘拐犯についていくに違いないから。

……俺がちゃんと閉館時間を確認しておけば、こんなことにはならなかったのに！

「いなかったのね。警察に電話しましょうか」

おばさんが眉根を寄せて溜息を吐いた。電話帳で、市役所に連絡を入れて、麗乃が図書館に閉じ込められている可能性があると言ってみたのだが、閉館作業で利用者がいないことは確認していま す、という返事だったそうだ。

「一応図書館を確認してもらった方が良いでしょ？　麗乃には前歴があるから」

麗乃は変なところに座り込んで本を読むことがあるので、地元の図書館で閉館作業中に気付かれず閉じ込められたことがあった。あれ以来、麗乃は図書館の要注意人物リストに入れられていて、図書館に行った時には必ず退出を確認される存在になっている。

おばさんは震える手で警察に電話して、図書館に行っていた麗乃がまだ戻らないことを伝え、まず、図書館の捜索から始めてほしい、とお願いする。

「麗乃は閉館されても気にせず本を読み続けることはあっても、図書館から動くことなんて絶対にしません。ですから、本当に図書館にいなかったら、誘拐だと思うのです」

地元でも閉館作業に気付かずに閉じ込められた前歴があることを告げ、警察からの要請で、すぐに図書館は開けられた。

真っ暗だと思っていた図書館だが、大きな窓が並んでいる一角だけは外の照明が入り込んできていて、カーテンが白く浮かび上がり、ほのかに明るい。

「誘拐の方が可能性は高いと思いますけれどね。閉館作業で見回りもしましたし、この暗い中で一人残されたなら、小学校の高学年なら、カウンターの電話を使うくらいの知恵はあるでしょう？　トイレの窓から助けを求めるとか、カーテンを開けて、道行く人に助けを求めるとか……」

時間外に働かされることになった図書館の人が、そう言いながら、電気のスイッチを入れた。パパパッと電気がついて明るくなった図書館の中を走って、俺は少しでも明るかった窓際を探して回る。

案の定、窓際の低い本棚の上に本を広げて、麗乃はまだ本を読んでいた。

「麗乃！」

俺が声をかけると本から視線を上げた麗乃がパタリと本を閉じて、こっちを向いた。こっちは誘拐かと心配しながら探して、警察にまで連絡したと言うのに、麗乃は特に何事もなさそうな呑気な顔で振り返る。

「あ、修ちゃん。遅かったね。外、真っ暗だよ」

「図書館の中も真っ暗だよ！　気付け、バカ！」

俺が思わず叫ぶと、麗乃はむぅっと頬をふくらませて、俺を睨んだ。

「バカとは失礼ね。ちゃんと字が読みにくいことには気付いてたよ？」

「気が付いてても、そのまま本を読み続けるところがバカなんだ！　この妖怪本スキー！」

◆

今回はプラネタリウムを見た後、買い物をして、確実に閉館時間に間に合うように迎えに来た。本棚の横に設置されている椅子は一番本棚に近くて麗乃のお気に入りだ。どこの図書館でも一番本棚に近い椅子に座っているので、ある意味探しやすい。

俺は十年前にはほとんど見ることがなかった図書館を見て回る。十年前の閉館作業中、麗乃が眩しい西日を避けて本を読んでいた階段下には、立ち入り禁止の看板と黄色のプラスチックの鎖が張り巡らされていた。

……麗乃のせいだろうな。

そう思いながら辺りを見回していた俺は、麗乃を見つけた。いつも通り、麗乃は本を読んでいる。旅行だからと新しい服を着ていても、髪型に凝っても、麗乃がやることはいつも同じだ。口元に微かな笑みを浮かべながら、ただひたすら目で文字を追いかけている。

「麗乃、そろそろ閉館だ」

「あ、修ちゃん。今日は明るいうちのお迎えだったね」

パタンと本を閉じながら、麗乃が立ち上がって、小さく笑う。

「……覚えてたのか？」

「そりゃあね。暗くなっても本を読み続けたら、二度と新しい本は買わないわよ！　って、お母さんに叱られたもん。あれ以来、周囲が暗くなったら、ビクッとするようになったよ」

麗乃の溜息に、そういえば、あれ以来図書館に閉じ込められそうになった時は「まだいます！」と声を上げるようになり、平然と本を読んでいることはなくなったな、と思いだす。

「妖怪本スキーもちょっとは懲りたのか……」

十年の間に少しは進歩があったのか、としみじみと俺が考えていると、本を片付けに行った麗乃が本棚の前で、新しい本を立ち読みし始めたのが目に入った。

「お前、全然進歩してないじゃないか！」

「はい？　進歩って何の話？」

俺は麗乃の手から本を取り上げて本棚に戻すと、ぶーぶーと文句を言う麗乃の手を引いて、図書館を出た。「せっかくだから本屋に行こうよ」とデパートを指差した麗乃を引っ張って、母親達が待つホテルへと戻る。

あまりにも進歩のない、いつも通りの展開に、俺はちょっとだけ泣きたくなった。

……お前なんて、いつか本のない世界に行って、本が読めなくて苦労すればいいんだ！

# あとがき

初めまして、香月美夜です。

この度は『本好きの下剋上　～司書になるためには手段を選んでいられません～　第一部　兵士の娘Ⅰ』をお手に取っていただき、ありがとうございます。

本作は、たっぷりの本に囲まれ、どっぷりと読書にはまって生きてきた麗乃が、本のことだけ考えていればよかった生活から一転。本が身近にない世界の、いつ死んでもおかしくない病気持ちの兵士の娘マインとして生きていくことになるお話です。

本が買えないなら、本を作ろう。でも、本を作るにも紙がない。紙がないならば紙を作ろう。でも、紙を作るにも体力、腕力、身長、年齢、お金がない。ないない尽くしの中で、自分が持っている情報と引き換えに協力者を得て、奮闘します。憧れの職業だった司書になる寸前に死んでしまった無念を晴らし、本に囲まれて生きるという野望を叶えるために。

本のためならば脇目も振らずに暴走してしまうマインの奮闘ぶりを楽しんでいただけたら、幸いです。


さて、私が「小説家になろう」で本作を書き始めて一年と四カ月になりますが、まさか本当に出版することになるとは思いもしませんでした。というのも、この話、長いのです。ネット小説なので、長さも何も気にせずに、好きなように書きたいものを詰め込もうと、ぎゅうぎゅうに詰め込んでいます。一年以上書いていて、まだ完結していません。

そんな状態なのに、書籍化にあたって、私はたくさんの我儘を言いました。

『第一部　兵士の娘』を簡略化して一冊に納めるのは嫌だとか、イラストは可愛い女の子はもちろん、これから先にたくさん出てくるおじさん達をカッコよく描ける方にお願いしたいだとか、地図や家の見取り図があると嬉しいとか……ダメで元々、と思いつくことを本当にどんどん言ったのですが、次々と叶えていただけました。すごいですよね？

私の我儘に付き合い、このような素晴らしい本を作ってくださったＴＯブックスの皆様、本当にありがとうございます。

そして、お忙しい中、綺麗で可愛いイラストを描いてくださった椎名優様のおかげで、本作の登場人物達が頭の中で生き生きと動き回るようになっています。ありがとうございました。

最後に、この本をお手に取ってくださった皆様に最上級の感謝を捧げます。

来月、また二巻でお会いできることを楽しみにしています。

二〇一四年十二月　香月美夜

(通巻第1巻)
本好きの下剋上
~司書になるためには手段を選んでいられません~
第一部　兵士の娘Ⅰ

2015年　2月1日　第1刷発行
2017年12月1日　第7刷発行

著　者　香月美夜

発行者　本田武市

発行所　TOブックス
〒150-0045
東京都渋谷区神泉町18-8　松濤ハイツ2F
TEL 03-6452-5766(編集)
0120-933-772(営業フリーダイヤル)
FAX 03-6452-5680
ホームページ　http://www.tobooks.jp
メール　info@tobooks.jp

印刷・製本　中央精版印刷株式会社



ISBN978-4-86472-342-8